マルティンとフリッツ・ハイデッガー

哲学とカーニヴァル

Martin und Fritz Heidegger: Philosophie und Fastnacht

Hans Dieter Zimmermann

ハンス・ディーター・ツィンマーマン

平野嘉彦=訳

平凡社

日本の読者のための序文

日本ほどに、ドイツの哲学者マルティン・ハイデッガーへの関心が高い国は、ほかにはありません。ドイツ本国よりも高いとすら思えるほどです。百巻になんなんとするこの哲学者の全集のドイツ語版は、公的な刊行助成金など、まったく必要としていません。それは、日本からの予約購入によってまかなわれています。全集版の管理を父親から委任された、哲学者の息子のヘルマン・ハイデッガーが、すくなくとも私にそう語ったのです。そうこうするうちにも、彼の息子が、すなわち哲学者の孫が、その仕事を引き継ぐことになりました。

日本の読者がマルティン・ハイデッガーにいだく関心は、あらゆる文化的な差異にもかかわらず、日本人の思惟の伝統がおかれた布置に近しいものをもつ、彼の哲学にその根拠をもっているにちがいありません。ドイツ神秘思想を、とりわけマイスター・エックハルトを、受容している後期ハイデッガーにおいて、ことさらそうなのです。「存在者は、玄在（Seyn）が現成するところのものである。」この一文を、日本のハイデッガー全集の共編者である大橋良介氏が、二〇〇六年、哲学者の没後三十年に際して、その生地メスキルヒでおこなった講演のなかで引用しています。「この「ある」とは、ただ存在者についてのみ、いわれうることであって、存在には妥当しません。まさしくそこにこそ、「あるという」ことが欠かせない言語によって、存在の真理を表現するという、ハイデッガーのおぼつかなさ、労苦が発していたのです。ハイデッガーの論考『哲学への寄与』は、「ある」を抜きにして語るための暗示を与えてくれます。それによって、ヨーロッパの言語と東アジアの言語が、その都度の存在の家として、たがいにひらかれ、たがいに窓から通じあうのです。」ここで大橋氏が、本来的なものが言葉として語られることのない、かの禅仏教を示唆しているように、すでに一九五九年のハイデッガー生誕七十年記念論集において、田辺元が、寄稿論文「死の弁証法」のなかで、やはり禅に言及していました。

それゆえに、マイスター・エックハルトの神秘思想と日本の禅に傾倒したことのある私にとって、ハイデッガーとその家族を紹介するこの小著が日本語に訳されることは、また格別の悦びであります。私の敬愛する研究者仲間である訳者の平野嘉彦氏と、書肆の平凡社に、ここに謝意を表する次第です。日本の読者は、この書のなかで、哲学者の甥であるハインリヒ・ハイデッガーが私に伝えてくれた、これまでわずかしか、あるいはまったくといっていいほどに、知られていなかった、ハイデッガーの家族の消息をみいだすことでしょう。

これまでほとんど無名であった哲学者の弟が、そこで脚光をあびることになります。すなわち、フリッツ・ハイデッガーです。そして、彼のなかで、彼とともに、ボーデン湖に近いバーデン南部の、この小さな町に生まれた、マルティン・ハイデッガーの出自が明らかになっていきます。フリッツ・ハイデッガーは、ごく短い時期をのぞいて、メスキルヒをけっして離れることはありませんでした。彼は、この町の環境に深く結びついています。そして、それにもかかわらず、彼はひとりの傑出した人物でもあるのです。彼は、困難な時代に兄の原稿を保管し、複写し、兄に修正を促すこともまれではなかった、文字どおり血を分けたパートナーであり、協力者でした。それにくわえて、吃音であったために大学でのキャリアの可能性が閉ざされていた、この銀行員フリッツは、定年退職後、多くの文章を書き残しましたが、これまで未刊のままになっているその草稿の一部は、私がここで引用してもいます。それは、徹底して深い思索をめぐらせている、信仰篤く、読書家でもあったひとりの人物の著作なのです。私が彼に魅惑されるのは、日常の物事におけるその賢明さであって、それは、一点において、高名な兄の賢明さを凌駕していました。すなわち、マルティンは、一九三三年に、国家社会主義者たちがドイツの革新をもたらしてくれるという、あの幻想にとらわれていました。フリッツは、この幻想にうちまかされることは、一度としてありませんでした。私が引用している一九三四年の彼の謝肉祭口上は、哲学者が一九三三年にヒトラーとナチズムについて語った、どの言葉よりも怜悧なものです。そのように、ここでフリッツは、国家社会主義者に眩惑されることがなかった、数多のいわゆる庶民を、なかんずくカトリック教会とその政党、カトリック中央党をみずからの指針にしていた、ドイツのカトリック地域の人たちを、代表してもいるのです。

晩年のハイデッガーがあれほどまでに称揚した、家郷の家郷的なるものは、フリッツ・ハイデッガーにこそ、看取されます。マルティンは、郷土の環境から離れざるをえませんでした。彼は、おのが独自の、独立した哲学を展開するために、わが道を往かなければならなかったのです。晩年にいたって、彼は、すすんでメスキルヒに帰ってきました。かくして本書で、日本の読者は、今日ではそのままの姿ではもはや存在しない、このドイツの僻遠の一地方を知ることになるでしょう。工業的発展が、その有様をすっかり変えました。しかし、ほかならぬこの事態が、マルティン・ハイデッガーによって、なかでも本書でも引用している、メスキルヒでおこなわれた家郷についての講演のなかで、回顧されています。近代化によるこの変容は、ドイツとおなじように日本でも進行したのであり、その事実もまた、私たちを結びつけるものです。

そういうわけで、この書物によって、読者の関心がただ偉大な哲学者にとどまらず、小さな存在であったその弟にも、そして、それをとおして、歴史的な出来事に影響を与えることもないままに、それに翻弄されるばかりだった、そうした多くの庶民たちにもむけられることを、私は願っています。そして、その眼が、「留まるもの」にむけられることを。マルティン・ハイデッガーの言葉を引いてみましょう、「早きものは、晩きもの、ほとんど同時なるものよりも、老年にこそ現在するのである。しかし、最後には、すべてが単純なるものの裡に取り集められる。それを謂うこと、留まるものを言葉において建てることは、至難のわざである」と。

ハンス・ディーター・ツィンマーマン

マルティンとフリッツ・ハイデッガー※目次

マルティンとフリッツ・ハイデッガー——哲学とカーニヴァル

Hans Dieter Zimmermann
Martin und Fritz Heidegger: Philosophie und Fastnacht
Verlag C. H. Beck oHG, München 2005

老年のフリッツ・ハイデッガー

私はあなたに、とりわけメスキルヒの小さな本について、なかでもあなたの弟さんの手紙について、書こうと思っていました。ほんとうにこの手紙は、その上品な、土くさい素朴さにかけては、ヴァルター・ベンヤミンが三〇年代に編集した、あの偉大なドイツ人たちの手紙の系列に属するものです。あなたは、カントの弟の手紙を知っていますか。あなたの弟さんの場合は、まったくちがっています。堅苦しいところがはるかにすくなくて、そんなにも自在で、こんなにも愛すべき皮肉にみちていて、だけど、どこかしら似ているのです。この写真も、非常によく撮れています。

フリッツ・ハイデッガーについて　ハンナ・アーレントの
一九七〇年三月十二日付マルティン・ハイデッガー宛の手紙

聖堂内の香部屋のなかで育ったミサの侍童としてのマルティンを知らぬ者は、たとえその外観はしばしば異なってみえようとも、畢竟、その哲学を理解しませんでした。

マルティン・ハイデッガーについて　フリッツ・ハイデッガーの
一九四七年十二月二十八日付フランツ・エーレット神父宛の手紙

1 小さな町

大通りを横切っていく道は、わずか数分で終りになる。それは、メスキルヒの旧市街を横断している。この土曜日の午後には、人影もない。ただ幾人かの外国人らしい若者が、ピッツェリアの店先に立っているばかりで、その向かい側にはドナ・ケバブ[1]の軽食店がある。喫茶店はもう店仕舞いしていて、二軒の商店にはだれもおらず、かつては町の中心だった料理旅館「獅子亭」は、もう訪れる人もなく、その家屋も荒れ果てている。その隣には、一九世紀末に建てられた市役所があり、その豪壮な構えの門前では、美しい噴水が水音をたてている。

ここからほんの数歩、登り道を歩いていくと、高い塔によって町を睥睨している教会の前に出る。一六世紀に建造されたゴシック様式の教会堂は、一八世紀に改築されて、現在ではオーバーシュヴァーベン地方のバロック様式の華麗な範例となっている。大きな広場の、ちょうど教会の左前方のあたりに、一七八〇年にこの地で生まれた作曲家コンラディーン・クロイツァーの記念碑が立っている。その背後には、フォン・ツィンメルン伯爵家の簡素ではあるものの堂々とした居城が控えている。それは、中庭をそなえた矩形のルネッサンス様式の建造物だが、右手の翼は未完のままである。そのうしろには、ホーフガルテンと呼ばれる城の庭園が広がっている。それは、ありし日のフランス庭園なのだが、背後に広がっている野原から、低い塀で区切られている。この塀の向こう側から、あの「野の道」がはじまるのだが、それはもうとうにアスファルト舗装されていて、左右を民家で占められてしまっている――すくなくとも学校までは。それからようやく曠野がひらけるのである。

日曜日の十時前には、城と教会の隣にある公園広場は、人でいっぱいになる。ミサに訪れる者は多く、それは老人にかぎらない。そのあと、人々はなおも一緒に立ったまま、すこしばかりお喋りをする。それから、みんな車に乗りこみ、町の郊外にあるわが家に姿を消していく。

教会がいまなおこの土地で威風あたりをはらっているのは、何もその建物にかぎったことではない。教会のほかには、何もないのである。おそらくまだ存続しているものといえば、せいぜい旧市街の縁に位置する民衆銀行、いかにも意識過剰に、古い家並のなかに身をさしはさんでいる恰好の、めだって新しい建築物だろうか。その隣には、家具調度品を多くのショーウィンドウにならべて売りに出している箪笥店がある。そして、アードラー広場には、日用品は何でもそろっているスーパーマーケットがあり、よくコンクリート舗装された駐車場もある。

この教会は、聖マルティヌスに奉献されていて、それにちなんで、マルティン・ハイデッガーも両親にそう名づけられた。そもそも祖父にしてからが、すでにこの名前をもっていたのである。この教会のかげにかくまわれるようにして、彼は大きくなった。教会の左手には、三軒の小さな家がたがいに接して建っていて、その真ん中の家が、ハイデッガー一家の住んでいた寺男の住居である。

父親は、寺男ないし寺僕で、つまりは教会の家屋管理人だった。

メスキルヒから出ようとする者にとって、はやその道程は、この土地に名を与えている教会によって、あらかじめ指示されてしまっていた。「メス」、すなわち「ミサ」であり、「キルヒ」、すなわち「教会」である（この地名を、中世の荘園領主であったメッソに帰する人たちもいる。その場合は「メッソの教会」である）。その道のりは、コンスタンツの大司教区付属寄宿舎を経て、フライブルク大学におけるカトリック神学の研究にいたるのだった。フライブルクは、司教のお膝元として、ある意味でこの地方の主都であったし、たとえメスキルヒがチュービンゲン郡区に属しているとしても、やはり現にそうなのである。かくして、哲学者マルティン・ハイデッガーの歩む道にしても、彼の先人であった司教コンラート・グレーバーのそれと、さほどちがわぬ経路をたどることとなった。大通りから奥まった一軒の家に、グレーバーを記念する銘板がとりつけられている。それによると、彼は、フライブルクの大司教になった。マルティン・ハイデッガーは、フライブルク大学の教授になった。一方にとって説教壇であったものが、他方にとって教壇になったのである。もちろんその相違は著しい。ハイデッガーは、神学から離れたのだから。しかし、それにもかかわらず、彼は、生涯、神学からのがれることはできなかった。

2　両親

マルティン・ハイデッガーは、一八八九年九月二十六日、メスキルヒに生まれた。弟のフリッツが生まれたのは一八九四年二月六日、妹のマリーは一八九一年十一月十二日である。彼女は、五歳隔たっている兄たちのほぼ中間に位置していたことになる。

当時の一九世紀末の生活がどのようなものであったか、今日、想像することはむつかしい。自動車もなければ、電気もなく、種々の器械もない、いずれにせよメスキルヒには存在しなかった。電話も、ラジオも、テレビもなかったのである。メスキルヒにむかう列車を率いていた蒸気機関車は、長いあいだ老若男女にとって、いつまでもひとつの事件であった。馬車で荷物を運ぶのが普通で、荷車も輸送にもちいられていたが、なかでも高い二輪の車は押していき、小さい四輪の車は引いていくのだった。町は活気にみちて、家々はどこも住人でいっぱいで、家族は子沢山で、子供たちは、夕方になるまで、路上でにぎやかに遊んでいた。小さな店は、一日中、開いていた。パン屋、肉屋、植民地産の香辛料などを扱う食料品店。革製品、手芸用品、繊維製品。丸天井の部屋や裏庭で、明けても暮れてもいそがしく働く職人たち、桶屋、仕立屋、錠前屋、指物師。日曜日は安息日で、みんな教会へ行くのである。

こうした土地で、ハイデッガー家の二人の男の子は、ただ一人の女の子であるマリーと一緒に育った。ここで彼らの遊び場といえば、古い校舎の前にある噴水のそばであり、のちになっては、市役所の前や、教会の広場や、ホーフガルテンなどだった。長じてからは、あえて小さな塀をのりこえて、見晴らしのいい野の道に出ることもあった。日曜日には、男の子たちは教会の掃除を、女の子は花を飾るのを、それぞれ手伝ったりした。燃え尽きた蠟燭を交換するのも、子供たちの仕事だった。彼らは、教会の雇人として、理解できないままにラテン語の応答を学んだし、香炉を揺らしたり、ひざまずいて、ミサの聖変化[2]のための小さな鐘を鳴らしたりもした。香部屋でのミサがおわるやいなや、彼らは修道服を脱ぎ捨てて、外に走り出るのだった。

マルクト小橋で、彼らは球転がしの練習をした。また教会と城にはさまれた大きな広場では、鬼ごっこやボール遊びをしたが、これは、背後にあるホーフガルテンでも、そこから下っていった先にある、古い校舎のそばからメッテンバッハの小川のほとりに出たあたりでも、やはりおなじことだった。マルティンは、けっこうスポーツマンだった。夏には持久力のあるスイマーかと思うと、冬にはまた、ヘーゲル水車のそばの凍った池で、抜きんでたスケーターに変貌するのだった。それからボール蹴りが、サッカー試合が、はじまった。「私は、今日でもなお、その姿がみえるようです」と、フリッツはのちになって回想している。「兄さんがレフトウィングを務めていたときに、しばしば激しいプレイをして、鋭いシュートを飛ばしたあとで、ボールがゴールすれすれに過ぎていくのを、一瞬、緊張して待っていたものでした。」

インディアンとの戦闘ごっこも、兵隊さんごっこも、もちろん欠けてはいなかった。メスキルヒの子供たちは、ゲッギンゲンの子供たちに対抗していた。ところでゲッギンゲンには、母親の実家があった。マルティンがメスキルヒの部隊を率いる一方で、従兄弟のグスタフ・ケンプは、ゲッギンゲンの部隊を指揮していた。木のサーベルや棒をふりかざして、彼らは相手にむかって突撃した。メスキルヒ軍がたいてい勝利したが、それは、マルティンが、隣家の皮鞣し職人であるフィッシャーから借りた、本物の鉄製のサーベルをもっていたからだった。いずれにせよ、ゲッギンゲン軍は、そのことを敗北の理由にしていた。

フリッツは、兄の八十歳の誕生日に宛てた手紙のなかで、つぎのように回想している。「どんな遊びでも、それなりの最高潮の瞬間というものがありました。子供たちは、大真面目で事にあたったものでした。少年の想像力は、工業や技術が与えてくれる、たえず新しい刺激や、発明や、サービスによって、甘やかされたり、気散じさせられたり、年々、駆りたてられたりすることは、まだありませんでした。そのように、私たちの世代に属する大部分の人間は、ありとあらゆる悪童ぶりを発揮することによって、それ以後はもはや体験されることもなくなった、屈託のなさという恵みを享受したのでした。」

子供たちはまた、大桶や、手桶や、大きな肥桶などを、なかでもオーク製の果実酒や葡萄酒用の桶を、個人営業で製造していた父親の仕事場で、忙しいときには手助けをしたりした。毎日、毎年、父親は仕事場で働いていたが、それは一日十時間にもおよんでいた。そして、そのあいまに、またそのあとに、教会の寺男の仕事をこなしていた。

父親は、物静かな男だった。なるほど彼は、人々と多く接触してはいたが、それは、あらゆるカトリックの洗礼や告別式や埋葬に、つねにつきそっていたからだった。しかし、彼は寡黙で、また他人のことをあれこれと噂する多弁な人たちのことを、あまり評価していなかった。ただ公の講演会がおこなわれるときなどは、すすんで足をはこぶのだった。たとえば、彼が暗誦するほどに愛していた「鐘の歌」についての講演となると、とりわけそうだった。このシラーの詩によって、生の危険にたちむかうその市民的な道徳によって、彼はまた、自分自身の姿勢を表現していたのかもしれない。

母親は陽気で、率直な性格だった。何の気兼ねもなしに、彼女はだれとでも話したし、そもそも会話や人づきあいが好きなのだった。「母は、さながら類は友を呼ぶという調子でお喋りすることを、小馬鹿にして拒んだりすることはなかったものの、しかし、そこには、いかにもというお喋り女の振舞いは、すこしも認められませんでした」と、すくなくともフリッツは語っている。母親は、生活にたいして積極的で、あらゆる物事に手際がよかった。彼女は花が好きで、大きな祭礼があるときなど、だれもが喜ぶように、マリーと一緒になって、教会を飾りつけたりした。人生はこんなにすばらしく整えられているのだから、いつも何かを楽しみにしていていいのよ、というのが彼女の口癖だった。そして、フリッツの思うところによれば、その背後には、「恩寵のあるところ、生のなべてのいとわしき事どもは、いともたやすく耐えらるるべし」という宗教的な経験が隠れていた。

両親は、貧しくもなく、裕福でもなかった。父親は、寺男として定収入があったし、桶細工の仕事で、かなりの副収入を得ていた。それにもかかわらず、家庭内においても、その在所においても、もっとも重要な言葉は「節約する」だった。「すべてにおいて分を守ることは、根本的な不文律として生きていました」と、フリッツは語っている。すべてのものには値打ちがあった。というのも、すべては手ずから作りあげなければならないか、あるいは——商品として売られていたとしても——苦労してやっとのことで手にはいるものだったからである。そのために、どのような物であれ、それが使い古しであるとか、疵物であるとかいう理由で、ぞんざいに押しのけられたり、打ち捨てられたりすることはなかった。何であれ、つくろったり、詰め物をしたり、釘を打ったり、はんだ付けをしたりして、大事に使われるのだった。

仕事場の蛇腹のうえには、父親の葉巻がおかれていた。マルティン・フューシンガーの店でそれを買ってくるのも、息子たちのどちらかの役目だった。十ペニヒで三本、二十ペニヒで七本、買うことができた。父親は、葉巻を昼過ぎにまず一服、夕方に仕事がおわるとまた一服、吸いつけて、ときにはそのあいまにもう一服、煙をくゆらせることもあったが、しかし、三本を超えることはなかった。

母親がマリーに手伝わせながら、台所に立ち、煮物をし、パンを焼いているように、父親は仕事場に立って、鉋をかけたり、木を切ったりしていたが、その際に、息子たちが、最初はマルティンが、つぎにはフリッツが、手助けをした。手によって作られたもの、苦労して出来あがったものは、それ特有の価値があり、丁寧に扱われるのがつねである。倹約は、物たちにたいする注意深さにつながるのであり、そうしてこそ、ひとは物たちに注意をはらうようになるのだから。

3　教区

家族の生活は、カトリックの教区と町の行政区の双方に組みこまれていたが、それは他方で、そのいずれもが截然と区分されていた——すなわち、財産と仕事にしたがって。どのような小さな身分の違いも、それと眼に見えるように明示されていたのである。料理旅館「獅子亭」に足をはこぶのは名士たちだけであって、一介の労働者の身では、そこでビール一杯、飲むことすら、あえてしなかったことだろう。教会資産の管理人である「聖教会勘定役」カウトは、寺男の住居の右隣に住んでいたが、寺男であるハイデッガーよりも一段上の身分で、彼にそのことをみせつけもするのだった。

「著しい、それでいて微妙なニュアンスを多く含んでもいる、この身分の違いは、自明のこととして受けとられていました。この階級国家は、ほとんどインドのカースト制度と比較することもできたでしょう。ただ欠けているものといえば、聖なる牛だけでした。そこにはやはり、いかなる愛国心をもってしてもいかんともしがたい、二つの分け隔てられた世界がありました。すなわち、「お上」と「下々」です。民衆が口にする国民的郷土料理といえば、ここ数世紀というもの、訓練と棍棒による躾で調味され、辛口にされた平身低頭という名の燻製鰊から成り立っていました。〔3〕それはもう忘れられた、遠い昔のことで、ときとしてすこしばかり忘れ去られすぎているといっていいほどです。」そのように、フリッツ・ハイデッガーは、兄の誕生日によせた手紙のなかで書いている。

一八九六年に「社会政治協会」が、メスキルヒの経済状態についての研究調査をおこなっている。それは、成長していく大工業に直面しようとしていた手工業の状況に憂慮してのことであった。メスキルヒに住む百三十の手工業者のうち、八十三の業者が、わずか五百マルクから二千マルクまでの納税しかしていなかった。したがって、彼らは、社会的な水準からすれば比較的低い階層に位置していたのである。たいていの手工業者とその家族は、飢えこそしなかったものの、大きな飛躍はのぞむべくもなかった。そして、その手工業者の下に、さらに多くの貧しい人たちが存在していて、彼らは、下働きや女中として、あるいは作男や作女として、雇われるほかはなく、それもたいていは食事とねぐら以上のものを得てはいなかった。

寺男ハイデッガーの家族も、おなじようにかなり低い水準で暮らしていた。一九〇三年に、一家には、二千マルクの基本資産と九百六十マルクの所得税の査定があった。その収入で、一家は、何とか生活することができたのだが、子供たちを上の学校へやることは、とてもできない相談だった。というのは、メスキルヒには、高等小学校があるばかりで、ギムナジウムは設置されていなかったからである。ギムナジウムへ進学しようと思えば、高等小学校の課程にくわえてラテン語を習得し、第八学年を修了したあとでメスキルヒを去って、寄宿制の学校へ行かなければならなかった。それは、つましい庶民の子弟には手が届かなかった。ハイデッガー家の息子たちにとっても、やはり同様だった。

ここで助け舟を出してくれるのは教会だったが、それもかならずしもまったくの利他心からというわけでもなかった。というのは、才能ある寄宿生たちがのちになって神学を学び、聖職を選択してくれることを期待してのことだったからである。そういう次第で、才能あるマルティンも――つづいて兄に啓発されたフリッツも――とりあえず町村司祭カミロ・ブラントフーバー神父からラテン語のレッスンを受けた。十四歳になったとき、それは一九〇三年の秋のことだったが、彼はコンスタンツのギムナジウムに転校した。彼は、大司教区付属寄宿舎、いわゆるコンラディハウスに、住むことになった。

フリッツは、当時、九歳だった。それ以後、兄弟は休暇にしか顔をあわせなくなった。フリッツがおなじように、公立実科学校とプライベートなラテン語のレッスンを終えたあと、コンスタンツのギムナジウムへ、コンラディハウスへ、やってきたとき、マルティンは、すでにフライブルクへ移っていた。フライブルクのギムナジウムに在籍してこそ、彼は、エリナー財団の奨学金の恩恵に浴することができたのだった。

兄弟二人の才能を認め、彼らの進学の基礎をつくりあげてくれたカミロ・ブラントフーバー神父は、名の知れた政治家であり、民衆演説家だった。カトリック政党である中央党の代表者として、彼はさらに経歴を積んでいった。一九〇八年には、プロイセン州議会ホーエンツォレルン＝ジークマリンゲン選挙区選出の議員になったが、その当時、ヘヒンゲンの神父でもあった。一九一八年以後、一九二二年まで、彼は、ホーエンツォレルン地方議会の議長を務めた。

中央党は、文化闘争[4]の際には、ドイツ帝国の内部で二重の敵対勢力の的にされていたローマ・カトリック教徒の利害を代弁していた。二重の、とは、彼らがまさに国際的で、ローマ教会の意向にしたがっているとの理由で、民族主義の側から、そして、彼らが保守的であると見做されていたがために、自由主義の側から、の謂いである。ビスマルクとプロテスタントの立場に立つプロイセン帝国は、「教皇権至上主義者」たちにたいする闘争において、国民自由党の支援をうけていたが、この党にしても、「古い迷信」にたちむかうという段になれば、いつでも自分たちのリベラルな原則を忘れてしまう用意があった。

メスキルヒおよびバーデン大公国の南部全域にわたって、信仰問題における教皇首位権と教皇の無謬性が布告された、一八七〇年のヴァチカン公会議以後、カトリック教徒が分裂する事態になっていた。ローマから分離した古カトリック教徒は、ひきつづきローマにつきしたがっているカトリック教徒と対立した。古カトリック教徒は、なかでもやや上層の市民に属していて、この宗教的な齟齬は、同時に社会的な齟齬でもあった。つましい庶民たちはローマ教会に忠誠を誓いつづけたために、嘲り、蔑みをこうむる破目になった。

古カトリック教徒は、自由主義的なバーデン政府から支持され、援助をうけていた。メスキルヒでは、彼らは、そうでなければローマ・カトリック教会に属しているはずのマルティン教会を、おなじように利用する許可を得ていた。それは、結局、ローマ・カトリック教徒の撤退につながった。彼らは、マルティン教会を放棄し、一八七五年には、城の近くにある果実倉庫の建物のなかに、新しい教会を設立した。その建物の一方の翼に、父ハイデッガーは、自分の仕事場を設けることができた。このまにあわせの教会で、一八八九年にマルティンが、一八九四年にフリッツが、それぞれ洗礼をうけた。

ローマ・カトリック教徒たちは、困難な時代をむかえていた。彼らは中傷されたばかりか、その公的な生活においても著しく自由を制限されていたのである。教師たちは、古カトリック教会に信仰告白する場合にのみ、公立実科学校でひきつづき教鞭をとることを許された。ローマ・カトリック教徒の子供たちは、学校で、また帰り道で、ひどいいやがらせを忍ばなければならなかった。

コンラート・グレーバーは、後年、そのことを回想している。「私たちは、自身の苛酷な経験から、あの粗暴な時代にどれほど多くの若者たちの幸せが破壊されたことか、よく知っている。当時、どちらかといえば裕福な古カトリック教徒の子供たちが、貧しいほうに属するローマ・カトリック教徒の子供たちを仲間はずれにして、そちらの側に立つ神父に、また当の子供たちにも、仇名をつけ、さんざ殴りつけ、再洗礼をほどこすと称して、井戸の角桶のなかに漬けたりしたものだった。古カトリック教徒の教師たちが、牡山羊の群れから羊を分け隔てたり、ローマ・カトリック教徒の生徒たちに「黒死病患者」という渾名をつけたり、ローマ教会の方針にしたがうなら、罰せられずにはすまないと、あからさまに思い知らせたりしたことも、私たちは、遺憾ながら自身の経験から知っているのである。彼らは、全員、最後の一人にいたるまで、信仰を捨てた。メスキルヒで職を得ようと思えば、古カトリック教徒に追随するほかはなかったのである。宗教を変えることによってのみ、アプラハ川沿い〔5〕の町でささやかな官職を獲得できたということは、はるか後年においても明らかな事実であった。」

中年のグレーバーのこの経験を、まだしも若いハイデッガー家の子供たちは、なしですませることができたかもしれない。いずれにせよ、グレーバーが経験したほど激しくはなかったことだろう。しかし、ローマ・カトリック教徒たちが、啓蒙された、影響力の大きい、富裕な市民たちから、遅れた連中として軽侮されるという経験を、彼らも依然として共有していたはずである。そして、ローマ教会から離反するとすれば、それが場合によっては出世に有利にはたらくという経験も。

父ハイデッガーは、教会に忠実でありつづけた。激しい闘争がおさまり、ローマ教会が永続する教会として証明されたとき、ようやくのことで和解が成立した。

ローマ・カトリック教徒の数は、メスキルヒでは、古カトリック教徒の三倍におよんでいた。バーデン政府も折れた。一八九五年に、ローマ教会が自分たちの資産を取り戻したが、そのなかには、ハイデッガー一家が入居した教会広場沿いの寺男の住居も含まれていた。古カトリック教徒は、アプラハ橋のそばのリープフラウエン教会を引き継いだ。カトリックの教会暦がはじまって最初の待降節の日曜日にあたる、一八九五年十二月一日に、ローマ・カトリック教徒たちが、かつての自分たちの教会へ復帰する儀式を、おごそかにとりおこなった。古カトリック教会の寺男は、あらかじめ教会の鍵を、わずか六歳のマルティンに手渡していた。明らかに彼は、父親のほうを避けたかったのである。

父は苦々しく思ったりはしなかった。双方の狂信から体験したもろもろのことが、彼を思慮深くしたのである。次第に彼は、古カトリック教徒をつつみこむ、自分なりの寛容の態度をしめすようになったが、なかんずくそれは、寺男の住居の左隣に住んでいた、親しい古カトリック教の司祭クサーヴェル・ヴァーグナーにもむけられた。フリッツのいうところによれば、「すべてにおいて節度をまもることは、原則的な不文律として通用していました。そこには、考えを異にする人たちにたいする寛容も含まれていました」。

4 鐘撞き

かつての寺男の旧居に移るとともに、寺男の息子たちには、鐘撞きの仕事がまわってきた。その際に、彼らは他の少年たち、すなわち、鐘撞き童の助けをかりた。鐘撞きは、もちろん手ずからおこなうのを旨としていた。長い太い綱を、少年たちは力一杯引っぱってから、そのあと緩めなければならなかったのだが、鐘がただしく拍子をとって左右に揺れてくれるように、あまり緩めすぎてもいけなかった。それは、たやすくは習得しがたい技術だった。それぞれの鐘が、ひとつまたひとつと、間合いよく鳴りはじめ、ついにはすべての鐘が一斉に、そのまったき音色を響かせるようでなければならなかったのだから。鳴り始めと同様にむつかしいのは、鳴り終りだった。鐘が大きく揺れるのにあわせて、鐘の舌も受けとめられ、打ち止めされる必要があった。いくつもの鐘を成り行きまかせにしたりすれば、大混乱に陥りかねなかった。

鐘は、それぞれ重さが異なっており、それぞれ音色も異なっていて、ひとつひとつ名前がついていた。「三の鐘」、すなわち、もっとも小さな鐘は、毎日、午後三時に打ち鳴らされた。人たちは、たいていは時計をもっておらず、塔の時計と鐘の合図が頼りだった。寺男の息子たちは、「三の鐘」を鳴らす役目だったので、それにあわせて、遊ぶ時間も調整しなければならなかった。彼らは、あまり遠くへ行くわけにもいかず、それでときには塔の鐘楼のなかや釣鐘梁のあいだで遊んだりした。「三の鐘」は、ひとが死んだあとで打ち鳴らされる弔鐘でもあった。これを撞くのは、寺男じきじきの務めだった。

「三の鐘」のあと、「アルフェの鐘」[6]が、それから「子供の鐘」がそれにつづいたが、これは、子供たちのための教義問答と大人のための教理講義の始まりを、そして、夕べのロザリオの祈りを、告げるものだった。「十一の鐘」は、毎日、十一時に、「十二の鐘」は、十二時に撞かれた。これらの鐘を撞くのは、父親の仕事だった。というのも、子供たちは、学校に行っていたからである。それからさらに、「クラナイの鐘」[7]があったが、これを鳴らすのは、時を告げる打鐘だった。そして、最後に「大鐘」は、日曜祭日の朝に鳴らされる鐘をしめくくるのだった。

こうした七つの鐘とならんで、ほかに「ミサの銀鈴」があったが、これは、塔を通じて香部屋の入口まで垂らされた細い紐に結びつけて、鳴らすというものだった。パンと葡萄酒がキリストの体と血に変化するという、聖変化に先立って、寺男がこの小さな鐘を引く手はずになっていた。それは、鐘楼にいる子供たちが「変容の」鐘を鳴らすための合図だった。

復活祭に先立つ日々、すなわち、聖木曜日の「最後の晩餐の歌ミサ」から聖土曜日の「復活の歌ミサ」までのあいだは、鐘が鳴らされることはない。それは、イエス・キリストが受難し、十字架にかけられ、そして、葬られた期間である。この場合には、ただ「擦り打ち」がおこなわれるだけだった。一種のクランクがいくつかの木槌を動かして、それが固い木にあたると、固い、乾いた響きをたてるのだが、この日はそれが礼拝の合図になるのだった。しかし、それから復活祭がやってきて、主のよみがえりが盛大に祝われるとともに、すべての鐘が打ち鳴らされた。早春の気配がただよい、クロッカスがはや芽吹いていた。

そのようにして、一日は、朝、昼、晩と、鐘の響きによって整えられていた。そして、一週間は、週末となるその祝祭によって、すなわち、休日である日曜日によって、秩序づけられていた。そして、年のめぐりに規矩を与えていたのは、一年の自然な歩みに沿ってもいる、教会暦による祝祭日だった。すなわち、待降節、キリスト降誕祭、御公現の祝日、謝肉祭、四旬節、復活祭、聖霊降臨祭、聖体の祝日であり、それにくわえて、洗者聖ヨハネの祝日、使徒ペトロとパウロの祝日、十一月初旬の諸聖人の祝日と奉教諸死者の記念日、そして、最後にメスキルヒの教会の守護聖人である聖マルティンの祝日である。

マルティン・ハイデッガーは、年老いてから、そのことをつぎのように回想している。「教会暦の祝日、その前日、四季の歩み、毎日の朝、昼、晩の刻限が、すべてたがいに組み合わされて、そのようにして、間断なくひとつの響きが、若い心の、夢の、祈りの、遊びのなかを、過ぎていく、そうした神秘にみちた仕組みは……。」

そして、市街と公園の局限された区域から歩み出ていく、あの野の道がある。ホーフガルテンからはじまるその道は、エーンリートにつづいているが、この地名は、おそらく「リート」の、すなわちアプラハ川の「葦」の、「エンネト」、すなわち「向こう側」の意からきていたのだろう。夏には実をつけ、緑に恵み、冬には雪の下に隠れてしまう、そしてまた、陽が照りつけ、雨音がざわめき、風が野面をかすめていく、そうした田畑や草地のかたえを通り過ぎて。野の道は、十字架像のところで森のほうに迂回していくが、その森の縁には、ひとつのベンチがおかれている。天気のいい日には、アルプスの端を見晴るかすこともできる。エーンリートから、道はふたたびホーフガルテンへ戻っていく。まだ人工的な光によって白々とした色をおびたりはしていない夕べの空を、それだけ暗い背景にして、星が明るく輝いている。天の川の幅広い帯が、そこからきわだってみえる。今日では、それは辺鄙な地方でかろうじてみられるばかりで、都会の空ではもはや無理である。

夜は静まりかえっている。その静寂は、われわれがもはや体験できないものである。マルティン教会の塔の鐘が鳴り響く。それから、ふたたび静かになる。マルティン・ハイデッガーは、のちにこう書いている、「静寂は、最後の鐘の音とともにいよいよ静かになる。それは、二度の世界大戦の犠牲になって、寿命をまっとうすることもなかった人たちのもとへも届くのである」と。

5　先祖

マルティン、マリー、フリッツのハイデッガー家の三人の子供たちは、祖父母を知らなかった。父方、母方ともに、彼らが生まれるまえに他界していたからである。三人の祖先は、数世代にわたって、ローマ・カトリックの信徒だった。父親の父親であるマルティン・ハイデッガーは、一八〇三年十一月十一日、聖マルティヌスの祝日に、ライバーティンゲンで生まれた。それは、メスキルヒとボイロンのほぼ中間に位置する。ハイデッガー家がオーバーエスタライヒからそのライバーティンゲンへ転入してきたのは、一六四九年のことだった。羊舎ニテ生マレタリ、すなわち、羊小屋で誕生したと、ボイロンの受洗者名簿には記されている。というのは、祖父は、ボイロンから三キロメートル離れた、しかし、ライバーティンゲン地域に属している、ドーナウ河畔の牧羊場で生を享けたからである。

この祖父は、一八三〇年二月十一日にメスキルヒに転居して、そこで靴職人として生計をたてていた。それは、最初の妻でメスキルヒ出身のテレージア・メルクと結婚式をあげた日でもあったのだが、彼女は早くに亡くなった。この妻とのあいだにもうけた一人の息子が、彼の手元に残された。

二人目の妻ヴァルブルガ・リーガーは、一八一五年の生まれで、メスキルヒの役場の管轄であるグーテンシュタインの出身だった。彼女も早世した。一八五五年四月五日、メスキルヒにおいてである。そのとき、彼女の息子のフリードリヒは、ようやく四歳になったばかりだった。フリードリヒがふさぎがちになり、言葉少なになったのは、母親をこのように早くに失ったためだったのかもしれない。祖父は、一八五七年二月十二日、三度目の結婚をした。この妻カタリーナ・メールレとのあいだには、子供にめぐまれることはなかった。彼は、一八八一年十一月十九日、メスキルヒで死去した。

一八五一年八月七日にメスキルヒで生まれたフリードリヒは、一八八七年八月九日、ようやく三十六歳になって、メスキルヒから数キロメートル東に位置するゲッギンゲンの出のヨハンナ・ケンプと結婚した。このゲッギンゲンで、彼女は、一八五八年三月二十一日に、農夫アントン・ケンプとその妻ユスティーナとのあいだに生まれた。一八一一年七月七日にゲッギンゲンに生まれたアントン・ケンプは、一八六三年七月三日、その地で死んだ。一八一八年九月二十五日、ゲッギンゲン生まれの妻ユスティーナ、旧姓イェーガーは、夫よりも二十年以上も長生きした。彼女は、一八八五年四月十七日に世を去った。

ケンプ一家は、一六六二年以来、ゲッギンゲンのロッホ農場で暮らしていたが、これは、プフレンドルフ近郊のシトー修道女会尼僧院所有の森から、貸借農地として手にいれたものだった。農場は、世襲農地として家族に引き継がれたが、八十モルゲンの農地と牧草地、森林をそなえた広壮な家屋敷を含んでいた。祖父アントン・ケンプは、一八三八年の「農地解放」の枠内で、この農場を三千八百グルデンの対価で買い取ることができた。晴れて解放された農地を耕す自作農になって、彼は、一八三九年にゲッギンゲンの旅籠「鷲亭」のあるじの一族であるユスティーナ・イェーガーと結婚した。

マルティンとフリッツは、幼少年期にはしばしばロッホ農場を訪れていた。従兄弟のグスタフ・ケンプは、この農場で育って、のちにカトリックの聖職者になった。しばらくのあいだ、彼は、マルティンの学校友だちだった。一九七二年の彼の死に際して、ロッホ農場で遊びに興じていた悪童たちの「屈託のない生活」について、「きたるべき両次の世界大戦をすこしも予感することもなかった」と回想していた。第二次世界大戦において、農場の跡継ぎたちは戦死していたのである。

フリードリヒ・ハイデッガーとその妻ヨハンナ、旧姓ケンプは、マルティン、マリー、フリッツの三人の子供にめぐまれた。哲学者マルティン・ハイデッガーは、一九一七年三月、ザクセンの官吏の娘であるエルフリーデ・ペトゥリと結婚した。彼女は、フライブルク大学で国民経済学を専攻したが、これは、当時の女性としてはきわめてめずらしいことだった。エルフリーデ・ペトゥリは、女性解放運動家ゲルトルート・ボイマーの支持者だった。マリー・ハイデッガーは、一九二一年、三十歳のときにメスキルヒで、ルードルフ・オシュヴァルトと結婚した。彼女は、一九五六年五月二日、六十五歳で死去した。マルティン・ハイデッガーは、八十七歳に達してのち、一九七六年五月二十六日に世を去り、弟のフリッツは、一九八〇年六月二十六日、八十六歳で亡くなった。

今日、メスキルヒの墓地を訪れてみると、哲学者の墓にいたる道は、たやすくみつけることができる。案内の標識がととのっているのである。それは、彼とその妻エルフリーデ、旧姓ペトゥリの墓にかぎらない。彼の両親の墓も、また弟フリッツとその妻の墓も、やはりそうなのである。三つの墓石がすこし距離をおいて、隣合わせにならんでいる。右の墓石には、両親フリードリヒ・ハイデッガーとヨハンナ、旧姓ケンプの名前と生没年が、左の墓石には、弟フリッツと妻エリーザベト、旧姓ヴァルターの名前と生没年が、それぞれ刻まれている。そして、中央の墓碑には、マルティン・ハイデッガーとその妻の名前と生没年が記されている。

中央の墓石は、ほんのてのひらほどの分だけ、左右の墓石よりも高い。左右の両方の墓石には、故人の名前の上に簡単な十字架が書きこまれているが、中央の墓石には、十字架は欠けている。そのかわりに、小さな、金色の、六枚の花弁からなる薔薇飾りがとりつけられてある。これは、マルティン・ハイデッガーとその妻の意思なのだった。「星にむかってすすむこと、ただこれのみ」と、『思惟の経験から』に書かれている。

6　フリッツ

フリッツ・ハイデッガーは、メスキルヒでは、兄よりも著名人だった。だれもが彼を知っていた。一九三九年以前には、メスキルヒでマルティンをみかけることは、まれにしかなかった。それ以後、彼は、幾度か仕事のために訪れるようになった。というのも、弟が彼の原稿を清書していたからである。ようやく一九五〇年代以降、マルティンがより頻繁に弟の家に泊まるようになり、メスキルヒで彼の七十歳、八十歳が祝われて、とうとう名誉市民に推挙されてから、メスキルヒでも、声望がこの哲学者にむけられはじめた。もちろんそれでも、フリッツこそが兄の著作のほんとうの著者なのだと噂する人たちは、依然として存在していた。彼らは、いまや世界中の人たちの口の端にのぼっているマルティンよりも、フリッツの能力を信じていたのである。

メスキルヒでは、哲学者について聞いたことがなかった人でも、だれもがフリッツ・ハイデッガーを知っていた。彼は、のちに民衆銀行と合併することになる信用金庫に職を奉じる銀行員だったが、今日なら、さしずめバンカーといったところである。彼は、執行役員の席につらなっていた。そうなるまでは長年にわたって、会計係ないし出納係として信用金庫で働いていたから、顧客たちは、窓口にすわっている彼の手から現金を受け取ったものだった。現金を、つまり紙幣を、ということだが、それで彼は皮肉をこめて、「紙幣投入役」[8]と自称していた。彼は、電光石火の早業で紙幣をかぞえては、まるでトランプ遊びのように、台の上に抛り投げることができたが、それも顧客と二言三言、無駄口をたたきながらの芸当だった。それでいて、金額は一度として誤っていたためしがないと、もっぱらの噂だった。

この一介の銀行員がその名を高からしめたのは、なかんずく彼が幾度かおこなった謝肉祭口上のゆえであった。最初は一九三四年であり、最後は一九四九年だった。彼が語りはじめると、その口上とともに、メスキルヒのカーニヴァルは最高潮に達した。フリッツは、結局のところ、小さな町にはどこにでもいる、変り者と呼ばれるたぐいの存在だった。他の人たちとはすこしちがっていて、はしばしにおいて頑固で、いわば独特な人間だったのである。フリッツ・ハイデッガーについては、今日でも、メスキルヒで数々の逸話が語り伝えられている。

そういうわけで、フライブルクの哲学者が話題になるときは、メスキルヒでは長いあいだ、「ハイデッガーの兄貴」で通っていた。ハイデッガーは、何しろ有名なカーニヴァルの口上役だったのだから。彼には、フライブルクに住む一人の兄貴がいて、世間では評判の人物らしいが、しかし、フリッツにくらべればたいしたことはない、ともかくもメスキルヒとホイベルク地方ではな、という調子だった。そういう次第で、メスキルヒのある住人が、フリッツ・ハイデッガーの舅にこう尋ねたことがあった。「アントンよ、フリッツの隣に立っておるあの男はだれかね。フリッツによく似とるが。」それにたいして、アントンはこう答えた。「あれはやつの兄貴さ、大学の先生で、哲学者だよ。」「それはまた何だね、哲学者ってえのは。ああ、わかった、しこたまきこしめす奴だな」[9]、つまり大酒をくらう、という意味である。

フリッツは、のちになってこの言葉をいいかえて、「私の兄は哲学者だが、私はただの大酒呑みだ」と語ったという。というのも、彼は、夕方、呑み仲間と一杯やるために、好んでワイン酒場に繰り出したからである。そのことでも、彼は有名だった。

フリッツ・ハイデッガーは、謝肉祭の火曜日にあたっていた一八九四年二月六日に生まれた。彼は、この生年月日を、自分がカーニヴァルを偏愛する理由として、また自分の「生まれついての道化ぶり」の所以として、あげるのがつねだった。そういうわけで、彼はまた、あるときの「謝肉祭口上」のなかで、ユーモラスな口調で自分の難産についてこう語っていた。「かのカーニヴァルの火曜日、朝はまだきの七時半、怠け者なるクサーヴェレ、かのデーデレ、その他大勢、いとも愛すべき老いたるメスキルヒの変り者どもが、謝肉祭の有頂天から、折しも千鳥足にて御帰館あそばされるころ、今日ただいま汝らのもとに滞留しおる一人の者が、はじめてお天道様の光を眼にしたるものにして、さてしもシュロス通り十二番地、高い破風をそなえたる、かの古きお屋敷でのこと。」

カーニヴァルの火曜日の翌日は、断食がはじまる聖灰水曜日である。「地球に棲息しはじめた、シュロス通りのちっぽけな虫けらにも、聖灰水曜日は到来した。反吐を吐き、皮を鞣され[10]、さてもまたどえらくコースを外れて。聖灰水曜日ともなれば、それもあたりまえのこと。御典医は深刻な顔をなされた。そして、こうご託宣をくだされた、このちびはくたばっちまうぞよ、と。かくして金曜日の朝、親が大急ぎで教会へ馳せ参じ、緊急洗礼を施すという事態とは相成った。朝の十時……学校では、折しも十時の休み時間じゃ。代母が取り上げ婆さんと一緒に通りかかると、――代父は、猫の額ほどの畑に出て、堆肥をやっておるところじゃった――一人の悪童が、玄関で一発、派手な平手打ちをくらっておったそうな。というのも、当時の教育学では、まだグロビアーヌス主義[11]が横行しておった。坑内爆発性のガスが、毎日、充満しておるという次第。」

乳飲み子は生きのびた。だが、――「人生の苦しみは、ある者には今日、他の者には明日、はじまる」――カーニヴァルの火曜日が陽気にはじまったと思えば、はやその翌日は、苦痛にみちた聖灰水曜日だった。そのようにして、みずからいうように、「生まれついての道化ぶり」ばかりではなくて、彼にはまた、憂鬱に傾きがちな考え深い性向も賦与されていたのである。それらは二つながらに、彼の生涯についてまわったのだった。

カール・ゴンメリンガーは、彼の『古きメスキルヒ散策』のなかで、ハイデッガー家がその住居をもっていたキルヒベルクのことも回想している。「教会につづく階段の隣に、クリーゼゴーン・カウトが住んでいたが、彼は多忙をきわめていた。彼は、地階に理髪店をかまえていた。彼は、市立楽団および教会の聖歌隊の指揮者であり、かつオルガン奏者だった。理髪店の隣に、ベイビー・フェヒト[12]の店があった。寺男のハイデッガーは、その上階に住んでいた。この家で、哲学者マルティン・ハイデッガーは育ったのである。フリッツにも、優れた血脈が受け継がれていたが、貧しい寺男には、一人だけ大学へ進学させるのがせいぜいだった。それでフリッツが貧乏くじをひいて、銀行で手に職をつけたというわけだった。しかし、あえて付言するなら、この彼は、メスキルヒの最高の道化哲学者だった。当時、テープレコーダーがなかったのは、残念至極なことである。彼の謝肉祭口上は、諧謔にみちあふれていた。老いた寺男であるハイデッガーは、鐘を撞かなければならない時刻になると、われわれ子供たちを学校から連れ出した。彼は、手助けを必要としていた。というのも、当時、鐘撞きは、まだ手仕事だったからである。そういうわけで、塔は、われわれのもっともお気に入りの遊び場になった。助任司祭の住居も、ハイデッガー家のすぐ隣にあった。」

寺男ハイデッガーが大学で学ばせることができなかったのは、フリッツだけではなかった。彼は、マルティンも大学に進学させることができなかった。息子たちは二人とも、奨学金にたよっていた。しかし、フリッツの勉学は、それが原因で挫折したわけではなかった。彼が早くも時をおかずしてコンスタンツから自宅に戻ったのは、別の理由があった。当初は彼も、高等小学校へ通い、プライベートにラテン語のレッスンを受けていたが、司祭からではなくて、助任司祭からだった。彼もコンスタンツのギムナジウムに進学することになっていたが、それは、そのあと大学でカトリック神学を専攻するためだった。そして、それが彼の望みでもあった。

そうして、彼はコンラディハウスに入寮した。しかし、ある悩みがひどくなった。それは、すでにそれ以前にあらわれてはいたのだが、この付属寄宿舎で、いまや顕著になっていった。すなわち、吃音である。彼の吃音がすでに以前から強ければ、コンスタンツへ行くことを勧められはしなかったであろう。この厳格な学校は、――フリッツがくりかえし「坑内爆発性のガス」のことを、鞭打つ両親や教師のことを、回想するのも、けっして理由のないことではなかった――おそらくは彼を悩ませたのである。彼は、自分が妨げられ、阻まれていると感じた。彼は、自分を率直に表現し、展開することができなかった。彼が話そうとしたこと、話すようにもとめられたことを、彼は表出することができなかった。無駄な試みの苦痛にみちた数分間が過ぎて、ようやく発音しはじめた言葉を、なんとか最後まで語りおおせることができるのだった。それはおそろしいことだった。彼は、より親密な、家居の生活にあこがれた。そこで、母の庇護のもとでなら、よりよく事ははこんだのだろうが、しかし、そこでは、彼はギムナジウムに通うことは不可能だった。

吃音はかなり強かったので、人々は言語訓練を施して、彼の助けになろうとしたが、無駄だった。彼は、結局、「コンツィーリウム・アベウンディ」、すなわち諭旨退学処分を受けることになった。それは、市民生活でのキャリアにとって、破滅的な宣告であり、死刑宣告にひとしかった。そして、フリッツは、おそらく生涯のあいだ、それに苦しんだのである。いまや彼にとって、アカデミックな職業への、いやそれどころか、彼自身が関心をいだいていた聖職への道は、永久に閉ざされてしまった。一九一〇年以降、彼は、依然として吃音に妨げられながら、あちらこちらで、たとえば地区裁判所や不動産登記所で、事務職のポストを得ようとつとめた。

両親は、最後に彼をブレスラウの語学学校へ送りこんだが、そこから彼は、一九一三年にベルリンに移り、しばらく事務員として働いていた。まがりなりにも彼は、こうしていくばくか世間というものを、彼の兄には閉ざされていた大都市ベルリンを、知ったのである。戦争がおわろうとする一九一七年に、彼は兵役にも服している。一九一九年に、彼は、ザーレムの民衆銀行で勤めはじめたが、一九二〇年には、すでにメスキルヒに戻ってきていた。父親が病弱だったし、フリッツは、両親の希望にしたがって帰郷して、父親の面倒をみることになった。

それ以後、彼はメスキルヒにとどまった。彼は信用金庫に勤めるかたわら、父親の寺男の業務を手伝った。この仕事を、彼は子供のころから熟知していた。一九二四年二月一日に、すでに非常に弱っていた父親は、寺男の業務から退いた。彼は、それからまもなくして、一九二四年五月二日に死んだ。母親は、フリッツとともに、ひきつづき寺男の住居にとどまることを許された。しかし、フリッツは、そこで自立する道を選択した。

彼は、一九二五年十月十五日、三十一歳でエリーザベト・ヴァルターと結婚して、家族のために小さな家を建てはじめた。一九二六年の復活祭のあと、フリッツおよびエリーザベト・ハイデッガーは、新居に引っ越した。一九二六年九月二十日に第一子として、長男のトーマスが生まれた。彼は、のちにボンドルフの森林監督官になった。つづいて一九二八年三月三十一日に、次男のハインリヒが生まれたが、彼は、長じてザンクト・ブラージエンのカトリック司祭になった。そして、最後に一九二九年十二月二十四日、クリスマス・イヴに、三男のフランツが生を享けた。彼は、商人になったが、早くも一九五五年に、虫垂炎の手術の影響で、二十六歳の若さで亡くなった。

母親のヨハンナは、一九二七年五月三日、夫の命日の三年後にあたる、そのほとんどおなじ日に他界した。息子のマルティンは、ちょうど上梓したばかりの『存在と時間』の初版を、かろうじて母親に手渡すことができた。

7 道化

そもそも彼は、すぐれた説教師になっておかしくないところだった。それで、彼は立派なカーニヴァルの口上役になったというわけだった。よりによって吃音者が、メスキルヒで長年にわたって、華麗な「謝肉祭口上」を弁じていたのである。彼が口上役を務めることが予告されるたびに、ホイベルク地方のいたるところから、彼をひいきする人たちが押し寄せた。マルクト小橋のたもとの広場は、彼が櫓にのぼるやいなや、はや立錐の余地もないありさまだった。

「偉大な道化も、かつては多く存在した」と、カール・ゴンメリンガーは回想している。「しかし、私は、そのなかから最高といえる人たちの名をあげるにとどめよう。シュテルツェ、アントン・フォーグラー・シニアなどだが、しかし、天下一品となると、なんといってもフリッツ・ハイデッガーだった。このフリッツは、みごとな着想をはたらかせ、あらゆることをたやすくやってのけた。彼は、謝肉祭のための一幕物を書きあげたりもした。この芝居には、『フリードリヒ・フライゲヴェーゼン』という表題がついていた。彼はそこで、豚飼いから大土地所有者に成り上がった、一人の小男の生涯をえがきだしている。」この一幕物の登場人物の一人は、たしかにフリードリヒ・フライゲヴェーゼンだったが、作品そのものは、『二千万ドル――湯水のごとく――現金で』という表題で、そのほかの登場人物は、クサーヴェル・フィールツーヴェーニヒ、クヴィリーヌス・ニーゲヌーク、ヒラリウス・ニーフェアレーゲンだった。[13] この芝居は、一九三六年に上演された。

その「謝肉祭口上」では、彼は、きわめてふしぎなことに、話すことにいかなる困難も感じてはいなかった。語りは流れるように口からあふれでて、それがとぎれるのは、ただ聴衆の拍手と爆笑がおこるときだけだった。普段は悩みの種であったあらゆる障害を、彼はたやすく克服することができたのである。ある友人が語るところによれば、町役場前の演壇に立つやいなや、彼の障害は、吹っ飛んでしまったかのようであった。「ただ真面目な話になるときだきゃ、もう口に出せんじゃった。」ただ真剣な話題になるときにかぎって、彼は、それをもはや口に出すことができなかった、というわけである。しかし、「謝肉祭口上」でも、彼は、ときおり真剣になったが、言葉につまることはなかった。

この言葉につまるさま、それが思いがけない方向にすすんでいくさまを、フリッツ・ハイデッガーを幼いころから知っている親戚のルツィア・ブラウンが報告している。彼は、彼女の母親の名前「ス・クレルレ」を呼んだことがあった。しかし、とりあえず「クレ……、クレ……」の段階をこえることができずに、とどのつまりは、彼の口からとびだしてきたのは「クレールアンラーゲ」、すなわち「浄水場」という言葉だった。「ルル……、ルル……」と、彼はルツィアの名前を呼びはじめたが、その結果はちがっていた。「ルックス・アエテルナ」、結局、最後にとびだしてきたのは、この言葉だった。つまり「常夜灯」である。

ルツィアはこう語っている。「子供のころ、私は、あなたが話しはじめると、その様子をみつめているのが好きでした。最初にあなたが大きく息を吸いこむと、おなかの下のほうから、何やら音が聞こえてきて、それはまるでドーナウの谷間から嵐がまきおこるかのようでした。そして、その音は、ごろごろと響きをたてながら、やがてはあなたの唇のうえで形をなそうとして、口にむかってすすんでいくのでした。あなたも次第に大声になって、文字が外にむかってあふれでようとしていました――そして、最後に凝集したものが解き放たれるのです。あなたの濃い口髭は、自由の身になった言葉のうえにそそりたつ感嘆符のようで、農民のようなあなたの幅広い頭が胸にむかって垂れているさまは、まだ何かあとにつづいてきてはいないか、あなたが自分の内部にむかって、耳をすませているかのようでした。」

語ることにたいしてそのような関係をもつ者にとって、語ることは自明のことではない。それは、その都度、緊張を、ひいてはまた準備と熟考を、要求する行為である。彼は、語ることにたいして、言語にたいして、距離を保っていた。彼にとって、語はその構成要素へと、音節へ、文字へ、子音と母音へと分解されていくのだった。彼は、ひとつの語が意味を失ってしまうか、あるいはそれまでもっていなかった新たな意味をおびるか、そうなるまで、言葉をこねくりまわすのだった。語義の核をなしている、その真の、その根源的な意味を、音声の構成要素のなかにみいだすことは、語ることに何の困難ももちあわせていなかった、兄のマルティンの方法である。その際、マルティンが言語史の知見には無関心だったように、フリッツもまた、通常の語り手の慣用には無頓着だった。

二人にとって、方言とともに育ちながら、学校でようやく高地ドイツ語を学ばなければならなかった少年の経験が、何らかの役割をはたしているのかもしれない。習得した言語にたいするある種の距離が、いつまでも残っているのである。高地ドイツ語は、彼らが外から観察しているかぎり、一種の外国語だった。フリッツが悠揚せまらず外来語ともつきあうのに比して、マルティンは、いかにもペダンティックな仕草で、よそよそしい高地ドイツ語にくわえて、まだ外国語の語彙までもちいることは、あまりといえばあまりであるといわんばかりに、あえて避けてとおるのだった。その慣用にも反し、その規則にも反して、言葉を引き裂き、ふたたび新たに結びつけつつ、彼がこの高地ドイツ語にくわえる暴力は、畢竟、自己を規定しようとする、自己自身を語ろうとする者の、その不機嫌から発しているのかもしれない。——彼が早くから家族のなかで、教会で、学校で学び知った、あらゆる圧倒的な語りの伝統に抗して。

この圧倒的なるものの伝統は、フリッツをときとして無言へ、沈黙へと追いやった。彼は、そこから苦労して言葉をとりだすしかなかった。彼は、ようやく後年になって、なかんずく彼が道化中の道化になりおおせるたびごとに、その道化の舞台で、そうした伝統から自己を解放することができた。ここでは、彼は他の者たちよりも優位に立つことができた。——彼が銀行の窓口の向こうにすわっているときには、そうではなかった——ここでこそ、彼は、他の者たちに、彼らの馬鹿さ加減をしめしてみせることができた。それも、自分自身の馬鹿さ加減を否定することはなしに、である。ここで、彼は道化の自由を得た。もとよりそれは、人間と人間の共同体が営む生へのより深い洞察へと、彼を導くことになった。彼の兄マルティンが講壇でまれにしか達することがなかった尊厳を、彼は、道化の舞台の上で実現することができた。イロニーは、それどころか、ある意味では尊厳の証左であるはずの自己にたいするイロニーは、その兄にはほとんど与えられてはいなかった。

マルティンは、生涯をかけておのれを守らなければならなかった。おのれが身を屈した言語の力にたいして、おのれが斥けた因襲的な語りの力にたいして。それも、ヨーロッパの哲学の長い伝統、ローマ・カトリック教会の長い伝統、とどのつまりはドイツ国家の短い、あまりに短い民主主義的な伝統を、疑問に付すことによって、である。マルティンは、すべてを新たに根拠づけるためにこそ、すべてをくつがえそうとする、そうした革命家になった。彼が、彼一人が、根拠づけたものだけが、重んじられなければならなかったのである。

フリッツは道化であればこそ、賢明だった。彼は、あらゆる人間的な努力の虚妄、無為を見抜いていた。このような洞察をまえにしては、すべては喜劇と化した。彼の言葉遊びはユーモアにみちていた。彼は、言葉を真面目にとりながら、真面目にとらなかった。それは、彼がおのれを真面目にとりながら、真面目にとらなかったのと同様である。彼は苦しみつつ、そうしながらも、おのれの機知を引き裂いた。彼の言葉のデフォルメは、素朴な、聡明な洞察につながった。

それにたいして、根本的に素朴なるものへの探求は、マルティンを深遠な意味へと導いた。それは謎めいたもの、それ以前には書かれたためしのなかった行文へと帰結した。「言葉を司るものは、物にたいする物の縁起[14]として閃くのである」などと。それは、フリッツでなくとも、吃ってしまいかねなかったような一文である。フリッツは、ときおり自分の意思で滑稽だったが、マルティンは、自分の意思によらずして滑稽だった。

無限をまえにすれば、とロマン派のアイロニカーであるフリードリヒ・シュレーゲルは語っていた、人間には自分の意思で滑稽であるか、自分の意思によらずして滑稽であるか、どちらかの選択しか残されていない、第三の可能性などはない、と。

8 教師

マルティン・ハイデッガーにとっても、イロニーが無縁でなかったことをしめす例は、枚挙にいとまがない。それらはもちろん隠されたイロニーであって、弟のフリッツのそれほどには中身のあるものではなかったにせよ。一例をあげているのは、スイスの精神医学者メダルト・ボスである。長年、マルティン・ハイデッガーは、規則的にスイスのツォリコーンにでかけて、メダルト・ボスが集めてきた医師や医学生と一緒に、ゼミナールを開講していた。したがって、彼の聴衆は、自分がどのようなことにかかわっているのか、知っている哲学専攻の学生ではなくて、異なった思考を、すなわち自然科学によって訓練された思考を、学びとっていた医学の徒であった。そのことを、ハイデッガーはほとんど気にもかけなかった。メダルト・ボスは、そうしたハイデッガーの振舞いを如実にあらわしている、ひとつの例を書きとめている。

ハイデッガーは、こう問いかける。「R氏は、彼の眼前にある机にたいして、どのような関係にあるのでしょうか」――ひとりの聴衆が答える。「彼は、机の背後にすわっていて、机をみつめています」――ハイデッガー「その際、同時にRの現存在の本性は、彼自身からすれば、どのようなものとして示現しているのでしょうか」——それにたいして、五分間、沈黙がつづいたあとで、やがてハイデッガーがふたたび話しはじめる。「私は沈黙しています。というのも、Rの現存について、何がしかのことをあなたたちに講義してみたところで、それはいかなる意味もないからです。すべてはつぎのことにかかっています。すなわち、あなたたちが事象そのものを自分の眼でみること、あなたたちが忍耐強く聴き入ることによって、事象のほうがそれ自体の意義深さにおいて、あなたたちにむかっておのれを語りかけてくれるということです」——それにたいして、ひとりの聴衆が答える。「Rは、ひとつの隙間によって、机から隔てられています」——それにたいして、ハイデッガーが「間」とは何か、と問いかける。——「Rと机とのあいだの距離です」、とひとりの聴衆が答える。——「しかし、距離とは何でしょうか」——「空間の規定です」——「それでは、空間とは、そもそも何でしょうか」——それにたいして、十分間の沈黙がつづく。とうとうひとりの聴衆が発言する。われわれは、そうした問いには慣れていない、あなたが何をめざしているのか、よくわからない、と。——ハイデッガー「私は、ただあなたたちが眼を見開くように、そして、眼差しをすぐさま、わざとらしい仮定や理論的前提などによって遮られないように、示唆しようと思っているだけです。それでは、あなたがたがRと机とのあいだの隙間、空間と呼ぶところのものは、どのような状態にあるのでしょうか」——七分間の沈黙。

ハイデッガー「そういう次第であれば、空間的なものは……机一般がRに現前するためには、透過的でなければならないのではないでしょうか。この空間性は、透過性から、開放性から、解き放たれたものから、成り立っています。しかし、開かれたもの、解き放たれたもの、そのように疎明されたものが、それ自身、空間的なものであるということができるのでしょうか」――それにたいして、ひとりの聴衆が答える。「もう私は、まったく理解できません」――五分間の沈黙。とうとうハイデッガーが口を切る。「おそらくドイツ語の叡智が、あなたたちの助けになることでしょう。あなたたちは、「空間」という名詞ばかりではなくて、「空ける」という動詞も知っているはずです。しかし、「空ける」とは、「解き放つ、開く」と何か異なった意味をもっているでしょうか。「森の空地」とは「疎明された場所」、すなわち「地面が木の幹から解き放たれて、空けられた場所」のことです。そのように、あらゆる空間的なものは、その本性にしたがって、解き放たれたもの、開かれたもの、疎明されたものにおいて根拠づけるのであって、その逆ではないのです。」

この対話は、ハイデッガーも意識していたであろうが、ある種のイロニーを欠いてはいない。いずれにせよ、メダルト・ボスは、このゼミナール記録につぎのように付言している。すなわち、ツォリコーン・ゼミナールのきわめて奇妙なことは、それがハイデッガーにとっても、聴衆のだれにとっても、あまりに馬鹿げたものにはならなかった、という一事である、と。それがややもすれば馬鹿げたものと映りかねなかったことを、彼は言外に認めているわけである。

マルティン・ハイデッガーは、空間に関する通常の定義に、たとえば三次元空間としての物理学的定義や、あるいは宇宙論における無限空間としての定義、あるいはアリストテレスにしたがって、限界づけられ、限界づける空間としての定義に、およそたちいろうとはしない。彼にとって大事なのは、事象そのものを観照すること、そして、現象の観察から、ひとつの認識を獲得することである。この点に関しては、彼は、師のフッサールと同様の現象学者である。その際に、彼は、もちろん現象についての彼独自の把握へと、ひとを導いていく。医師たちが彼についていけない、あるいはついていくことをのぞみもしない、この地点においてこそ、畢竟、彼は、自分が空間という名辞のもとに理解していること、すなわち、開かれたもの、疎明されたものについて、やはり講義をしているのである。それは、この言葉の語源にも一致している。しかし、そのようなことは、彼には重要ではない。彼は、疎明されたもの、すなわち何かが示現する場所に、赴こうとするのである。彼にしてみれば、啓示される、というわけにはいかない。それは、あまりに神学的に響くことだろう。

森の空地は、彼にとって熟慮する事象ではない。それは、彼が思惟の過程をくりひろげていくところの形象である。そのようにして、彼が思惟と形象を、かならずしも通常の言語使用に一致するわけでもない、そうした言葉によってとらえるときでも、その抽象的な思惟の過程は、それを観照させてくれる形象に、やはり結びついている。彼は言葉遊びをも愛していて、事象よりも言葉が彼を誘うときには、たやすくそれに身をゆだねもする。彼が言葉遊びを、それでもやはり皮肉っぽく目配せしながら、メスキルヒでよくいうように飄逸[15]に、表現してみせているのかどうか、それはかならずしも簡単な話ではないが。

野の道を散策しながら、研究者、教師、学者によってくりひろげられていく対話『放下《ほうげ》の解明のために——思惟についての野の道での対話』の末尾で、彼は、思惟の努力をひとつのギリシア語の言葉に要約している。すなわち、「アグシバシエ（Agchibasiä）」という語であって、彼は、それを「心にせまる（Nahegehen）」、「近くへ赴く（in die Nähe gehen）」、「近さへとかかわる（in die Nähe sich einlassen)」と訳すのである。それにたいして、学者がこう答える。「その言葉は、私たちが、今日、こうして野の道を歩んでいる、そのことをさす名辞であるのかもしれない、いまそのように思えてきます。」そして、教師が「その名辞は、私たちを深く夜のなかへと導いたところのものなのです……」というと、研究者が「夜は、ますます輝かしく迫ってきます……」と応じる。学者が「そうして、星々をちりばめて……」と言葉をつぐと、教師が「というのも、その夜は、空の遥けさをたがいに近づけるからです」と結んでいる。

対話の最後で、野の道の上空にひろがる星月夜へと眼差しを投げることは、もとより詩的な逸脱などではなくて、本来的なるものへの指向にほかならない。そのような夜さりに、ここで問われていることについて、ひとは何ごとかを予感し、それに「近づく」ことができる。そうであればこそ、つぎのような物言いも生まれてこようというものである、すなわち、子供たちがいうように、夜は星々のお針子である、夜は縫い目も縁取りも縫り糸もなしに縫いあわせる、夜（Nacht）がお針子（Näherin）であるのは、ただ近さ（Nähe）とともに仕事をしているからなのだ、と。

したがって、ここでは夜、近さ、お針子のあいだの外的な類似から、言葉遊びが生成してきているることになる。それは、語音の類似ではあるが、語義の類似ではない。語義は、さまざまに異なっている。昼夜の意味での夜、遠近の意味での近さ、針と糸との意味でのお針子が、二つの生地を結びあわせている。それらは、意味としてはたがいにかけ離れている。しかし、夜は星々を暗い天幕に「縫い」つける、そして、夜はたがいに遠く隔たった星々を近づけるようにみえる、そのように子供たちが考えるからには、ここで縫い目（Naht）と夜（Nacht）と近さ（Nähe）を、たがいに結びあわせることができる。しかし、それは言葉遊び以上のものだろうか。マルティンとフリッツのハイデッガー兄弟が、一方はどちらかといえば大真面目で、他方はどちらかといえば戯れに、遂行したことは、ややもすると過激にはしりかねない、ひとつの遊びにほかならなかった。

メスキルヒに保管されているハイデッガー・コレクションのなかに、フェルトヴェーガー教授なる人物の手になるものと伝えられているが、ほかにこれといって証明する手立てのない、ひとつの祭文が含まれている。それは、フリッツ・ハイデッガーの、あるいはマルティンの、あるいは二人の合作の、仕事だろうか。けっしてそうではない。その祭文は、フライブルクの謝肉祭新聞にはじめて公開された。この手並もあざやかな戯作文の著者は、ザクセン＝マイニンゲンのマルゴット王女で、マルティン・ハイデッガーの聴講者の一人であり、一九四五年四月に、自分が借りていたボイロン近くにあるダグラス伯爵の森番小屋を、彼に避難所として提供した人物だった。一九五四年には、王女は、カーニヴァルの期間にフライブルク市の十一人委員会[16]の一員になり、その年の二月にこの祭文を読みあげている。このことを教えてくれたのは、彼女の娘のフェオドラ・キッペンベルク博士である。

それはみごとなテクストである。それは、このうえなく美しい仕方で、星々のお針子である夜と、英気を回復させてくれる葡萄酒を「容れる（faßt）」「樽（Faß）」を、相互に結びあわせてみせる。このささやかな哲学的な傑作をまえにして、ひとしきり熟考することもできようというものである
――夜さりに、葡萄酒樽のかたわらで。

「容れることのできるものを容れるところのものが、夜である。それは、一夜、寝かせることに

よって、包容する。そのように包容されて、樽は夜に夜と化していく。その本質は、夜のなかへの被包容性である。何が容れるのか。何が夜と化すのか。現存在が、ほとんど夜と化していくのである。樽によるこの夜への囲繞のうちに、それは現成する。あえていうなら、被包容性のうちにあるところの、容れることのできるものが、その夜をとおして、樽の住処を守るのである。夜は、存在の樽である。人間は、樽の番人である。これこそが、その規矩〔17〕である。樽における容れるところのものは、しかしながら、空無である。樽が空無を容れるのではない。また空無が樽を容れるのではない。それらは、たがいにいれかわりつつ、おのが容れることのできるものへと順応していく。樽そのものの現前のうちには、しかしながら、樽そのものは欠けたままである。それは、おのが留まるものを夜のうちにもつ。夜は、樽のなかへ〔18〕と、その滞留をそそぎいれる。この流露の贈り物から、謝肉祭の夜は現成する。それは容れがたいものである。」

9　一九三四年のカーニヴァル

フリッツ・ハイデッガーによる謝肉祭口上のなかで、いまに伝えられているものは三つにすぎない。すなわち、一九三四年、一九三七年、一九四八年のものである。一九三四年には、彼は、フォン・ツィンメルン伯爵として、つまりメスキルヒ城の建立者にして、ツィンマー年代記の著者で、一五六八年に四十八歳で他界した人物の姿形をかりて登場した。この伯爵の再来は、参集したメスキルヒの市民から、もちろん熱狂的な歓迎をうけた。

「熱狂的な歓待に、それがしは驚かされた。それは、形而上学的欲求が高まりつつあること、形而上学の蘇生が成ったことを証明しておる。」マルティンは、かつて形而上学の終焉を確認してはいなかっただろうか。「上は摂食器官にはじまり、下は尻っぺたにおわる、ひとつの人生知がおんみらを支配しておった、ほんの数十年前のことであれば——ほんの数年前ともいえようが——それがしは、さしずめロスボレン[19]で歓待されておったことであろうが。」

この口上は、当時の出来事にたいする軽妙な仄めかしにみちている。フリッツは、過ぎたばかりの一九三三年の夏について語るのだが、それは、この夏が「すべてを褐色とならしめた」と形容される。国家社会主義者たちによる権力掌握ののち、多くの人たちが「褐色に」なっていた。すなわち、ナチス突撃隊の制服にちなんで、「褐色」と呼ばれていた国家社会主義ドイツ労働者党に加入したのである。そのようにして、兄マルティンもまた、一九三三年五月一日にナチスに入党をはたした。たとえ、五月四日付のフリッツ宛の手紙にあるように、「内的な確信によるものではない」としても。他方、フリッツは、友人であるメスキルヒのプロテスタントの牧師から迫られながらも、入党を拒否していた。ようやく一九四二年になってから、彼は、息子たちの将来を懸念して、やむをえずナチスに入党するのだが、それも早くも半年後には、ふたたび離党させられる破目になる。ひとつの理由として考えられるのは、彼がヒトラー式敬礼をする際に、規則どおりに右の手と腕を高々と、まっすぐにのばしていなかったこと、右腕をせいぜいズボンのポケットの高さまでしか挙げずに、その際にただ人差指しかのばさなかったこと、だろうか。褐色の運動にたいする彼の熱意は、どうやらせいぜいその程度の高さにしか、達していなかったらしい。

一九三四年と一九三七年の口上によって、彼が困難な立場に追いこまれることがなかったのは、ハイデッガー家の隣人であり、家族と折り合いがよかった、当時の地区指導者のおかげだったのかもしれない。その後任者は、よりきびしかった。それでフリッツ・ハイデッガーは、一九三四年の謝肉祭口上のなかで、「ちっぽけな神様のように、鎮座しておる」郡長官フェリックスについて語らないわけにはいかなくなった。なかんずくその「疑惑の眼差しを、喧嘩っ早さを、重箱の隅をつつく狭量を」、できるかぎり御免こうむりたかったこと、そして、彼から「もっと開けっぴろげな態度を、もっと明るい人付きのよさを、もっとユーモアと生まれついての機知を、しばしば霧の帳でつまれておるかのごとき事態のかたえにあっても、より多くの喜びによる力を」期待していたことを。

おそらく彼は、実際により多くの開けっぴろげな態度と明るい人付きのよさが、ナチスの権力掌握とともに到来するであろうという希望を、当初のうちこそ、いだいていたのだろうが、しかし、実はそうではなかったことを、あまりに早く悟ってしまっていた。ナチスがユーモアと生まれついての機知を欠いていたことは、当初からだれの眼にも明らかだった。運動は、とにかく真面目だった。さしあたっては大真面目だったが、それからあとはくそ真面目になった。[20]「喜びによる力」[21]は、ただのプロパガンダのお題目にすぎなかった。そして、ほかならぬプロパガンダに、大仰な言葉に、偽りのパトスに、フリッツは、生涯、懐疑的だった。たとえ彼が、ある機知から、ふと思いがけなく真剣なテーマにたどりつくことがあったにしても。「笑うてばかりでは、いかんかったぜよ、考えることも大事じゃったけに」、笑ってばかりではいけなかった、考えることも大事だった、そうメスキルヒの人たちは回想したのだった。

そうして、自称フォン・ツィンメルン伯爵は、一九三四年の口上のなかで、彼が耳にした、とあるメスキルヒの農婦の祈りをとりあげている。「お与えくだせえまし、うちの雌鶏が規則ただしく卵を生みますように、うちの豚がたっぷり餌を食らって、どっさり子豚をつくりますように、うちの牝牛が手引書のとおりに子牛を生んで、何度でも何度でも発情しますように、だけんども、神様、おらたちにはもうこれっきり子供は生まれねえように、お守りくだせえまし。アーメン。」腹をかかえて大笑いする人たちにたいして、演者はこう答える、「おんみらは笑うておる、同郷のみなの衆よ。ああ、それは泣き叫んでもいいところなのじゃ。おんみらは概念の混乱をきたしておる。それは許しがたきことじゃ。それがしを絶望の気分にさせるのも、こうした自然の本能の破壊なのじゃ。じゃが、こころせよ。飢餓とペストと病、戦争と内乱と死は、生まれぬという大きな災いに比すれば、すべて些事にして、相対的な事柄にすぎぬ。絶対の災いは、ただひとつ、それは存在せぬことじゃ。」

そして、彼は、ここでやはり教会の説教者のパトスによって語っている。それは、彼が帰属している伝統なのだが、それをみずから意識することはない。しかし、彼の意味深長ないくつかの謝肉祭口上は、ホイベルク地方出身の別の偉大な説教者を思いおこさせる。広くその名を知られ、そして、死後も長く忘れられることがなかった説教者、ヨーハン・ウルリヒ・メゲルレのことを。彼は、一六四四年、近在のクレーンハインシュテッテンに生まれ、メスキルヒで学校に通って、一六七七年にウィーンで宮廷説教者になった。マルティン・ハイデッガーは、アブラハム・ア・サンタ・クララと名乗っていた、このアウグスチノ会修道士について、一篇の論文を書いている。それは、機知と憤怒をもって聴き手の良心に語りかけるかと思えば、たっぷり諧謔をきかせることも辞さない、いかにもバロック的な言葉の力をそなえた説教者だった。その説教、その謝肉祭口上のなかで、死について語ることもいとわなかった、フリッツ・ハイデッガーと同様に。

「まさに死ぬことについて、このいわくいいがたい一事について、もう一言、短い言葉を呈することといたそう。そこでは、ほとんど概念の混乱ともいうべきものが、災いなるかな、ますますもって跳梁しておる。さてみなの衆、死とは夢の終り、本来の存在の始まりなのじゃ。」それは、存在と憂慮と、死の脅威について語りながら、しかし、その際に神学的な見方を排除していた、兄マルティンの言葉にたいする補遺のように聞こえないだろうか。ほかでもない非＝存在をも絶対的な災厄と形容したフリッツにとって、死は脅威ではなく、解放なのである。それも、教会の教えそのままに、死とともに夢が終わり、真実の生が始まる、という意味で。存在は、死後の生に属する事柄であって、死にいたる以前の生にはかかわりがない。そうすれば、生の終焉ではなく、その開始であるところの死にたいして、いかなる不安もないことになるだろう。

フリッツはいう。「この認識は、死への恐れを追いはらうに役だつであろう、しかるのち、またちがった、より大事な認識がそれにくわわること、まちがいなしじゃ。すなわち、おんみらひとりひとりはゼロである、絶対的なゼロであるという認識が。しこうして、おのれがゼロであることを疑う者は、それに輪をかけたゼロにほかならぬ。」ここでも、教会の昔ながらの教えを、その行間に読みとることができるだろう。神の全能にたいして、人間は無なのである。ただし、神が人間を御許に導きたまわぬかぎりは。したがって、高慢にかえて、謙虚たることがもとめられる。しかしまた、そこに社会的な意味が含まれているかもしれない。市区町村のいたるところで偉ぶってみせる人たち、他人よりも上位にいると思いこむ人たち、役人は使用人よりも上であり、大学出は職人よりも上であると見做す人たち、こうした輩はおしなべて、実はおなじように幾許かの者であると同時に、おなじように卑小な存在なのである。しかし、それはまた、当時、支配的であったナチス党のディスクールの、すなわち、卑小な帰依者のだれかれに、その活動家のだれかれに、一個の卑小な神様をあてがってやる、そうした物言いを解体することでもあった。ゼロにひとしい存在が、どれほど愚昧で下劣であろうとも、だれであれたちまちにして、おのれを偉大なる民族共同体のぬきんでた構成員として、あらゆる他の人種の上に立つゲルマン人種の末裔として、意識することができた。とりわけつぎのことは、多くの者たちにとって、「褐色」運動のおよぼす魅惑そのものであった。すなわち、だれでもが何をなすわけでもなく、居ながらにして支配人種に属していると感ずることができたのである。

いまやフリッツ・ハイデッガーは、ぐらぐら揺れるその櫓の上で、いとも華麗な説教のレトリックをくりひろげる。道化は、聴衆にたいしておのれを飾ることもなく、おのれの道化ぶりを披露するのである。「こうした者どもすべてのなかに、極端にはしる、およそ突拍子もない、ただわれを忘れるばかりで、心に愛のかけらもない、理想主義者の一群が存在しておる。奴らは信じておるのだ、自分たちは真理を匙ですくって喰らいつくしたのだと。奴らは、いとも愛すべき無意識をしたがえて、街路を行進しておる。ありがたいことに、私はおなじ穴のむじなではない。奴らは思いあがっておる、神と世界のあらゆる秘密をきわめ、嗅ぎつけることができる、などと。」そして、彼はこう警告する。「これら百パーセント主義者どもに気をつけよ。」それは、当時の状況下で可能なかぎりの、ぎりぎりの明快な物言いだった。彼は、なるほど一般的に表現しているから、その言葉はあらゆる夜郎自大を撃つことになるが、しかし、一九三四年にあっては、「百パーセント主義者」とは、智慧を匙で喰らいつくし、なべての生の謎を解きおおせたかのように、傲慢にも胸をそらせ、いまや小さな町を練り歩いていた、かのナチス党員たちを措いてはほかにありえなかった。彼らは、高慢にも「黒色の輩」、すなわち、またもや時代に取り残されてしまったカトリック教徒たちを見下していた。彼の聴衆の圧倒的多数が、自由選挙がおこなわれるかぎりは、けっしてナチス党に一票を投じたりせずに、中央党を選んでいた、そうしたカトリック教徒であることを、フリッツはもちろん知っていた。

「そして、かの者どもが臨終を迎える段ともなれば、どうであろうか。それがしはしばしばこの眼でみたのであるが、かの者どもは卑小なる存在として、永遠をまえにして立ちつくすのじゃ。その姿は、さながら水を浴びせかけられしプードルのごとくにして、奴らが最初の驚愕からたちかえるには、長い時間を要することであろう。」ここで彼は、文字どおりみずからの経験から語っている。まだ小さい子供のころ、彼は、ミサの侍童として、死を迎える者に終油の秘蹟を授ける司祭に、ときとして随行することがあったのだろう。「ひとは、生まれたそのままの姿で死ななければならぬ。プードルのように裸で、あらゆるたぐいの思い上がり、うぬぼれを剝ぎとられ、そうではないもの、そうではありえないものとして人目に映る、そうした妄執から解き放たれて。一見して自律的な精神、比類なき碩学、このうえなく華麗な天才といえども――至上なる御方の眼よりすれば――あわれにも不実な臆病者にほかならぬ。」それは、一九三四年という時代に展開されたバロック・レトリックである。したがって、そこに何ひとつ新しいものはないが、しかし、くりかえし、そして、あまりにもしばしば忘れ去られてしまう、そうした何ものかではある。すなわち、死は万人を平等にする。そして、死は、われわれの生において大事であるものを、ひとしなみに相対化する。時あたかも一九三四年、これは、大胆きわまる発言であった。総統は、神の摂理によってつかわされた天才、超人ではなかっただろうか。そして、その総統もまた、あわれにも不実な臆病者にすぎなかった、というのだろうか。

「それゆえに、みなの衆よ、年を経ずして第二次世界大戦が勃発したあかつきには、第一次大戦よりも悪しきさまになること、必定である。アジアの、日本の爆撃機がメスキルヒ上空を旋回し、数百個の有毒榴弾を投下し……。」ここでは、道化は予言者に変貌している。彼は、迫りつつある戦争を予見し、それを、第一次世界大戦よりも悪しきさまになること必定の、第二次世界大戦と、はやばやと命名するのである。それどころか、彼は、メスキルヒへの空襲をも予言する。もちろんそれは、日本の空軍によるものではなくて、アメリカ軍による攻撃であって、一九四五年二月二十二日、メスキルヒ駅を――さいわいにも有毒榴弾によらずして――爆撃し、その際に旧市街の一部を破壊したのだった。三十五名が死亡し、九十三名が負傷した。

しかし、一九三四年の時点で戦争を予見するのに、はたして特別の明察を要したであろうか。このことは、だれもが予見することができたのではないだろうか。道化は、それを洞察した。フリッツは、さらに付言する。「おんみら畏るることなかれ。ものの十五分もあれば、おんみらすべては、プルガトーリウム（煉獄の炎）を経ることなく、至福に達しうるであろう。しかし、しかし、しかしじゃ、以下のごとき断固たる前提のもとに。すなわち、おんみらは、今日ただいまより、日々、時々刻々、いとも内なるまことの心より、おんみらがつねにかくあるところのものに、すなわち、頭のてっぺんからつま先まで糞の山に、現成すべく、ひたすら努めなければならぬ。」これをもって、この奇妙な謝肉祭口上はおわっている。

10 一九三三年の革命

それに先だつこと三カ月、一九三三年十一月十一日に、哲学者マルティン・ハイデッガーが、やはりおなじように弁舌をふるっていた。もっともそれは、謝肉祭口上ではなくて、ライプツィヒで開催された「ドイツ学術会議」における選挙演説だったのだが。ザクセン国家社会主義教員組合が、「ドイツ民族への喫緊の呼びかけにたいして声をあげる」べく、「自由なドイツの学術の代表者各位」を招集していたのである。そのモットーは、「ドイツの名誉と権利のために、世界の平和のために、ドイツの精神的指導者と教育者は、政治的な指揮官と戦士がつどう前線へと馳せ参じる」というものだった。「精神的な指導者」がこの「政治的な指揮官と戦士がつどう前線」へと参入することを容易にするために、ドイツ国鉄は、「十一月十日正午十二時から有効の週末割引往復乗車券を発行する」ように要請されていた。

一九三三年四月以降、フライブルク大学総長の職にあったマルティン・ハイデッガーは、かくしてライプツィヒへ赴いて、他の大学教授連とならんで演説をしたという次第であった。その「一九三三年十一月十一日のライプツィヒ演説」のなかで、彼はこう語っていた。「ドイツ民族は、総統によって選挙へと招集されました。しかしながら、総統が民族にたいして懇請されることは何もありません。むしろ総統は、このうえもなく高い自由な決断の、すなわち、民族全体がおのれみずからの現存在を希求するか否かという決断の、その直接的な可能性を、民族に与えておられるのであります。明日、民族が選挙し、選択するのは、それ自身の未来にほかなりません。この選挙は、従前のあらゆる選挙の手続とは、およそ似て非なるものであります。この選挙の比類なきことは、その過程でなされるべき決断の単純な偉大さにほかなりません。単純にして究極なるものの仮借なきさまは、いかなる動揺も、いかなる逡巡も許容しません。この最後の決断は、われわれの民族の現存在の、そのさいはての境界にまでおよびます。そして、この境界とは、そもそも何でありましょうか。それは、現存在がそれみずからの本質を保持し、救出するようにもとめる、あらゆる存在から発せられるところの、かの原要請に存するのであります。」

事実、フリッツ・ハイデッガーとは異なった用語法ではある。フリッツがカトリック教会でおこなわれる懺悔日の説教の伝統にのっとって、あくまでも伝統そのままに、たっぷり満載の格言と機知に富んだ諷刺で飾りたてているのに比して、マルティンはといえば、みずから作り出した独自の言葉を語りつつ、あらゆる伝統から独立していることを記録にとどめているのである。ほかでもない、このことが、彼にとって国家社会主義者たちのレトリックとの結節点をなしていたのでもあろうか。彼らもまた、本来的なるものへといたるためにこそ、あらゆる伝統にたいして訣別することをいとわなかったのであり、そのことを、彼自身、気づいてもいた。そこで本来的なるものとは、彼らにとっては現存在をめぐる闘争、すなわち生存競争にほかならなかった。彼らは、畢竟、本来の関心事へとたちかえろう〔22〕としたまでである。

　マルティンにとっても、現存在が問題だった。いうまでもなく、国家社会主義者たちとは異なった意味ではあるが。生の多様性の根柢に迫ろうとする、充溢と力動をそなえた彼の言語は、外見においてのみであるとはいえ、褐色の権力者たちの物言いに類似していた。その仮借のなさが、彼らを結びつけた。もとよりそれは、マルティンにあっては、言葉の仮借のなさであり、国家社会主義者においては、腕ずくの仮借のなさであったが。しかし、そうした暴力性は、国家社会主義者の物言いとおなじく、彼の語りのなかにもひそんでいた。彼は、彼らのうちに、もともと彼らがそうでなかったところのものをみいだした。仮象が、彼を欺いたのである。彼らは異なっていた。このことを見抜くのに、彼はいくばくかの時を要した。

　単純にして究極なるものの追求は、彼自身そう信じたように、根柢的なものばかりではなく、生の多様性が失われてしまう抽象へと、ときとして彼を導いた。単純にして究極なるもの、現存在、おのれみずからにたちかえる自身の本性――それらは、希求するに値する目標である。しかし、それらを言葉にするとき、それらは、通常、抽象概念と化して、もはや具体的なものを何も繋ぎとめようがなくなってしまう。他方、ナチスは、具体的な表象を有していたばかりか、権力を掌握するやいなや、それらの表象を仮借なく貫徹したのだった。すなわち、フライブルク大学におけるユダヤ人学生組織の禁止、ユダヤ人講師の解雇、自由主義的な、カトリック的な影響との闘争、である。これが、ドイツ民族が「それみずからの本質を保持し、救出するようにもとめる、あらゆる存在から発せられるところの、かの原要請」の意味するところだったのだろうか。おそらくそうではない。

もしそうでないなら、それは何を意味していたのか。何も特定のことを意味してはいなかったのだろうか。いずれにせよ、彼が器用に、あくまでもたくみに、使いこなしているのは、大言壮語にほかならない。

この演説のなかで、これらの言葉は、ナチスの大言壮語に結びつけられる。現存在の思惟におけるマルティン・ハイデッガーの仮借のなさは、生存競争における国家社会主義の仮借のなさに繋ぎあわされるのである。ある一文のなかで、彼は彼我を同一視している。「自己責任への意志は、しかしながら、われらが民族の現存在の根本法則であるのみならず、同時にその国家社会主義的な国家の現存在が作用する根柢的な出来事でもあるのです」と。民族の現存在の根本法則は、ナチス国家が「作用」する根柢的な出来事と一体なのである。それにもかかわらず、いかなる「作用」もはたらいていなかった十一月十二日の選挙において、ヒトラーがみずからの権力を追認するものとして必要とした、国際連盟からの脱退にたいする満場一致の支持だけは、やはり重要だった。

マルティンいわく、「真の民族共同体への意志は、何の根拠ももたない無責任な世界同胞精神からも、盲目的な暴力支配からも、ひとしく距離をおくものです。かの意志は、この対立の彼岸で作用するのであり、それによって、諸民族、諸国家が胸襟をひらき、かつ果敢にも自立し、向かいあうこととなるのです」。彼は、無責任な世界同胞精神を、盲目的な暴力支配と同様に拒否する。しかし、彼が漠然と示唆する第三のものとは、いったい何だろうか。いずれにせよ、彼がそのあと書くように、「空疎な取引」と「隠された商売沙汰」は、そこには含まれていない。たしかに、無責任な取引や利害をめぐる駆け引きが、国際連盟を無力化したが、しかし、それにひきつづいておこったことは、盲目的な暴力支配にほかならなかった。彼がここで希望を託した第三のものを、ナチスの支配者たちはまったく顧慮していなかった。いったい何がありえたというのだろうか。

彼が国家社会主義者たちと自分なりの協定を結んだとき、きびしい競争のさなかにあって、この新しい状況が自分に利するかもしれないと、彼はもしかすると考えたかもしれない。結局、彼は、錚々たる学者たちのなかにまじってみれば、カトリック教会のおかげをもってようやく学業にいそしむことができた、庶民の出の成り上がりにすぎなかった。「われわれは、大地とかかわりをもたぬ無力な思惟を偶像化する愚に、いまや別れを告げました。われわれは、そうした思惟に仕える哲学の終焉をまのあたりにしているのです。」こうした言辞によって、たしかに彼自身の思惟が含意されていたわけではない。というのも、それもまた無力だったからである。彼がフライブルク大学総長の任にあった、この短い年においてすら、彼は権力をもってはいなかったし、ただ国家社会主義者たちの権力に奉仕したにすぎなかった。彼がようやくこのことを意識するにいたったときに、彼は身を引いたのだった。

しかし、彼は、ここではまだ彼らの宣伝のために、その強靭な言葉をもちいている。「存在の本性にたいする、屈従することのない単純なる問いのもつ、明らかな厳しさと仕事にかなう確かさとがたちかえってくることを、われわれは確信します。ここにおいて存在者と対峙しつつ、成長するか、もしくは破折する、その根源的な勇気は、民族的な学が問うところの、もっとも内的な動機であるのです。」国家社会主義者たちの民族的な学は、存在にたいする単純なる問いとは、おそらく別物だった。そして、彼がそのように理解した、この単純なる問いは、またたちかえってくることもなかった。というのも、それは、こうした仕方ではまだ存在したこともなかったからである。

一九三三年にかつて出来したためしのなかった何ごとかが出来した、これまで現存するすべてのことを弊履のごとく棄て去るような何ごとかが生起したことを、革命者である彼は、あくまで認めていたが、それを災厄ではなく、約束と見做していた。「国家社会主義革命は、そうするに十分に多くなった新たな党派による、既存の権力の継承というばかりではありません。さにあらず、この革命は、われわれのドイツ人の現存在を根柢から転覆せしめるにいたるのです。」この転覆の規模を認識することは、もとより彼自身の思惟と言葉への回路を閉ざす結果になった。「民族的自己責任にたいするわれわれの意志は、あらゆる民族がその使命の偉大と真理をみいだし、保つようにもとめるものです。この意志は、諸民族の平和の至高の保証であり……。」このようなことは、総統は、けっして意志してはいなかった。彼は、全ヨーロッパにおけるドイツの覇権を意志していたのである。

この転覆の規模を、マルティン・ハイデッガーは認識することができなかった。というのは、彼は、みずから、日常、営んでいる哲学のなかで、ありのままの日常ではなく、日常の抽象とかかわっていたからである。転覆は、伝統的な紐帯を、社会における平和な共同生活を、制度的な規制を、古来より伝えられた道徳律を、すべて破壊するほどの規模におよんでいた。憲法に則した諸法規は廃棄され、民主的な組織は禁止され、他の政党は迫害され、言論、集会、結社の自由は失効した。こうしたすべては、マルティン・ハイデッガーの哲学の裡に出現しなかったことどもである。どうして彼が、そのことに気づかなかったのだろうか。

一九三三年十一月十日付の『フライブルク新聞』に、フライブルク市長ケルバー博士、ツーア・ミューレンの学生団体の指導者、およびフライブルク大学総長ハイデッガー博士が、十一月九日付でベルリンの総統に送った、つぎのような電文が掲載された。「われらが民族を苦難、分裂、破滅から救出し、統一、決断、栄誉へともたらしたまえる、諸民族の自己責任に基づく共同体の新たな精神の師父にして先駆ける戦士にたいして、ドイツ西南の辺境なる大学都市の市民、学生ならびに講師団は、無条件の臣従を約束したてまつる」と。

11　一九三七年のカーニヴァル

「わが親愛なる道化諸君！　カーニヴァルの日は来たれり！　おんみらがいまだひさしく真の道化ぶりの深淵に沈潜しておらぬと、かねてより確信するがゆえに、それがしはほとんど気も狂わんばかりであったぞよ。カーニヴァルをとりおこなうとは、そは逆立ちすることにほかならぬ。おんみらの先入見の濁りきった汚水が、じょんじょろりんと流れ出んがためなれば。」

そのように、フリッツ・ハイデッガーは、一九三七年の謝肉祭口上を語りはじめる。「しかしじゃ、押し合い圧し合いする大群衆をまえにして、それがしはまたしても勇気凜々なのじゃ。そこに突っ立っておるみなの衆、「……されたし」と赤紙が届いたわけでもなかろうに。」赤紙、それは軍隊へ、ということだが、とりあえずは軍事訓練のために、「……月……日、……時、……に出頭されたし」という通常の書式によって召集された壮丁を意味する。「道化の新郎新婦を眺めておると、おんみらの光り輝く眼ん玉がみえてくるぞよ。うるわしきかな、道化の母親……しこうして、とてつもない抵抗をのりこえた道化の父親、この図体のでかい立派な子供は。」どのような抵抗を、彼はのりこえたというのだろうか。そして、その際に、「駱駝の域を超えおった」とは、いったい何を意味するのだろうか。しかし、つぎの一文は、容易に理解できるだろう。「おととといはまだ図体のでかい駱駝じゃったのに、あさってになるともう市会議員の先生様じゃ。」道化の父親役を演じていたのは、肉屋の親方アントン・マイアーだった。道化たちがたがいに嘲笑の的になるのは、至極、普通のことだったが、フリッツ・ハイデッガーが市会議員までひっぱりだしたのは、およそ尋常ではなかった。しかし、メスキルヒ市民は、国家社会主義者たちが一頭の駱駝を、つまりは一介の馬鹿者を〔23〕、市会議員に仕立てあげる有様を、すでに幾度か体験していたのだろう。

「突撃隊のために、それがしはまかりいでたるわけではござらぬ、十一人委員会のためでもござらぬ、ただただおんみらのためにじゃ。おんみらの現存在の幸福は、おんみらの不安定の裡にこそある。一匹の子鼠が、おんみらの胃のなかに巣食っておる。一葉の片言隻句をおんみらに進呈することといたそう。それは、今日でこそ、ひとに歓呼の声をあげさせてはおるが、明日には誤解される定めにある。それがしがいわんとするは、「民族共同体」じゃ。それは道化どもの心血をわきたたせる、ひとつの理想じゃ。それゆえに、それがしはおんみらに呼びかける。それについてあまりに多く喋々するなかれ、より深く思いをいたせよ、と。」ナチスの突撃隊のために、彼はまかりいでたわけではなかった。しかし、突撃隊員たちは、おそらく彼のためにその場にきていたのである。彼の科白を聞くために、そして、それを場合によっては上司に報告するために。

フリッツ・ハイデッガーといえども、一九三七年には、すでに支配的であった言語使用をもはや完全にはまぬがれることができなくなっていた。民族共同体については、当時、いやというほど語られていた――ラジオで、新聞で、公式発表で。したがって、彼もまたその語を口にしたという次第である。彼は、みたところ民族共同体を真に受けている、またひとがそれを真に受けることを願っている、そして、その理想をみすぼらしい現実に対置しているのである。それについて多く喋々されてはいるが、しかし、それにそって行動されることはない。「思いみよ、大きく成長したる者は何であれ、すべてその幼時の病を耐え来しものなるを。そは、はらからがいだきあわんがための不可思議なる契機なり。じゃが、そこにまたしてもおるわおるわ、謝肉祭にあっても、その高貴なる相貌に好んで唾を吐きかけようとする、犬畜生にも劣る徒輩が。たがいの腕のなかでいだきあうか——さもなくんば、たがいの髪をひっつかんでいがみあっておるか。」いったいそれで、彼はよき契機をみいだしたことになるのだろうか。それは、彼自身、真に受けてのことだろうか、それとも、それにそって批判することが許されている、いわば戦術的な譲歩なのだろうか。

「ある者は、真っ昼間に幽霊をみるかと思えば、他の者は、時を打つ鐘の音にふるえおののき、また他の者は、一億一心たらんとする民草を昔ながらの営庭ととりちがえておる。まったく不可思議な事実ではある、全員がおなじ目標をめざしながら——それでいて、だれも他人を信用せぬとは。」ここで彼は、実際においては「昔ながらの営庭」以外の何ものでもない民族共同体にまつわるお喋りと、けっして一致する気配がない、世間一般に瀰漫していた不安を表現しているのである。多くの者たちは、不安をいだき、彼らに迫りくるものにふるえおののいている。フリッツ・ハイデッガーは、おさおさ警戒を怠らぬことをすすめる。「おんみらは、朝っぱらから招集される道化会議のあとの十一人委員会よりも、はるかに明晰に熟考しなければならぬ。猪に狙いを定める猟師のように、濁りなき眼で目標をとらえて離さぬこと、釣り人が餌の虫をたっぷりくれようというときの、アプラハ川に棲んでおるわれらが魚たちのように、冷血をもちつづけることじゃ。」人間たちは、警戒しないわけにはいかない。不信が支配している、不信をいだいて当然なのである。密告と逮捕にたいする不安が存在しているのだから。

そして、いまや道化は、民族共同体のスローガンの不条理たることを暴露してみせる。「民族共同体への道程が、「おのれ」から「おんみら」への道程であることを認識する……、それにはすくなくとも百年を要するじゃろう。しこうして、数学の公式をもちいて、それがしが計算してみるに、メスキルヒでは、すくなく見積もっても五百年はかかるよのう。そもそも何が問題であるのか、われらが知るまでには、すくなくとも百年を要する。そうであれば、われらが人生のいっとう肝要な領分で、一切合財、理解しようと思うならば、百年かける三、という計算じゃ。それから、自明性というペストを駆逐するに、さらにもう百年じゃ。つまりじゃ、この世では何ひとつ自明ではござらぬ。それがしがこの櫓から無事に降りることすら、自明ではないのじゃ。」

しかるのち、彼は、ナチスの指導部によって戦争準備がすすめられている一九三七年のドイツ、軍事化され、思想統制されたこのドイツで、およそ意想外の提案をしてみせる。「これからわれらは、毎週月曜日の朝に、平和の祝祭をとりおこなうことといたそうではないか。小売業界は、すでに同意を与えておって、ズボンを商う業者も、遅い時刻に店開きをすることになっておる。祝祭は、宗務局と党をあげての協力のもと、遂行されるのじゃ。平和の祝祭は、メスキルヒでは、奇蹟のような力をおよぼすことじゃろう。丘のかげから射す旭日は、全市を輝かしめ、温めること、必定じゃ。それゆえに、雪はもはや残らぬ。われらは、監獄の悍馬のごとく、力強く、誇り高く、行進することじゃろう。それゆえにこそ、旗をなびかせよ、小旗をはためかせよ――そうして、それを信ぜぬ者がおるとすれば、そやつも愚か者ではないわな。」それは、とんでもない物言いだった。何しろ、党が参加を呼びかける集会、闘争、戦闘、勝利へのお達しや檄文の、そうしたすべてを超越していたのだから。一九三四年には、新たに選出された市議会の長老たちが、第一次世界大戦の戦没者のための記念碑を建立していた。防備を固めた兵士が屹立している高い円柱が、マルティン教会の石段に接するように鎮座していた。古い祭祀の場所に、新たな祭祀の場所がとってかわるように、との趣旨だった。ここで国家社会主義者の決起集会がおこなわれ、戦闘の行進はここで解散するのだった。

このような状況で、平和の祝祭をとりおこなおうというのである。そんなことは、およそ考えられなかったし、それどころか、党が抗争してきたカトリック教会と、それができるくらいなら早々に協力していないはずはない、そうした事柄だった。市の地区司祭オットー・メックラーは、とりわけ執拗ないやがらせの標的になっていた。ちょうど一九三七年には、彼は幾度か召喚され、脅迫されていた。というのも、彼は、その説教のなかでナチスに異議をとなえていて、ヒトラー式敬礼のかわりにキリスト教的な挨拶をするよう、弟子たちに指導していたからである。一九四一年には、彼は、ゲシュタポによって、三週間、拘禁されていた。国家社会主義者たちによって禁じられていた通常の祈願行列を先導して、キリスト昇天祭における祝祭日規則に違反した廉によって、である。メックラー神父は、釈放されたときには心身ともに疲弊した状態で、三年のち一九四四年八月に死去した。一キロメートル以上もつづく葬送の列は、彼に最後の栄誉を与えた。それは、ナチスに抗するカトリック信徒たちの明白な意思表示だった。

そのような状況のなかでナチスの党歌――「旗をなびかせよ、小旗をはためかせよ」――を引用して、あまつさえ――「そうして、それを信ぜぬ者がおるとすれば、そやつも愚か者ではないわな」――などと付言することは、それだけですでに勇気の要ることだった。皮肉な言い回しを弄しつつ、演者は、おもむろにおのが提案を撤回するのである、おのれ自身を笑いものにしながら。「しかり、ハイデッガー・フリッツよ、おぬしの」――平和の祝祭などという――「思いつきは、何ものでもありはせぬ。それは百パーセントのがらくたじゃ、強度のセンチメンタリズムじゃ。マウホの水車小屋謹製ニシンサラダじゃ。[24]」

彼は口上をつづける。「ドイツでは、人間どもは上っ面だけになっておる。民族共同体なる言葉が発せられれば、ユーモアが口をださぬわけにもいくまいて。さもなければ、闘争だの、格闘だの、そんなものは一切合財、くそくらえじゃ。」彼らには、国家社会主義者たちには、ユーモアが欠けていた。ユーモアがあれば、彼らの暴力的な言行もありえなかったことだろう。「しかしじゃ、ユーモアは、元来、おんみらがこれまで理解しておったものとは異なっておる。ハイデッガー・フリッツが酒場にすわりこんで、かの輩どもを酒落のめしておる、それがユーモアじゃと、おんみらは思うておったにちがいない。ああ、大違いじゃ。笑うこと、からかうこと、それはたぶんユーモアのちいさな果実にすぎぬ、ところがその核心は、ほとんど憂鬱と紙一重なのじゃ。それでユーモアは、それがしにこう語りかける、ユーモアとは、見ること、聞くこと、見つつ考えること、見つつはたらくことにほかならぬ、と。」そして、思いもかけぬ表現があらわれる。「もう二十年このかた、われらはいつもこう言い慣わしておる、われらは深淵のまえに立っている、と。おんみらは、逆にこういわなければならぬところなのじゃ、われらは深淵をのぞきこまなければならぬ、と……。」

事実、彼らは深淵のまえに立っていた。しかし、だれがそんなことを認め、語ろうとしただろうか。国家社会主義者たちの権力掌握とともに、すべての悲惨は終わりを告げるはずだった。現実には、道化が知ってのとおり、彼らは深淵をつくりだし、すべての人々がそこへなだれ落ちていったのである。その深淵は、ドイツの歴史のブラックホールと化した。

フリッツ・ハイデッガーはこう語っている。「それからユーモアは、おんみらにあからさまに呼びかけるじゃろう。心理的深層認識の鉱山業を創設せよ、と。深淵をのぞきこむがいい、さすればおんみらは認識するじゃろう、卑小なことときわまりない諍いごとではない、別の何ごとかが重要であることを。」

12 メスキルヒでの権力掌握

圧倒的にカトリック系の住民の比率が高い——ほとんど九十パーセントの住民が、ローマ・カトリック教会に属していた——メスキルヒでは、ヴァイマル共和国時代のあらゆる選挙において、カトリック中央党がほとんど五十パーセントの票を獲得していた。それにくらべれば、他の政党は、マージナルな小集団にすぎなかった。社会民主党は、せいぜい十パーセントあまり、ドイツ自由民主党も同様で、ドイツ共産党にいたっては、一パーセントを超えることもまれだった。

一九二四年十二月の選挙において、ナチスは、〇・五パーセントの得票で初登場をはたした。そのとき、全国でも、所詮、三パーセント程度だったのである。一九二八年五月の選挙では、メスキルヒで〇・三パーセント、全国で二・六パーセントだった。この党が五年のちに権力の座について、従前からのあらゆる伝統を弊履のごとく棄て去ってしまうとは、およそ想像もできないことだった。一九三〇年九月には、メスキルヒで、とにもかくにもすでに八・四パーセントで、全国で十八・三パーセントだった。同様にメスキルヒで、社会民主党は十四・八パーセント、ドイツ自由民主党は十六・四パーセント、ドイツ共産党は〇・四パーセントだった。中央党は、ふたたび抜群の最高得票を達成した。メスキルヒで四十六・六パーセント、地区全域では何と五十八・五パーセントにまでおよんでいた。それにたいして、ドイツ全国では、中央党は十一・八パーセントにすぎなかった。この数字――全国で十一パーセント強――は、最後の選挙にいたるまで、継続してほぼ変わることがなかった。

一九三二年におこなわれた二回の選挙において、ナチスは、眼にみえて党勢を上向かせることができた。七月の選挙では二十五・五パーセントに達し、あらゆる政党から支持票を奪ったが、中央党にたいしてはそうではなかった。中央党は、メスキルヒで五十二・五パーセントの得票率を誇っていた。一九三二年十二月の選挙では、ナチスの上昇線にかげりが生じた。メスキルヒでは、わずか十九・七パーセントにすぎず、全国で三十三・一パーセントだった。七月には、三十七・三パーセントであったにもかかわらず、である。危険は封じこめられたかにみえた。中央党は、十一月にもメスキルヒ市内でふたたび五十二・五パーセント、地区全域で五十八・四パーセントを獲得した。

メスキルヒとオーバーバーデンのカトリック地域で、国家社会主義者たちは、権力を掌握するにはいたらなかった。そこで彼らは、比較的小さな集団であって、中央党の絶対多数によって制約されていた。彼らが権力を獲得したのは、ドイツの他の地方、なかんずくプロテスタント圏だったが、自由選挙においてドイツ全国で多数を得たことはたえてなかったし、そもそもオーバーバーデンで、カトリック中央党の多数と張りあうことができるような勢力ではなかった。ドイツ民族国民党の助けをかりても、彼らが自由選挙で絶対多数に達することはなかったのである。国家社会主義者たちがベルリンで権力を掌握したのは、なかんずくカトリックのユンカーであるフランツ・フォン・パーペンの陰謀のおかげであった。メスキルヒの市民とオーバーバーデンの住民は、しかるのち屈した——彼らのもとでは一度として勝利をおさめたことのない政党の支配に、である。彼らはみずからの与り知らぬ他人の暗愚と卑劣に、そのイデオロギー的な頑迷さに、苦しまなければならなかった。結局は、すくなからぬメスキルヒ市民もそれに追随したのではあるが。

一九三三年一月三十日に権力を掌握するやいなや、国家社会主義者たちは、ただちにそのテロルを始動させた。それは、メスキルヒでもすぐにあからさまになった。殺到するナチスのプロパガンダは、他の政党の新聞、集会の禁止令によって補完された。メスキルヒでの中央党の機関紙『ホイベルク民衆新聞』は、早くも二月十六日に三日間の発行禁止処分に付された。それがふたたび発行されてみると、その論調は従来よりも慎重になっていた。しかし、それも長くは役にたたなかった。他の諸政党の政治集会も妨害された。およそ五十人のナチス突撃隊員が——それには、地区全域から召集をかけなければならなかった。というのも、メスキルヒでは、それだけの人員はそろわなかったのである——松明とファンファーレとともに、街路を行進した。その権力を誇示するデモンストレーションは、人心を威圧する狙いをもっていて、また実際にあやまたぬ効果をおさめたのだった。

一九三三年三月五日の選挙では、ナチスは、メスキルヒで三十四・七パーセントの注目すべき得票率に達したばかりか、地区全体では四十三・九パーセントにおよんだが、それは、全国で獲得した得票率にちょうど一致していた。もっとも中央党は、依然として上位にあった。それは、メスキルヒ市内で四十四・四パーセント、地区全域でも四十五・三パーセントで、ナチスに負けてはいなかった。当地では、ドイツの他の地域にほとんどみられないことだが、もはや自由とはいえないこの選挙のあとでも、なお強い政党がナチスに対峙していたことになる。他のすべての政党は、社会民主党も含めてのことだが、メスキルヒではおしなべて十パーセント以下だった。社会民主党は九パーセント、地区全域ではなんとわずか二・九パーセント、ドイツ民族国民党は四・一パーセント、そして、ドイツ国家党は三・五パーセントだった。

メスキルヒでは、ナチスは勝利を獲得してはいなかったが、それでもやはり権力を手にいれた。彼らは、ここではなかんずく強敵をもっていた。カトリック教会と中央党である。その代弁者が、まっさきに統制の対象にされた。教師のハンス・プファイファーと編集者のアルベルト・ツィンマーマンは、『ホイベルク民衆新聞』の紙上で、歯に衣着せぬ論陣を張っていた。彼らは、国家社会主義者たちのことを「不平たらたらの破産者」、「空想家、政治ブローカー」、「不平不満をかこち、猟官運動をする連中の煽動者」ときめつけたが、そうした形容によって、彼らは、ナチスの性格をかなり的確にいいあてていたのである。総統アードルフ・ヒトラーを、彼らは慧眼にも、連続殺人犯ハールマンにたとえていた。[25]

一九三三年四月に、ハンス・プファイファーが、その居所であるエンメンディンゲンで保護検束された。これを綺麗ごとでいえば、つぎのようになろうか、すなわち、民衆の怒りから守るためと称して、警察が彼を拘束したのである。おなじことは、時をおかずしてアルベルト・ツィンマーマンの身にもおこった。一九三三年四月末には、『ホイベルク民衆新聞』は、ふたたび発行停止になっていた。五月一日にツィンマーマンは、地区の役所の許可を得て発行を再開したが、それは、彼の編集になる最後の号になった。一九三三年五月一日は、哲学者マルティン・ハイデッガーが、フライブルクで国家社会主義ドイツ労働者党に入党した日だった。五月一日は、ベルリンのテンペルホーフの平原で、総統を迎えて大規模な大衆集会が開催された日でもあった。この集会を、詩人ゴットフリート・ベンは、彼の『文学的亡命者たちへの手紙』のなかで、昂揚した調子で描写している。それは、彼に新しい運動の力を確信せしめた出来事だった。

この運動の力は、メスキルヒでも発揮された。五月二日には、おそらく計画された民衆の蜂起が発生した。約百人の住民が、ホイベルク民衆新聞社の門前で騒ぎ、数人の者が屋内に侵入して、編集部の各部屋を隅々まで家探しし、荒らしまわった。そののち、ツィンマーマン編集長を民衆の怒りから守るために、警察が姿をあらわした。彼は保護検束になった。カトリック系新聞の社屋の上に、いまや鉤十字の旗がかかげられた。

オットー・メックラー神父が弁護に立った結果、アルベルト・ツィンマーマンは、メスキルヒ地区に立ち入らないという条件付きで釈放された。メックラー神父は、中央党の党員やフライブルクの大司教区庁とかなり長いあいだ協議したあげくに、みえすいた妥協案に応じざるをえなくなった。『ホイベルク民衆新聞』は、その後もひきつづき刊行を許されたものの、それはもはや中央党の機関紙ではなく、「カトリック日刊新聞」としてであり、五月四日の紙面に広告されたように、「ドイツの民族的新秩序の精神と基盤に」立脚し、「国と地方の政府を積極的に支持する」ことが義務とされていた。

ツィンマーマン編集長がふたたび逮捕され、シュテッテン近郊にある、メスキルヒからほど遠からぬホイベルク強制収容所に移送されたとき、それは、彼の新聞であったはずの『ホイベルク民衆新聞』にとって、わずか一文で表現するほどの価値しかないニュースだった。いわく、「昨日午後、編集者A・ツィンマーマンがメスキルヒで保護検束に付された」と。とどのつまりは、教会の代表者たちがそれでもなんとか影響力を行使して、彼を釈放させることができた。彼は、それ以後、リートリンゲンに引きこもって——彼は六十三歳だった——暮らした。メスキルヒに足を踏みいれることは、もはや許されなかった。メスキルヒのカトリック教徒たちは、新秩序にあらがう者たちの身に何がおこるか、まのあたりに実見させられたのだった。彼は賢明だったので、慎重に身を処することができた。

はやまもなくして、教会がもはや影響力を有することができなくなった『ホイベルク民衆新聞』は、『ドイツ民衆新聞』と名称を変えた。それは、一九三五年には『メスキルヒ新聞』と同様に、廃刊に追いこまれた。この地域にひきつづき存在したのは、ただナチスの新聞である『ボーデンゼー評論』のみであった。カトリック教徒たちは、もはや代弁者をもたなくなった。彼らの団体、青少年組織——それは、ローマ教皇との政教協約に違背していたが——はしばらくしてのち同様に禁止され、強制的に国家社会主義系の組織に衣替えさせられた。もちろん秘密裏にではあるが、青少年たちの活動はつづいていた。ミサの侍童にとどまらない、十四歳以上の多くの青少年が教会や司教館に集まって、グループを形づくっていた。メックラー神父には、畢竟、学校に立ち入ることが禁じられていたのである。

「古参闘士」たち、すなわち、一九三三年以前にナチスもしくはその組織のいずれかに加入していた者たちは、メスキルヒでとりあえずポストをあてがわれた。そのことを、『ボーデンゼー評論』は、こう形容した、「大掃除がはじまった」と。ナチスの地区指導者ラムスペルガーが健康保険組合長に新しく任ぜられるとともに、前任者はその職を追われた。とにもかくにも十二人の隊員からなる親衛隊の攻撃部隊をメスキルヒで組織することに成功していた部隊長ルードルフ・マインハルトは、市会計課で業務補助者の職にありつき、突撃隊の攻撃部隊長であるエーミール・ミュラーは、市参事会の雇員になった。いずれも彼らの能力にふさわしい下級職ではあるが、しかし、安定したポストだった。

市議会には、まだとりあえずは三人の中央党の代表者と、一人の社会民主党の党員が籍をおいていたが、この一人は、一九三三年六月の社会民主党の禁止ののちに辞職せざるをえなくなった。ドイツ民族国民党とドイツ国民党は、そののちまもなく解散した。そして、一九三三年七月五日には、最後に残った民主政党である中央党が、みずから解散する破目になった。中央党は、ヒトラーの独裁に正当性を付与する「授権法」に、すでに賛成していた。社会民主党は、それに反対してはいたものの、共産党はすでに禁止されてしまっていた。それとともに、政治的カトリシズムを標榜する政党は、ただでさえすでにみずから抵抗することを放棄したか、あるいは、ドイツの司教たちやヴァチカンから見放されることとなった。ドイツにおけるカトリック教会の活動を保証するはずだった政教協約は、いまや葬られたも同然だった。

哲学者マルティン・ハイデッガーも参加を呼びかけていた、一九三三年十一月十二日の国民投票をまえにして、まだ存続していた『ホイベルク民衆新聞』は、つぎのようなアピールを公にした。

「カトリック教徒たる善男善女の選挙民に告ぐ。汝は、十一月十二日の国民投票に赴くや。われらが平等と平和がために一票を投ぜんものと、すでに決意せるや。汝ははや決意し、大々的なる国民社会運動に賛意を表する欄に、おのが十字の印を書きこみつつ、おのが手を内なる平安がためにさしだすほどに、十分に無私たりうるや。もしくは、憤りつつも拱手傍観し、カトリック教徒は国民の一員たるにあたわずとの非難に、いまや論拠を与えんとするや。」このような文章が、全面にわたって掲載されていた。

国民投票と帝国議会選挙との、二種類の投票用紙が用意されていた。国民投票の用紙には、こう書かれていた、「あなたはドイツ人として、あなたの帝国政府のこの政治を承認しますか、そして、それがあなた自身の意見とあなた自身の意志との表現であることを宣言し、厳粛にこの政治にたいする支持を表明しますか」と。その下には、それぞれ可否を記入する欄が設けてあった。帝国議会選挙の投票用紙には、ただ一つの政党、ヒトラーの党のみが掲げられており、十字印を記入すべき欄も一つしかなかった。それにはまったく誤解の余地がなかったが、それでもご丁寧につぎのような注釈がくわえられていた。「有権者は、国民投票に際しては、緑の投票用紙のあらかじめ「可」と印刷された箇所の下部にある欄に、十字印を記入しなければならない。「否」の下部の欄は、空白のままにしておくこと。帝国議会選挙の投票用紙には、国家社会主義労働者党の党名の後の欄に、十字印を記入する。」

したがって、総統に賛意を表明しないでおこうと思えば、投票を棄権するか、無効票を投ずるかしかなかった。メスキルヒでは、千五百五十五人の有権者の九十六・四パーセントが投票に参加した。投票所へ足を向けなかった者は、記録にとどめられた。棄権した者は、わずか五十六名、「否」の意思を表明した者が四十九名、無効票を投じた者が四十七名だった。これらの人数を合計すると、一九三三年の十一月にナチスを拒否する勇気をなおもちあわせていた者は、およそ十パーセントに達していたことになる。その前年の十一月には、まだ五十二・五パーセントが中央党に投票していたのだが。

13　大司教

コンラート・グレーバーは、一八七二年四月一日、メスキルヒの指物師の親方の子として生まれた。彼は、才能あるメスキルヒの少年たちにひらかれていた、そのおなじ進路をえらぶことになった。コンスタンツのギムナジウムに学んだあと、一八九一年から一八九三年まで、フライブルク大学で神学を専攻した。そののち、彼は、特別に成績優秀な学生に与えられる名誉なのだが、ローマの司祭専修エリート校であるグレゴリアーナ大学に進学した。そこで彼は、ドイツ語圏およびオーストリア・ハンガリー帝国出身の学生たちのために建てられていた、コレギウム・ゲルマニクム・フンガリクムに住んでいた。ローマで一八九七年に叙品を授かり、一八九八年には神学博士の学位を得て、彼は故郷へ帰ってきた。ここで彼は、しかるべく梯子のいちばん下の段からそのキャリアを開始した。すなわち、最初はエッテンハイムの助任司祭として、つぎにカールスルーエの聖シュテファン聖堂の助任司祭として、最後に一九〇一年から一九〇五年までは、かつて自身も過ごしたことがあるコンスタンツのコンラディハウス、すなわち大司教区付属寄宿舎の院長として、である。ここで彼の眼にとまったのが、同郷のメスキルヒ出身で、才気煥発なマルティン・ハイデッガーだった。彼は、ハイデッガーに、詩人クレメンス・ブレンターノの甥にあたるフランツ・ブレンターノの学位論文『アリストテレスによる存在物の多様な意義について』を与えたが、それは、みずから折にふれて認めたように、マルティン・ハイデッガーの哲学的思索の基盤となった。もともとカトリックの聖職者で、一八七〇年の公会議ののち、教会を離脱したフランツ・ブレンターノは、ウィーン大学で教鞭をとっていた。その弟子の一人が、後年、フライブルクでマルティン・ハイデッガーの師となる、エドムント・フッサールだった。

一九〇五年から一九二二年まで、コンラート・グレーバーは、コンスタンツの三位一体教会の司祭の座にあり、一九二二年から一九二五年までは、コンスタンツの大聖堂に在職していた。そののち彼は、フライブルク大司教区の指導委員会の一員となり、一九二五年から一九三一年まで、司教座聖堂参事会員を務めた。フライブルクにおける一九二七年の大司教区百年祭と一九二九年のドイツ・カトリック教徒大会の際に、グレーバーは、当時はヌンティウス・パチェリを名乗っていた、のちの教皇ピウス十二世の知己を得たが、この関係は、彼に益することとなった。彼は、ヌンティウスのシュヴァルツヴァルトの旅に同行した。

すでにコンスタンツで、彼は町でもっとも有名な人物として通っていた。彼は、熱情的な弁舌をあやつり、積極的に牧会を主宰したばかりか、時間をみつけては、中世の神秘家ハインリヒ・ゾイゼについての一書を著した。フライブルクでも、彼は、まもなく町でもっとも名を知られた人物の一人に数えられるようになった。一九三一年にマイセンの司教に任ぜられたが、すでに一九三二年には大司教フリッツの早世にともなって、フライブルクの大司教となり、あわせてオーバーライン管区の首位大司教を兼ねた。いよいよ広範な活動の場を与えられたわけだが、すでに一九二一年に司祭職についての講演のなかで、彼はこう語っていた。「穏やかな学究生活のなかで、ただ研究の意欲にのみしたがうのは、たしかにすばらしいことかもしれません。しかし、人々のキリスト教的情熱と愛とを高めるために、ときとして書斎のおごそかな静寂を離れて、活気ある生活をえらびとることは、一層すばらしく、偉大なことであると、私には思えるのです。そのように、学問は生を豊かにしてくれるにしても、他方、生もまた、学問を豊かにすることでしょう。生から遠ざかりさえしなければ、真理により近づき、あるいは近くにとどまる者もすくなくないはずです」と。

もとよりその生は、彼がおよそ予期していなかった状況に、彼を直面させることとはなった。彼は、ヴィルヘルム帝政下で成長しただけあって、ローマ教会にたいして忠実であったにもかかわらず、民族的な心性をも保っていた。帝国の終焉は、カールスルーエに民主的な政府をもたらしたが、彼は、すばやくこの政体と折り合いをつけるすべをみいだした。そこでは、中央党と社会民主党が連立して、一九三三年まで政権の座にあったのである。バーデン州政府と話をつけることは、できない相談ではなかったし、しなければならないことではあったが、かならずしも事はそう簡単ではなかった。しかし、いつもなんとかがまんできる妥協策を講じてはいた。一九三三年以降になると、グレーバーは、新しい権力者どもからただ不興をこうむるしかないことを悟るのに、若干の時日を要した。彼らは、みずからが約束したことの何ひとつとしてはたすべき責任を感じていないようだった。それでも、一九三三年三月二十三日の政府声明におけるヒトラーの約束を、カトリックの司教たちは、わらをもつかむ思いで信じたのだった。すなわち、「同様に、われらが民族の倫理的、道徳的生活の基盤を、キリスト教信仰に認める帝国政府は、教皇座との友誼的な関係を今後とも維持し、発展せしめることに、大いなる価値をおくものである」と。それは、中央党を満足させるための、口から出まかせの発言にすぎなかった。

ブレスラウのベルトラム枢機卿は、とるものもとりあえずドイツの司教たちの声明を発表すべく、事をはこんだ結果、それは早くも一九三三年三月二十八日には公にされて、カトリック教徒と国家社会主義者との従来からのけわしい対立を解消するのに役立った。それまでは、司教たちは、国家社会主義をきびしく断罪していたのである。国家社会主義の見解は（と、彼らは一九三〇年九月十四日に確認していた）カトリック教会の信仰ならびに倫理思想と一致しない、カトリック教徒たる者は、同時に国家社会主義者であることはできぬ、というのである。ところが、いまやつぎのように宣言された。「われわれの以前の措置に含まれるところの、一定の宗教的、倫理的過誤にたいする批判を無効とすることなく、その故をもって司教団は、上述の一般的な禁止ならびに警告が、もはや必然と見做すを要さずとの信頼を、醸成することができるものと信ずる」と。

カトリック教徒は、ドイツ帝国では少数派であり、国家社会主義の勃興にたいしては、ほとんど関与することがなかった。しかし、彼らは、場合によっては抵抗することもありえた、一定のまとまった集団としてなら、相当の重みを有していたはずだった。抵抗への意志は、平信徒や一般の司祭のあいだでは小さくはなかった。しかし、司教たちは、これら信徒たちを置き去りにした。その声明は、まるでダムの決壊のように思われた。自分たちで築いたダムを、また自分たちで取り壊したのである。それは責任感のなせるわざであったと、いずれにせよ、彼らはみずから思っていただろう。教会が生きのびること、殉教者を出さないことをのぞんだのだ、と。彼らは、実際的に考えたのである。しかし、その当時、平信徒や司祭のあいだで、すでに十分なほどの殉教者が生まれていた。そして、教会が結局のところ首尾よく生きのびたのは、連合国のおかげであった。ヒトラーとその配下たちが戦争に勝利していたとすれば、ボルシェヴィズム国家におけると同様に、教会は、容赦なく排除されてしまっていたことだろう。そのことを、ヒトラーは、食卓での会話のなかで、折にふれて語っていた。その際に、彼は、高位聖職者の怯懦を笑いものにしていた。

司教団を駆りたてたのは、深い不安であった。すなわち、ボルシェヴィズムにたいする不安であり、近代的世界そのものを脅かすところの、もろもろの事象にたいする不安にほかならなかった。ナチスは、それらにたいする防壁のように思われたのである。しかしまた、司教たちは、ナチスがボルシェヴィキと同様に、教会にたいする闘争を展開しかねないことにたいしても、やはり不安をいだいていた。コンラート・グレーバーとその同僚たちにとって、ビスマルク体制下での文化闘争は、まだあまりにも記憶に新しい出来事だった。それにたいして、契約にもとづいた合意によって、すなわち、彼らの権利を明記する政教条約のごときものによって、彼らは身を守ろうとした。ナチスがカトリック教会の同意を必要としたのは、教会による支配がまだ確かなものであるかぎりにおいてであった。その時期がおわってしまえば、ナチスは、教会にたいする闘争をいよいよ思うままに貫徹するまでだった。しかし、彼らにそうすることを妨げたのは、ほかでもない戦争だった。帝国の内部で、尖鋭な対決をくりひろげるわけにはいかなかった。そして、ボルシェヴィズムにたいする戦争にあっては、彼らは、カトリック教徒たちの後ろ盾を必要とした。

国家社会主義者たちがフライブルクで権力を掌握したとき、コンラート・グレーバーが彼らに味方したのは、彼個人の、というにとどまらず、司教団全体の失策でもあった。彼は、カトリック教会の指導的なメンバーとして行動したのである。その個性は、彼の気質にあらわれていた。彼はもともと胆汁質で、しばしば感情を爆発させる傾向があり、多血質にして胆汁質と自称してもいた。私の名前は「グロープ」ではない、「グレーバー」だ、と彼自身、語っていたとのことである。[26]こうした気質のおかげで、一九三三年以降、司教団の政策に必要と思われる以上に、彼はナチスに傾斜していった。それどころか彼が「親衛隊友の会」に加入した結果、大聖堂参事会全体がそれにつづいた。ようやく一九三七年になって、彼は、ヒムラー自身の手によって除名された。彼の気質が、結局はまた、ナチスとのより大きな対立へ、より大きな抵抗へと、彼を導くことになった。彼は、大多数の他の司教たちよりも、多くのことをなしとげたのである。

一九三三年四月二十八日から、フライブルクで教区信徒会議が開催されたが、その招請状は、すでに年の初めに送られていた。大司教は、この会議を教義説教のために利用した。その原稿の内容は、すでに伝えられていた。彼は、みずから主張するように、とりあえずは事実に即した状況の記述から語りはじめた。彼は、新たな権力者たちの言説を真に受け、すくなからぬ日和見主義的な政治家たちがそうしたように、現状を短期間に過ぎていく幕間劇と見做したりはせずに、新たな発展の一段階であるとした。その際、彼は、事態をあくまで肯定的に受けとめたが、それは、近代世界において彼のお気に召さなかった多くのことどもを、とりわけ社会主義とマルクス主義を、ナチスが除去してくれることをあてにしていたからだった。「わずか数週間前には、まもなく全ドイツを席巻し、支配するものと、われわれが恐れぬわけにはいかなかった、社会主義と共産主義が、いまや囚われの身となり、あるいはあわただしく逃亡の途にあります。極端な無神論とプロレタリア的自由思想は、すなわち、唯物論とマルクス主義体制との、これら攻撃欲にみちた従者どもは、純然たる宗教的な意味においては片づけられたも同然であるように思われます。」これでは、あたかも国家社会主義がカトリック教会を助けてくれたかのようだった。「社会の細分化をともなう文化的リベラリズム」もまた、いまや追い越されてしまっている、と彼は述べている。さらにつぎのように確認したところで、彼自身、満足するわけでもなかった、すなわち、「従前の議会制における立憲国家と共和制」は、弊履のごとく棄てられた、と。中央党が、畢竟、この共和制の一部を構成していたのである。

「私たちは、人類がかつてまれにしか経験しなかったような、そうした革命の、変革のただなかに生きています。」そのことは、なるほど彼も認識している。しかし、哲学者マルティン・ハイデッガーとはちがった仕方においてである。若者たちが行動している、それは一種、嵐のような青年運動である、それゆえに外面的なもの、表面的なもの、行進、冒険への衝動が、それゆえにまた、仮借なきもの、暴力的なもの、根源的なものの様相が顕著になる。そして、彼は、民族の意志の、あるいは民族の怒りの、その発露として、自発的に出現するすべての事象において、実は計画的な要素を認めている。「現今、緒につきつつある事柄は、壮大な建築物のように、確固とした、明確な形をとった諸計画から生まれてきたものであることを、私たちは知っております。全能なる神が民族の命運をその手にゆだねたもうた、その人々が、はるかな未来をも知悉しており、仮借なくそこへと達するための手段を有し、さらに作りだしていくであろうことを、私たちは知っているのです。」彼は、敵を過小評価したりはしない。教会が何と対峙しなければならないのか、彼は知っているのである。彼の見解にしたがえば、全能なる神が民族の命運をその人々の手にゆだねたもうたことは、もとより彼らにすでに義認を与えたも同然であった。

この新しい運動において、彼のお気に召すのは、大司教がさらに語るところによれば、その「理想主義」である。「清潔と名誉にたいする感覚は、よき意味において理想主義的であり、民族の偉大と統一を希求する声は、やはり理想主義的であり、汚穢と俗悪にたいする闘争もまた、理想主義的であります。」運動の原因を描写する際にも、民族的な心性を有する人間が引き合いにだされる。ヴェルサイユ条約、第一次世界大戦後のドイツの屈辱、そして、とどのつまりは、国家の命運を秩序づけることに失敗した議会主義の破産——これが国家社会主義の成功の原因である、というのである。

彼がすべてを観察する、その姿勢は、たしかにドイツ・カトリック教会の指導層にとどまらず、ドイツ市民層の相当の部分にも特徴的なものだった。すなわち、市民たちは、最初でこそ、国家社会主義を忌避し、距離をおいたにもかかわらず、それでもやはり近代世界において自分たちの気にいらなかった多くのことどもを、すなわち「汚穢と俗悪」を、排除し、秩序と清潔とを擁護する、部分的には有益な運動と見做していたのである。グレーバー大司教にとって確かなことは、ファシズムが「現代においてもっとも力強い精神運動である」という事実だった。そこから彼は、カトリック教会がこの運動に背をむけるわけにはいかぬ、という結論を引きだすのである。

『ケルン国民新聞』は、一九三三年四月二十七日刊の紙上で、フライブルクでの教区信徒会議について報じているが、それはつぎのような一文で結ばれていた。「グレーバー大司教は、カトリック教徒が新しい国家を拒否してはならぬ、それどころかこれを肯い、そのなかで迷うことなく、尊厳と真摯をもって、ゆめ挑発と無用な犠牲をおこなうことなく、ともに働かなければならぬ、この一点にいささかの疑念をも残さなかった」と。それとともに、グレーバーは、公然と新国家を肯定した最初のドイツ人司教となった。彼はまた、国家社会主義の帰依者とも思われた。実際、その原稿を読めば、そのように受けとることができるのだが、彼は、新国家を熱狂のあまりに肯定したのではなくて、それは必然にたいする洞察から発したことだった。教会にしてみれば、殉教をのぞまないとなれば、ただ協力するほかはなかったのである。新しい運動は、彼の眼にはきわめて強力であって、「たとえすくなからぬ者たちにとっては困難で、苦痛にみちたわざであろうとも」、と彼は語っていた、ひとはそうしてこそ、ただ「神経を尋常に保ち、そうしつつも民族の総体とカトリック教徒の総体とに思いをいたすべく」、努めることができるはずであった。彼は、きたるべき対決をすでに考慮にいれている。そして、それが苛酷なものになるであろうことをも予感しているのである。

「私たちは、無用な早まった殉教を必要とはしておりません。それは、それを忍ばなければならぬ者にとっても、そしてまたそれ自体にとっても、有害であります。私たちは、影響力を獲得するためにも、一致協力し、たとえ心中に気後れすることがあろうとも、ひたすら一つの思考をつらぬかなければならないのです。すなわち、いまや生成してきた新しいものがふたたび崩れ去るようなことがあれば、ドイツは、ドイツ民族は、ドイツのカトリック教徒はどうなってしまうのか、と。ここに後戻りする道はありません。ただ前進あるのみです。……私たちは、あたかもまだ困難な闘争が待ちうけてでもいるかのように、いまこそ準備おさおさ怠ってはならないのです。私たちが立ち向かうのが、解決と満足の平穏な時代であるのか、それとも新たな苛酷な激動、七〇年代の文化闘争よりもさらに苛酷な激動の時代であるのかは、神のみぞ知ることであります。」

14 シュヴァルツヴァルトの山荘

「南部シュヴァルツヴァルトの山地にのびている、とある幅広い谷の急斜面の海抜千百五十メートルの高さに、小さなスキー・ヒュッテが建っている。平面図で計測すれば、六メートルと七メートル四方である。低い屋根が、台所付居間、寝室、小さな書斎の三つの部屋を覆っている。狭い谷底と、おなじ高度の反対側の急斜面には、大きな張り出し屋根をそなえた農家が散在しているのがみえる。牧草地と放牧地が、その斜面に沿って頂上にむかってのびていて、その先には、高くそそりたつ暗い樅の古木を擁する森が控えている。そのうえにひろがっているのは、すみきった夏空で、光にみちあふれた空間を、二羽のハイタカが大きな弧をえがきながら舞っている。」

マルティン・ハイデッガーは、みずからの所有するトートナウベルクの山荘を、一九三四年三月七日付の「オーバーバイエルン国家社会主義闘争新聞」を標榜する『アレマン人』に寄稿した記事のなかで、そのように描写している。峻厳かつ印象的な風景を淡々と叙していくその記述は、野良仕事の描写へ、そして、最後には、ここでこそ彼にようやく可能になる、哲学者の営為へとつづいていく。それは、ナチスの選挙への呼びかけではなく、総統への信仰告白でもない。ナチスの常套句も、その哲学的な粉飾も見当たらない。それは、退却の記録なのだろうか。

ほとんど遺憾の意をこめて語られるのは、「あの上の方」での、すなわち山荘での、仕事が、「この下界」での交渉事、講演旅行、授業などによって、ときとして中断されているということである。どうやら彼は、自分が本来、属している場所、「上の方」へと引きこもるために、これまでかかわってはいたものの、いまは幻滅でしかない「下界」から、後退しようとしているようにみえる。「あの上の方」で、彼は、真実の生を営んでいる素朴な農夫たちと交わっていて、「都会的な世界」をすでに背にしてしまっている。その「世界」は、「堕落した迷信にとらわれて」いる、という。しかし、彼自身、ほかならぬ「堕落した迷信にとらわれて」はいないだろうか——彼がすでに一九二二年に建てた「この上の方」に位する山荘も、はや甲斐もなく。

この一文からは、フライブルクにおいてばかりではない、国家社会主義者たちから、いずれにせよハイデッガーを幻滅させたその実践行動から、距離をとろうとする姿勢が読みとれる。自己批判の契機は、後年と同様に、ここにも見当たらない。すなわち、誤っているのは他の者たちだというのである。彼は真理の裡に在る。ほとんどだれ一人として、いずれにせよ外部から流れこんできた都会人は、彼を理解することができない。それができるのは、この地につねに生きていた土地の人間のみである。しかし、彼らには何も説明するまでもない。彼らは、沈黙しつつ理解しているのだから。したがって、彼の文章は、やはり外部の人間たちにむけられていることになる。彼らにたいして、彼は、自分の立場を了解させようとしているのである。

彼が自己を正当化する仕方は、ひとつの様式化にほかならない。それは、自己自身の様式化であり――彼は、単純なもの、根柢的なものにかかわる哲学者なのだから――農夫たちの様式化である――彼らは、自然のなかで営まれるまっとうな生の代表者なのだから。したがって彼は、自分がその故をもって咎めだてしているはずの都会人たちと同様に、農夫たちの労苦を聖なるものに仕立てあげることになる。たとえ彼が「民族と土着に関する文士の嘘偽りの言説」に矛先をむけようとも、実は、彼自身がこの言説に陥ってしまっている。国家社会主義者たちによって継承された、「血と土」[27]にまつわるこの言説にたいする、その拒否の姿勢を――十分といっていいほど逆説的なことだが――彼は、ほかならぬこの言説によって、おのが退却の正当化に結びつけるのである。彼は、ほんとうに原初の風景に近く在る――このことをただ主張するばかりの文士たちとは正反対に。

「冬の深夜、荒々しい吹雪が突風をともなって、山荘の四囲で荒れ狂い、すべてを蔽いつくしてしまう、そのときこそ哲学にふさわしい刻限である。そのときこそ、哲学の問いは単純かつ本質的なものとならざるをえない。ありとあらゆる思惟を考え抜くとは、仮借なく苛酷であることにほかならぬ。言葉に彫琢する労苦は、屹立する樅の木が嵐に抗するかのごとくである。そして、哲学の営為は、変り者の偏倚した半端仕事とは異なる仕方で推移する。それは、まさに農夫の労働の中枢に属しているのである。若き農夫が滑り木の端が角形になった重い橇を、斜面に沿って引きずりあげるとき、そして、時をおかずしてその橇に橅の薪を高く積みあげて、彼の農場にむけて危険な滑降をはじめるとき、牧夫がゆるやかに思慮深く歩みつつ、家畜を斜面に沿って追いあげるとき、農夫がおのが小部屋にすわり、その小屋の屋根を葺かんとして、無数のこけら板をただしく仕上げていくとき、そのときこそ、私の仕事も同様のものとなる。そこには、農夫たちへの直接の帰属が根づいているのである。」

もとよりそれは、とりあえずは都会において、大学において、哲学することへの背反であり、大都市文学ないし「アスファルト」文学への背反であり、ドイツの大地に根ざしていないがゆえに、単純かつ本質的に哲学することができない物書きたちへの背反である。ここで彼は、国家社会主義者たちが嫌われ者の、なかんずくユダヤ系の、知識人を迫害するのに利用した、例の周知の偏見を、それと名ざすことなく示唆している。それは、彼の立場のなかに否定として含まれている。彼は、こうした他者から自己をきわだたせる、ドイツの思想家である。彼は、農民のただなかに、故郷の大地に、根をおろしている。しかし、この根とは、一個のメタファー以外の何ものでもない。

もし彼が荒天にもかかわらず、よく哲学することができるとすれば、そのことは彼の気分と関係してはいるだろうが、それは、彼の哲学が風や雪のように強く輝かしいことを、証明するものでは到底ない。彼が農夫たちの仕事ぶりをまのあたりにして、それが彼にたいして仕事をすることへの促しとしてはたらくとしても、それは、彼の哲学が農作業に似たきびしさと必然性を有していることを、およそ意味するわけでもない。彼の帰属意識は、その感覚のなせるわざ以外の何ものでもない。彼は農民ではなく、小市民的な小都市の家庭の出身であって、学問的な教職への道を歩んだのだった。彼は、都会人たちから自己を差異化するとしても、所詮は「人民のなかへ」[28]歩んでいくたぐいの都会人に属しているのである。

たとえ彼が農夫たちと一緒に暖炉に作り付けになっている腰掛けにすわり、彼らとおなじ方言を話すとしても、彼は、フライブルク大学教授として農夫たちにはほど遠かった。彼のなすことは、数世紀来、伝統のなかに生き、年々歳々、季節がめぐりくるうちに労働の要にしたがう農夫たちのなすことと、およそ類を異にしていた。彼らの行為は、彼ら自身にとって自明のことであり、正当化する必要もなかったのである。それゆえに、彼らは黙していた。哲学者は、それに反して沈黙することはない。彼は語り、彼は書き、彼は反省する。彼にとっては、何ひとつ自明ではない。彼は、すべてを究明しようと努める。というのも、彼は、伝統的な理由づけに満足しないからである。シュヴァルツヴァルトの農夫たちが、日常の仕事を超える何かを有しているとすれば、それは、日曜日ごとに教会にかようことによってもたらされるのである。それについて、ハイデッガーは、ここでは語っていない。

「都会人は、わざわざ一人の農夫と長い会話をかわすやいなや、「人民のなかへ」はいりつつあるのだと思いこむ。私が夕べ、仕事のあいまに農夫たちと一緒に、暖炉の腰掛けに、あるいはキリスト磔刑像がかかっている部屋の片隅に、ともにすわっているときには、たいていはまったく何も話さない。私たちは、だまってパイプをくゆらせている。」

ここには、なるほどキリスト磔刑像がかかっている部屋の片隅が、すなわちカトリック農家の一隅が、名ざされてはいる。しかし、問題なのはそれではなく、ほかならぬ沈黙である。農夫たちは沈黙し、哲学者も沈黙している。いずれにせよ、彼が暖炉の腰掛けにすわっているかぎりは。そのあと、彼は自分の山荘にこもり、語り、あるいは書く。すなわち、彼は、農夫たちの関心と理解の埒外にあるテーマについて、夥しい論文と書物を書き著すのである。

「おのれの仕事がシュヴァルツヴァルトに、その人々に、属している、この内的な帰属は、数世紀におよぶ、何ものにも代えがたい、アレマンに、シュヴァーベンに、土着していることに由来している。」こうした土着性を、ベルリンからこの地を支配しようとする国家社会主義者たちも、もとよりそなえていない。かくして、「血と土」は、彼らを拒否することにも役立つという恰好である。おなじ土地に数世代を経て根づくこと、それによって、そこに属していない他のすべての者たちを排除する、ひとつの共同体が成立する。しかし、そのかぎりにおいて、この共同体にたいするあらゆる批判もまた、はねかえされることになる。そうした批判は、何しろ外部から来るのだから。「都会人は、田舎に滞在すると称しながら、せいぜいのところ一度は「英気をやしなう」にすぎない。しかし、私の仕事のすべては、この山地とそこに棲まう農夫たちによってになわれ、導かれている。」この言辞によって、彼の仕事は、契りを結んだ共同体と同様に不可侵であるというのだろうか。

もちろん山荘は、彼の知的な作業のための最良の前提条件を提供してはくれるだろう。そのことで、彼をうらやむ人もすくなくないだろう。なかんずく、俗塵から隔たった静寂をもとめながら、それが得られない都会人は。およそ書物を著す者は、執筆しているあいだはその仕事に集中し、他の物事から身を引き離さなければならないことを知悉している。それは、かならずしも容易ではない。雑事から離れたところで静寂を保証してくれる宿は、そうした際に役立つのである。

しかし、多くの都会人が自然のなかでの素朴な生活にたいしていだく、この憧れをも、ハイデッガーは、人もうらやむ仕方で実現していた。彼の憧れは、週末にはみずからのシュレーバーガルテン[29]に引きこもり、そこでいささか不十分な条件ながら、母なる緑の大地における生活を享受する、多くの他の人たち、たとえば多数のベルリン市民たちの憧れでもあるだろう。それをのぞみながら、都心にはほとんどその空間もない、そうしたベルリン市民が多く存在するからこそ、各人が数多くの園亭と小さな農園のあいだに立ちならぶ、これまた小さな園亭と数平方メートルの農園しか手にいれることができないのである。それを名づけて、家庭農園集落と呼ぶ。ハイデッガーは、シュヴァルツヴァルトの人跡まれな風景のなかに、自分一人のための山荘を所有するという利点をもっている。そして、四囲一帯に、ほかにだれもいない。そのように、この高名な大学教授は、その地位から由来する特権と地理的な位置による恩恵を享受している。その彼が、どうしてベルリンに移るわけがあろうか。この一文は、再度のベルリン大学への招聘を謝絶する文言で結ばれている。それまで語られていたことどもは、この拒否の理由づけにほかならない。

「最近、私は、ベルリン大学からの再度の招聘を受けた。そうした折に、私は、都会から山荘に引きこもるのである。私の耳には、山、森、百姓屋敷が語る言葉が聞こえる。その際に、私は、わが旧友である七十五歳の農夫のもとにやってくる。彼は、すでに新聞紙上でベルリン大学の招聘に関する記事を読んでいた。彼は、どういうだろうか。彼は、その小さなまなこから、たしかな視線をゆっくりと私の眼にむけると、口元を引きしめ、そのいかにも誠実にして思慮深い手を私の肩において――ほとんど気がつかぬほどにかぶりをふるのである。それはこう語ろうとするかのようだ、「ぜったいだめだよ」と。」

哲学者の最後の理由づけは、年老いた農夫の頭のものいわぬ否である。この拒絶は、国家社会主義にたいする拒絶とも読めるだろう。彼は、帝都に赴けば、たちまち国家社会主義の看板教授にならなかっただろうか。この一文のなかにあげられている理由は、たしかに作用していた。彼は、みずからがフライブルクに、シュヴァルツヴァルトに、結びついていると感じていたのであり、ベルリンに住んだとしたら、疎遠に感じたことだろう。しかし、ベルリンにたいする拒絶は、まだ総統とその国家にたいする最後的な拒絶ではないように思われる。

マルティン・ハイデッガーが一九三四年四月二十三日、フライブルク大学総長の職を辞したのは、そのラディカルな理念を貫徹することができなかったことにたいする幻滅からでもあった。ナチスの政策は、彼にとって、十分に革命的ではなかった。いずれにせよ、それは、彼の思いえがいていたものとは合致しなかった。そういう次第であってみれば、ベルリン大学の教授職も、決定的な学制改革の機会を与えるものではなかっただろう。

まだ一九三四年の初夏には、彼は、ベルリンの文部省に促されて、そこに私講師アカデミーを創設する計画にたずさわっていた。将来、ドイツの大学教員になろうとする者は、すべてこのアカデミーにおいて、もしかすると彼自身の手で、哲学的な訓練を受けることになっていた。その計画は、彼がトートナウベルクで身をもって体験した孤独を、大都会のただなかにもたらそうとするものだった。彼がトートナウベルクで、とくに敬虔であるわけでもなく、隠者の生活を送ったように、彼は、ベルリンに私講師たちのための僧院のごときものをつくろうとしたのである。彼が心中にいだいていたモデルは、見紛うまでもなかった。たとえ彼が「キリスト教のイデオロギー」を、フライブルクにおいていまなお感知されるカトリック教会の権力を、罵ろうとも、彼は、その想念においては、キリスト教につねに依存していた。

ベルリンのただなかに位置するはずの「トートナウベルク式アジール」は、結局、成立するにいたらなかった。国家社会主義内部の敵対者たちが、それを阻止したのである。マールブルク大学の心理学教授エーリヒ・イェンシュは、その敵対者たちに与えた鑑定書のなかで、マルティン・ハイデッガーを「学界に禄を食む、このうえない乱心者にしてもっとも風変わりな奇人の一人」ときめつけていた。哲学者は田舎に、まさに哲学的な辺境に、とどまらざるをえなかった。

一九三四年の夏学期に『国家と学問』と題する講義をおこなう旨、彼は予告していた。それは、フライブルクにおけるナチスの名士たちをひきつけた。多数の褐色シャツの群れをかきわけるようにして、哲学者は講壇へと歩をすすめた。テーマを変更することにした、と彼は語りはじめた、論理学について講義をする、と。「論理学はロゴスよりきたれるものである」と、彼はいうのだった。一九三四年から三五年にかけての冬学期には、彼は最初のヘルダーリーン講義をおこなった。彼は、ヘルダーリーンに新たな支えをみいだしていた。

15 メスキルヒの俚諺

山中の孤独のなかで、祈り、断食するでもなく、それでも隠者であること。自然の苛酷さのなかで、朝まだきから日が暮れるまで野良仕事に精を出すでもなく、それでも農夫であること。都会における名望ある地位と大学からの固定給を保持しながら、それでも都会と大学にたいしてこのうえなく強い留保を付すること。新聞を軽侮しながら、それでも新聞から称賛されること。いったいだれが、そうしたことをわが身にもあれかしと思わなかっただろうか。この高い学識をそなえた学者は、そうしたすべてを同時にもちたいとのぞむのである。たとえ、そのすべてのうちには、わずかなりとも両立しがたいものがあるとはいえ。その知的な不誠実さを、彼の崇拝者たちと同様に、彼自身、あまり意識していない。崇拝者たちは、彼がそうしたすべての幾分かを有しているからこそ、彼を称賛する。すこしばかり隠者で、すこしばかり農夫で、すこしばかり哲人で、すこしばかり政治家で、そして、多分にドイツ人の教授で（かくいう私もそうだが）。

マルティン・ハイデッガーは、おのが道を切り開いていった。というのも、彼は、その出自に、すなわち、メスキルヒの小市民的な狭隘さと官僚的なカトリック教会に、みずから背をむけたからである。それにもかかわらず、彼はその双方に結びついてもいた。たとえ彼の思想と言葉は、メスキルヒの人たちともはや関わりがなかったとはいえ、その出自に秋波をおくり、それを土に根づいたおのが哲学的営為を正当化するために動員したにはちがいなかった。メスキルヒの言葉は、マルティン・ハイデッガーの言葉とはおよそ異質なのだが。

メスキルヒ出身のカトリック系宗教哲学者ベルンハルト・ヴェルテは、メスキルヒに古くから伝わる二百三十もの俚諺のたぐいを収集した。それは、世界がまだまっとうであるようにみえていた、すなわち、戦争、革命、工業化が猖獗をきわめる以前、一九世紀末ごろの土地の人たちの思考と言葉といった様相を呈している。ヴェルテは、一九三四年から一九四八年まで、フライブルクのグレーバー大司教の秘書を務め、そののち、かつてマルティン・ハイデッガーのために予定されていた専門分野で、大学の教授に就任したのだった。ヴェルテは、マルティン、フリッツ・ハイデッガー兄弟と知己の間柄だった。死の直前、マルティンは、メスキルヒの墓地に埋葬される際の墓前説教をおこなうように、彼に依頼して、実際、彼はその役目をはたした。

ヴェルテの収集の典拠となったのは、大司教の妹で、兄のために家政を取り仕切っていたマリーア・グレーバーだった。彼女は、一九六二年に死んだ。根っからのメスキルヒ育ちのこの女性は、自分がまだ母親や従姉から聞き知ることができた、そして、メスキルヒで生涯を過ごすうちに耳にしたことどもを、語って聞かせた。彼女の従姉は、メスキルヒでは知らぬ者のない変人だった。彼女はリーナ・グレーバーという名で、市参事会書記マティアス・グレーバーの娘だったが、その猫好きのゆえに猫のリーナとも呼ばれていた。彼女は、一九五九年に八十三歳で死んだ。

ベルンハルト・ヴェルテは、マリーア・グレーバーから聞いたことを書きとめ、一九八一年に雑誌『ヘーガウ』に発表した。そうした俚諺は、粗野でありながら機知にあふれ、ときに人の心をうち、ときに含蓄に富んでいた。それらは、人生のあらゆる領域にわたっていて、経験から導きだされているがゆえに、新たな経験に応用することができて、さまざまに融通がきくものだった。それらの俚諺は、人間たちがとりわけかかずらわることどもについて語っている。すなわち、それはあるいは労働であり、あるいは貧困であるが、しかしまた、隣人や友人の人柄や行いでもあり、また神と自然にたいする関わりである。

そのなかには、魔術や呪文といった形をとってあらわれる、キリスト教以前の太古的な挙措や、そうした挙措とまれならず混淆しているキリスト教的な敬虔が、なおも看取される。終始、感じとれるのは、懐疑であり、また不信でもあり、用心することを促す経験の表現である。いくつかの例を、高地ドイツ語に近づけながら、紹介してみよう。

「わしには、衆生はみんな神父様の衆生のようなものじゃ。ただ、それほど尊くはないがね。」したがって、聖職者は何か特別な存在なのだが、われわれ自身もそれほど信心深くはないにせよ、やはり何か特別な存在なのである。「旦那衆のように歩くよりは、百姓のように馬車を走らせるがいいさ。」アイロニカルな逆転といえよう。旦那衆は、自分のほうが上だと思いこんでいるが、かならずしも上とはかぎらない。それからもうひとつ。「百姓が馬に乗ってみても、旦那よりはへたくそじゃ。」つまり、成り上がり者は、根っからの土地の者よりも下なのである。

「そいつはこうも考えておるようじゃ、一発の屁で、畑いちめんの肥やしに足りる、となる。」この男は、すべてを誇大に妄想している。「そいつは、自分の得にならないと思えば、糞ひとつしない。」この男は、利益にならないことは何もしない。「おまえはマルハナバチを喰らったような顔をしとるな。」マルハナバチを（あるいはスズメバチを）喰らったりすれば、ひどく顔をしかめることだろう。さらに例をあげてみよう。

「おまえは、まるで提灯のなかの屁のように、あちこち走りまわっておる。」

「それはつまりだな、早々に鞍をおいて、遅ればせながら馬を駆った、てことさ。」

「おまえは、沼地を歩くめくらのように、よたよたやってくる。」

「おまえはまるで、取っ手のないフライパンのように、すわりこんでおる。」

「やつが恋い焦がれているのは、尻が古いズボンを追いかけているようなもんじゃ。」

「あの男を、おれはけっして受けいれたりはせぬ、たとえ黄金の尻をもっていたとしても。」

そして、きわめて利発な人たちについて。「あの男は、ソロモン王の猫よりも頭がいいな。その猫ときたら、うしろむきに木に登るものだから、だれも猫の尻をみたことがないというじゃないか。」そういうわけで、彼の利発さは、ほとんどものの役に立たないのである。貧困について。「おまえが手をもっているなら、げんこつをふりまわせ。」要するに、何ももっていないのである。「肉がまったくないくらいなら、キャベツにつくしらみでもいい。」つまり、肉はないのだ。「商売人には儲けがある。そして、物作りにはなんにもない。」商業を営む者は利得を得るが、額に汗して働く者は、何も得られない。「持参金ももらわず、遺産ももらわぬ者は、死ぬまで乞食をせにゃならぬ。」「おふくろはいつでもこういったもんだ、コーヒーのために祈るこたあねえ、どっちみち、コーヒーは買わなきゃなんねえんだから、とね。」他のすべてのものは――食料品にせよ、衣料品にせよ――自家製でまにあわせることができたが、コーヒーばかりは店で買わなければならなかった。みずから植え付けることができるもののためには、祈らなければならなかった、よい天候とよい収穫のために。

そして、結婚について。「男女は一心同体だ、ただ喉だけは別だがね。」すなわち、夫婦の味覚は異なっているということである。「料理をしてパンを焼くにせよ、掃除をするにせよ、お喋りをして笑うにせよ、思い上がりと誘惑は、女どもの仕事であるに変わりはない。」これは、男が作った諺だろう。「最初の女房は鉋かけ台で、二番目の女房がその上に鎮座しておる。」最初の女房も二番目の女房も、おなじひとりの男の妻である。「黄金の諍いよりも、鉛の平和のほうがまし。」それは、かならずしも結婚にかぎった話ではないだろう。

「お布施をしたって貧しうはならぬ、教会へのお参りを欠かしてはならぬ。」なるほど、敬虔な掟ではある。「カケスよ、好きなだけジェージェー鳴くがいいさ、わしが信じるのは父なる神様だけじゃ。」これは、カケスが鳴くときには不幸を予言しているとする、そうした迷信にたいするお祓いである。疣を除去する処置は、ベルンハルト・ヴェルテによれば、すでに役に立っていたということである。「疣をとるには、日曜日のミサの席で心しておってな、聖変化のあいだにも、罰当たりにもお喋りをしておる二人の人間をみつけることじゃ。それからすばやく疣をつまんで、こう唱えるのじゃ、「眼にみえるもの、それは裁きの庭、手でつまむもの、それは消えてござる」とな。」

こうしたいかにも百姓らしい、含蓄に富んだメスキルヒの俚諺は、ベルンハルト・ヴェルテが収集したときには、すでに古びていたものの、かつてローベルト・ミンダーがその哲学の語彙を「メスキルヒの方言」と貶めたところの、かのマルティン・ハイデッガーの言葉ではない。ヴェルテの収集のなかにその名残がうかがえるメスキルヒの俚諺は、哲学者マルティン・ハイデッガーのひと癖あるドイツ語とは、およそかけ離れたものである。ハイデッガーの言葉は、彼がそのお国言葉からできるかぎり遠ざかるために、みずからの異質性をあとにとどめるために、あの技巧をこらした言葉、あの人工語を創作したかのように思えるほどである。彼は、メスキルヒ市民とはちがったふうに語り、他の哲学者たちともちがったふうに語る。彼をこうした人たちから分け隔てるものは、メスキルヒの言葉ではない。それは、他の哲学者がそうであるように、彼自身とも懸隔している。そのためでもあろうか、ハイデッガーの言葉は、南西ドイツにおけるかの時代の他の小市民の言葉と、さほど異なっていない。何しろそれは、はるか産業社会以前の時代における集合的生活経験の表現にほかならないのだから。

機知に富んだ、ときには粗野でさえあるメスキルヒの俚諺は、マルティン・ハイデッガーの言葉ではなく、むしろフリッツ・ハイデッガーの言葉である。彼は、いにしえの時代から伝わるこのゆたかな語彙を吸収した。そして、ヴェルテの編によって読むことができるすくなからぬ表現は、フリッツのいずれかの謝肉祭口上に登場してもおかしくないところだろう。たとえば、貧しい女中の金言がそうである。「節約せにゃならぬ、所帯を切り盛りせにゃならぬ、そうすりゃ子供をさずかろうぞ。それから、そのうちに亭主もな。」つまり、彼女は倹約に努め、家政を司らなければならない。そして、彼女は未婚であるにもかかわらず、すでに子供をも儲けているのだが、最後に夫をも獲得するのである。こんな希望もある。「待つことができる女は、男にも恵まれる。神を信じる女は、花嫁にもなれる。」夫を介してこそ、妻は、ようやく社会の完全な構成員になりえたのであり、老嬢は軽侮された。そして、その女が、農夫でも職人でもなく、勤め人を夫に得たときには、彼女は、おのれをすこしばかりましな存在として意識することができた。「あの女は、勤め人を亭主にしたぞ。いまごろ思っているさ、ステッキの油と帽子のラードを手にいれたってな。」

マリーア・グレーバーの従姉のリーナ・グレーバーにたいして、フリッツ・ハイデッガーが賛辞を呈している――それは、彼がフォン・ツィンメルン伯爵に扮して登場する、一九三四年のカーニヴァルでのことだった。彼は、そこで彼女をおのが子孫に模していた。「わが末裔よ、おんみはわれらが一門の誉れじゃ。なかばアフロディテ、[30] なかば聖母、かててくわえてパラス・アテネ[31]のごとく、おんみはさながら往時の栄華を物語る最後の証人として、メスキルヒの街路を逍遥しておる。おんみは、ツィンメルンの一族郎党の輝かしき幕引き役として、数世紀を閲歴することであろうぞ。なんじはメスキルヒのペルペトゥウム・モビレ、[32] すべてを見聞きし、知り、いたるところに遍在し、さりとて捉えがたし。おんみは楽しき仲間とともに笑い、悲しみに打ち沈む者たちと泣き、いとも涙もろきがゆえに、おのが涙嚢をただ一押しすればよかろうて。この涙嚢ときた日には、ドイツ農民戦争の世から伝わっておる、いにしえのメスキルヒの橋頭堡のごとくじゃ。」ここでは、リーナ・グレーバーは、すでに古きメスキルヒの寓意と化している。

大司教であったその従兄弟と同様に、彼女も好んで自分について語った。「私の名前はグロープじゃない、グレーバーよ。[33]」そして、このことは、フリッツ・ハイデッガーにもあてはまるだろう。

彼の諧謔は、たしかに粗野といってもよかった。彼が不機嫌なときには、周囲の人間は、このことを思い知らされた。有名なのは、酒亭での彼の奇矯な振舞いであり、それを多くの人が身をもって経験することになった。彼が挨拶もせずに戸口から飛びこんできて、一瞥をくれることもなく、さっさと自分専用のテーブルについてしまうこともあった。コートはといえば、その直前にホールの真ん中に脱ぎ捨てたままで、ステッキも背後に放りあげ、恰好よく頭に載せていたベレー帽も、部屋の隅に投げつける始末だった。そんなときには、女主人が彼にたいして、そのふさわしからぬ振舞いに注意を喚起すべく努めるのだった。たいていの場合は、彼は、思いやりのこもった眼差しで応じるのだったが、ときとしてせいぜいこんな口答えしか返さないこともあった、「あんたが自分で拾えばいいじゃねえか」と。

酒場でしばしば空けたワイングラスに、酒をわずかばかり残しておき、死者のあわれな魂にふるまおうとする彼の習慣は、みんなの恐怖の的だった。というのは、彼は、この残った酒を、肩越しに大きく弧をえがいて投げつけたからである。それが頭上から降り注いだ客は、不運としかいいようがなかった。いきりたった客たちを、彼はこういってさとすのだった、「あわれな魂にも分けてやれよな」と。

アルフレート・ハイムが告げるところによれば、彼の含蓄に富んだ謝肉祭口上のおかげで、彼は、これまでに二度、名誉棄損で訴えられる破目になった。カーニヴァルがおわったあと、彼は、裁判が係属中であるとの理由で、地区裁判所判事の前に召喚された。アルフレート・ハイムによれば、以下のとおりである。

「彼があるときの謝肉祭口上のなかで、道化評議会の仲間であり、蒸気クリーニング業を営んでいるハンス・ホイスラーを、「蒸気ハンネス」と、そして「襤褸洗い」と呼んだという、あの一件にしてからがそうである。道化評議会の仲間なら、そんなことを悪くとったりはしないだろうと、そう思うたびに、フリッツは、自分がまちがっていたことを悟るのだった。ハンス・ホイスラーは、フリッツ・ハイデッガーが役員を務めていた民衆銀行との取引をすぐさま打ち切ると、名誉棄損で告訴して、当のフリッツとは、終生、もはや口をきくこともなかった。そうしてみると、これは歴史の皮肉というべきだろう、ハンス・ホイスラーの墓がフリッツ・ハイデッガーの墓のすぐ隣に位置しているのは。彼らは、すくなくとも死後になってふたたび和解したのである。

年から年じゅう、フリッツは、口癖のようにこういうのだった、「くそったれカーニヴァルなんか、もううんざりだぜ」と。しかし、ふたたび道化のマーチが鳴り響きはじめると、彼は居ても立ってもいられなくなって、またもやその場に姿をあらわすのだった。

そもそもフリッツは、だれにたいしても敬意を払いはしなかった。それで彼は、隣のホーエンツォレルン家ゆかりのジークマリンゲン出身のとある女将を、「ホーエンツォレルンの田舎の牝牛」と名づけて、その酒場にでかけるときにも、現にそう呼びかけたのだが、女将のほうは気にとめることもなかった。しかし、彼はあるとき、フランツ・フォン・ホーエンツォレルン゠ジークマリンゲン公子の面前で、それをやらかしたものだから、公子はひどく気分を害して、私にむかって、この一件をつぎのように物語ったものであった。「そのとき、その哲学者の弟は、ホーフガルテンの女将にむかって、ホーエンツォレルンの田舎の牝牛などと呼んだのです。こともあろうに、侯爵家の代表である私の臨席する場で。」

フリッツは、彼の有名な兄にたいしても、同様に敬意を払っていなかった。彼は、兄がときおり帰郷するたびに、いつも兄を彼の行きつけの飲み屋にともなうのだった。マルティン・ハイデッガーが八十歳の誕生日をむかえた直後も、やはりそうだった。自分の専用のテーブルにすわった立派な身なりの市民が、哲学者にこう語りかけた。「先生、私たちはあなたをテレビでおみかけしましたし、お話も聞かせていただいて、非常に感銘を受けました。」それにたいして、フリッツはこういうのだった。「ああ、何いってんだよ、おまえたちはこいつのいうことなんか、信じるにはおよばねえよ、こいつは耄碌してて、時代遅れになっちまってるんだからな。」マルティンは、それを平然と受け流し、満足げに微笑み、弟の戯れ言に反応することもなく、その油断のない小さな眼をあちらこちらへと光らせていた。」

アルフレート・ハイムは、そう語っている。

16 哲学者

「マルティン・ハイデッガーは、疑いもなく当時のドイツではもっとも重要な哲学思想家でした。おそらくは、今世紀のもっとも重要な哲学思想家であるといってもいいでしょう」と、マルティン・ハイデッガーの弟子の一人であるハンス・ヨーナスが語ったのは、一九八七年のことだった。

一九〇三年にメンヒェングラートバッハに生まれたヨーナスは、フライブルクとマールブルクでハイデッガーのもとで学んだ。一九二八年にハイデッガーは、後期古典古代におけるグノーシス教に関する研究によって、彼に学位を与えた。一九三三年には、ハンス・ヨーナスは、ユダヤ人であるがために亡命しなければならなかった。彼は、イェルサレムとトロントで教鞭をとったのち、一九五五年以降はニューヨークで勤務し、そこでハイデッガーのいま一人の重要な弟子であるハンナ・アーレントと親しくなった。『責任の原理』が彼の主著である。それは、エルンスト・ブロッホの『希望の原理』に対抗する企てにほかならない。共産主義的、メシア的な時代に希望を託すブロッホに反対して、ヨーナスは、個人と国家の責任のありかを、いまここに想定している。一九八七年にヨーナスは、フランクフルト・アム・マインでドイツ書籍商組合平和賞を受賞したが、その機会に、アンドレーアス・イーゼンシュミートが彼に、ハイデッガーのことを尋ねたのだった。

それにたいしてヨーナスは、ハイデッガーの晦渋な哲学を平易な言葉で説明してみせた。それが難解なのは、なかんずくハイデッガーがトートロジーや新語の使用をもいとわない、独自の個性的な哲学用語を形づくっているからだというのだった。しかし、ほかならぬこのことが、若い哲学専攻の学生であったヨーナスをひるませたりはしなかった。ハイデッガーは、他の哲学者と同様に、彼をひきつけてやまなかった。「とりあえずはそれ以上の難解さのためでしょう。それは、哲学を熱心に学ぼうとする若者に、つまりまだ修業段階にある人間に、独特の魅力をおよぼしました。そして、それと平行して、その奥に理解するに値する何かが隠れている、ここで何かが進行している、何か新しいことがおこなわれている、そうしたまったく抗しがたい憶測があったのです。」

新しい言葉は、古い主題にたいする新しい見方を約束するものだった。「人間とは何か、世界とは何か」という古い問いにたいして、おそらく新しい答えはなかっただろう。しかし、根源にかえれというモットーにしたがって、従前の書物から得た学識を排除してしまう、より徹底的な問題提起があったのである。

ヨーナスは、ハイデッガーの思想のいとぐちを、その師であったエドムント・フッサールのそれに対置してみせた。「フッサールは、意識の分析について語りました。ハイデッガーは、現存在の様態について語りました。一方で意識、他方で現存在、それは用語上の区別以上のものでした。フッサールにとって、世界が構築されるのは純粋意識の裡においてであり、本質的には、いわゆるノエシスの作用、すなわち認識することの、知ることの、作用のなかで、知覚をもって、すなわち感覚による受容をもって、事がはじまるのです。対象性が意識のなかで構築され、それから精神的に抽象的な諸形式へと上昇していくのですが、そこでこそ、意識のなかの世界が組織化されるにいたります。この純粋意識は、いわば完全に独立して存在し、抽象的に世界に対峙しています。世界はその産物、意識の産物だったのです。そんなふうにいうのは、非常に奇妙なことです。世界のなかに組み込まれている、この身体が、あたかもはなから存在しないかのように。ここでは、あたかも純粋な自我がその対象世界そのものを構築するかのように。」

そのかぎりにおいて、フッサールはドイツ観念論の最後の末裔だった、とヨーナスは考える。それにたいして、ハイデッガーはちがっていた。「ハイデッガーは、現存在について語りながらも、知る作用において世界を表象する、そうした現存在については語りませんでした。そうではなくて、その存在の様態が憂慮である、何ごとかに心配りしている、そうした現存在について語ったのです。そして、彼は、現存在を、その存在の裡にあってこの存在に心配りしている、そうした存在であると定義しています。」したがって、フッサールにおいては、知的な自我にほかならない、そうした純粋な自我があるばかりだったが、ハイデッガーにあっては、ヨーナスがいうように、それは「受苦する自我」だった。「ハイデッガーの現存在は、まったく異なった仕方で感知されていました。憂慮しつつ世界のなかに組みこまれているものとして、です。彼は、何かに心配りしているのです。換言すれば、それがある、ということなのです。そうです、それは元来からして本質的に途上にあります。まったく非哲学的な物言いをするならば――ハイデッガーは、こんな表現を使ったりはしませんでしたが――それは受苦する自我であり、世界にたいして優越して措定された自我ではありませんません。」

心配りを、心配を、かたときも忘れることのない現存在、それは、やはりメスキルヒでの質素な生活の記憶だったのだろうか。しかし、日常にたいする批判、人間たちがいわば無自覚のままにせわしくも無為に生きながらえている、そうした仕方にたいする批判――彼らは生きているのではない、生かされているにすぎない――それは、またしてもメスキルヒの庶民の生から距離をとることになりかねないだろう。一九二七年刊の著書『存在と時間』のなかで、ハイデッガーは、実存の本来性と非本来性を区別していた。

それについて、ハンス・ヨーナスはこう語っている。「それは、現存在が存在のさまざまな様態において、さまざまな仕方において、遂行されうるのであり、そのうちのひとつが日常性の優勢な様態である、という趣旨なのです。現存在は、「ひと」[34]のなかにとらわれ、陥っています。それは、非人格的な、平均化された、無名の社会存在なのです。そこでは、私はこのように思うとか、私はそれをのぞむとか、いうことはできません。そうではなくて、ひとはいう、ひとは思う、ひとはそのように振る舞う、あるいはそのような態度をとる、というのみです。いいかえれば、その際に現存在は何かによって生かされているのですが、それは本来的な自己によってではなく、まさに社会のこの無名の世界によってなのです。」

あらゆる個人が、ひとが彼に期待するところのものに同化する、この「ひと」の支配にたいして、ハイデッガーは、自己自身に思いをいたす個人の決意性を対置する。ヨーナスいわく、「本来的な実存は、――この平均化された世界内存在、この「ひと」によって生かされている現存在とはちがって——とりわけいわゆる死への先駆けによって動きはじめるところの、一種の自己省察によってかちとられるのです」。それは、ヨーナスがいうように、第一次世界大戦における大量死の経験によって根拠づけられるばかりではない。それはまた、マルティン・ハイデッガーがそのなかで育ったバロック・カトリシズムのなかにつねに現前しているような死の想念に、その根拠をもってもいるのである。ただでさえ彼は少年のころ、ミサの侍童として、死にゆく者に終油を、臨終の秘蹟を、さずける神父に随行したときに、死そのものに出会っていた。フリッツは、神父のこの秘蹟の道行について語っている。

いま一度、ヨーナスの言葉に戻ろう。「それのみによって必然的になったわけではなかったでしょう。しかし、それでもハイデッガーにあっては……固有の死にたいする関わり、おのが有限性にたいする関わりは、現存在が自己自身へと投げかえす衝迫のひとつだったのです。かくして現存在は、「ひと」の支配からみずからを解放することができます、すなわち、おのが本来性へと。この本来性の徴表は、すなわち決意性です。個人は、自己自身のために何ごとかへと決断しなければなりません。この決意性は、それに賛成したり、それに反対したりして、ひとが決断するというようなものではなく、ひとが決断するという、それ自体として、現存在の本来的な署名となるのです。」

この空虚な決意性のなかには、だれもがそれぞれの仕方で充たすことができる、喜ばしい開豁性があるばかりではない。そこにはまた危険も存在する。そうだとすれば、ひとが十分に決然として決断するすべては、いわば善きものであり、正しきものであるということになるだろう。しかし、誤った決断もありうるのであり、それは決意性の度合によってではなくて、その目標によって標示される。マルティン・ハイデッガーには、しかし、この開豁性が大事だった。彼は、けっして古い解答を与えたりはしなかった。死に脅かされている人たちに彼岸の生をさししめす教会の、あるいはさまざまな指針を教える従来の哲学の、いずれの解答も用意しなかったのである。彼は、根源の問いにたちかえろうとした。それゆえに、フランツ・カフカの一語によって形容しうるような、世界の「構築的破壊」にいたることになる。もっともカフカは、まったくちがった仕方で、この「構築的破壊」にたずさわったのだが。

従前の哲学史が根源からの離反であったとすれば、その根源がふたたびあらわになるためには、この哲学は解体されなければならなかった。この根源を、彼は、ヨーロッパにおける哲学の営為のもっとも早い始原に看取した。すなわち、その著作がわずかな断章として、きわめて不確かな形で伝えられている、ソクラテス以前の哲学者たちにおいてである。

「彼がギリシア人に学び、――それはなかんずくアリストテレスであり、他方でまた、ソクラテス以前の哲学者たち、プラトン、アウグスティヌスだったのですが――彼らをわれわれに提示してくれた集中的な努力は、彼が思惟の根源と名づけたものへの遡行は、彼にあっては、西欧の思惟がこの根源的な衝迫にしたがって、ついに到達したものにたいする、きわめて否定的な評価と結びついていました。」

17　カトリックの大学講師たち

一九二八年五月三十日、マルティン・ハイデッガーは、彼がかつて寄宿生であったコンスタンツのコンラディハウスの院長を務めていた、マテーウス・ラングに宛てて書簡を送っている。ハイデッガーがエドムント・フッサールの後任としてフライブルク大学に招聘されたことに、ラングが祝意を表したのだが、それにたいする返信だった。

「私は、うれしく、かつまた感謝の念をこめて、コンラディハウスにおいてはじまった私の勉学の日々を思いおこしては、すべての私の試みがいかに強く故郷の土に根づいているかを、いよいよまざまざと実感しております。当時、新任の院長であられた先生を、私がどれほど信頼し、そのかわらぬ思いが、寄宿舎に身をおくことを、どれほど喜ばしいものにしてくれたか、いまでもはっきりと私の記憶に残っております。」この寄宿舎で、マルティン・ハイデッガーは、弟のフリッツとは明らかにちがった経験をしたことになる。フリッツにとって、コンラディハウスでの日々は悪夢にほかならなかった。そこで、彼の吃音がはじまったのであり、彼は、終生、それからまぬがれることはできなかった。

マルティンは、マテーウス・ラングに宛てた手紙を、つぎのようにつづけている。「先生のもとを訪れ、私が小さな下級テルツィア〔35〕の生徒として歩みはじめた、その環境をふたたび回顧する機会が、いまや意外と早く到来することでしょう。そこから『存在と時間』にいたる道は、はるかに遠く、曲折しているようにみえます。しかし、私が達成したものをかくあるべしと考えたものと比較してみるときには、すべては小さくなり、微細なものと化してしまうのです。おそらく哲学は、人間がいかに初心者にとどまっているか、それをこのうえなく強く、有無をいわせぬほどに、あとあとまで消えがたいほどに、思い知らせてくれるのでしょう。哲学するとは、畢竟、初心者のほかの何者でもないことの謂いなのです。しかし、私たちが小人たるにもかかわらず、おのれみずからに内なる忠実を保ちつづけ、そこから精進しようと努めるならば、そのわずかな行為も、良きものとなるにちがいありません。」

この謙虚さは、印象的でさえある——「哲学するとは、初心者たることの謂いである」——そして、おのれ自身にたいするイロニーも含まれている——「私たちが小人たるにもかかわらず」。小人としての哲学者とは何か。それは、彼が平素は好んでもちいるのをつねとしている、あの大きな身振りとは、こころよいほどにかけ離れている。彼が著名な存在になった、カトリックのコンラディハウスから『存在と時間』への道のりは、この手紙を信じるかぎり、ただ短いというばかりではなくて、依然として歩んでいく途上にあるもののように思われる。

マルティン・ハイデッガーがおなじころに、カトリック教会の信徒ではなかった友人の哲学者カール・ヤスパースに書き送っている手紙は、様相を異にしている。マールブルクから帰ったのち、彼は、ヤスパースにこう嘆いてみせている、フライブルク大学は、「信じられないほど黒く」、つまりカトリック色濃厚に「なった」と。彼がその言葉で意味しているのは、まちがいなく「職業的カトリック教徒ども」である。彼にとっても、この時期、依然としてカトリック教会の心霊的伝統が近しいものであったことは、一九二〇年代の終りごろに、彼がボイロン修道院を訪れていることからも明らかである。一九二八年十一月十日付の手紙のなかで、またしても彼は、自分の講義に複数のスパイがまぎれこんでいる、自分は「失われた前哨」の部署に就いてしまったのだ、と書いている。「カトリック教徒は、「不幸な」進歩をとげた――実際、もういたるところに、若いカトリックの私講師たちがはびこっているというわけだ。」

彼は、カトリック教徒たちから監視され、攻撃されていると感じているのである。それは、たしかにかつての経験の結果ではあるが、しかし、彼自身は以前よりも果敢になっていた。彼は、「哲学の仕事のなかに、もはや身を隠したりはしない」と書いている。すなわち、以前はそうすることが必要であると考えていたのだった。カトリック教会の圧力を、以前よりも悪しきものと感ずるようになったのかもしれない。しかし、コンラディハウスでの日々をも含めて、みずからの経験にもとづいているからこそ、そして、教会によって敷かれたコースに背いたがゆえに、あるいは彼を苦しめたかもしれない、ある種のうしろめたさに起因しているからこそ、そうした感覚に嘘いつわりはなかっただろう。

より重要なのは、つぎの事柄である。彼の哲学は、いやそもそも哲学なるものは、彼の見解にしたがえば、カトリックの哲学であってはならず、教会の教義に拘束された哲学であってはならなかった。それは、完全に自由でなければならなかった。そうした立場から、彼は、当時、カトリック神学において規範として通用していたトマス主義、聖トマス・フォン・アクィナスの教説にあらがったのである。のちになって、若いカトリック学者の任用に影響力をおよぼしたり、学位授与やそれどころか教授資格認定をすら、阻止したり、促進したりする、そうした可能性があったとき、彼は、その所見のなかで、こうした留保をたえずくりかえし表現したのだった。

かくして一九三三年に、イエズス会士ヨハネス・ロッツが、ハイデッガーの同僚であったカトリック哲学者マルティン・ホーネッカーのもとで完成した博士論文の、その第二次所見のなかで、ハイデッガーはこう書くことになる、「結果をあらかじめ決定づける、そうした所与の枠組の埒内で、当論文は、その都度、時代に適合していくスコラ哲学の秀逸な業績である」などと。枠組は所与のものであり、それによって結果は確定されてある、それは往時のスコラ哲学を時代に適合させようとする仕事の試みにすぎない、したがって、そこに新しいものなど何もない、なるほどそれは、秀逸であるかもしれないが。「現に存在するスコラ哲学の背後に赴く……ならば、本来の「体系的」な根柢が……ようやく明らかになることであろう。」ヨハネス・ロッツが、幾星霜を経た一九五九年になって、哲学者の古希記念論文集に寄せた一文のなかで、スコラ哲学の巨匠、すなわちトマス・フォン・アクィナスが、おそらくはまちがいなく「存在」そのものを――いうならばハイデッガー的な意味において――把握していたと明言したことには、いささかのイロニーが含まれていなくもない。「存在そのものとトマス・フォン・アクィナスによる代置する存在」が、慶賀される立場のマルティン・ハイデッガーが拝受したところの、ロッツの論文の標題である。

一九三七年に、ホーネッカーは、もとより苦労してのことだが、グスタフ・ジーヴェルトとマックス・ミュラーの二人の弟子に、教授資格を付与することができたものの、彼らが講師職にありつくことはなかった。ハイデッガーが、ふたたび第二次所見を提出する権限を有していた。ジーヴェルトの論文は、と彼は書いていた、「前提なき学問を遂行している、などと非難するわけにはいかない。ただ、ほかならぬその諸前提が、独特の種類のものである、というだけである。その学問的主張は、政教条約[36]によって保障されている」。ただカトリック教会との政教条約によってのみ、であって、そうでなければ、ジーヴェルトは、おそらく講師職の権利をもつことはないだろう、と。彼は、政教条約にもかかわらず、講師になることができなかった。というのも、ハイデッガーが、フーゴー・オットの報告によれば、ナチス講師団のリーダーに宛てて、「政治的な」所見をも書き送ったからだった。

マックス・ミュラーの身にも、おなじような運命が待っていた。またしてもハイデッガーは、ミュラーがその論文の序文で、自分はトマス主義者ではないと主張したにもかかわらず、「彼が「哲学」の背後に隠れた決定的な神学的問題提起を、あらかじめ固持し、問題にしないばかりではなく、それを今日の思考様式をもちいて粉飾し、表現しているかぎりは」、やはりトマス主義者にほかならないことをつきとめていた。ミュラーも、そのために条件つきの判定を受けることになった。「カトリックの教授職には、きわめて適合している。」そして、それにとどまらなかった。またしてもナチス講師連盟宛の所見のなかで、ハイデッガーは、ミュラーが国家社会主義を拒否したことを確認しているのである。彼が講師になることは、ついぞなかった。

マルティン・ハイデッガーが他の者にのみ、なかんずくカトリック教徒に、つねにドグマ的な硬直を認めて、自分自身の硬直を反省することがないのは、何とも奇妙なことである。畢竟、彼もまた、おのれの哲学的営為を規定する固定した前提から出発しているのである。もとよりそれは、彼がなるほど普遍的な規範と見做すところの、彼独自の前提ではあるが。

ところでマックス・ミュラーは、フライブルク大学の哲学研究所のなかでは、ホーネッカーの委任によって、一九三四年以後もハイデッガーの師であるエドムント・フッサールと接触を保っていた、唯一の人物であった。ミュラーは、フッサールを、一九三八年春のその死にいたるまで、定期的に訪問していた。ハイデッガーをみずからの教授職の唯一の後継者として推薦し、その意思を変えることがなかったフッサールは、ユダヤ人として疎外されて、フライブルクで隠遁生活を送っていた。定年退職した教授連をも記載している講義題目から、彼の名は一九三六年に削除されてしまった。一九四〇年代の初頭に刊行されたハイデッガーの『存在と時間』の新版の見返しには、彼の名前が欠けていた。ハイデッガーは、かつて彼にこの著書を献呈していたにもかかわらず、である。献辞が削除されてはじめて、この書を上梓することができたのである。出版社は、当該官庁の命令に身を屈するほかはなかった。

フッサールとハイデッガーの関係は、一九二八年にハイデッガーがフライブルク大学へ招聘された直後に、すでに冷えこんでいた。フッサールは、それについて、一九三一年一月六日付のアレクサンダー・プフェンダー宛の手紙のなかで述べている。「彼が現在の地位に就いて以後、われわれの交流は、およそ二カ月間つづきました。そののち、何ごともないままに、それは過去のものとなっていきました。それは、いとも単純な仕方で、学問的な発言のあらゆる可能性から遠ざかっていったのです。どうやら彼にとって、それは不要な、のぞましからぬ、不愉快な事柄だったのでしょう。」そして、一九三三年五月四日付の手紙には、こう書かれている。「他の人たちとは、私はきわめて悲しい私的な経験をせざるをえませんでした——なかんずく、もっとも手ひどく私をうちのめしたのは、ハイデッガーとの関係でした。もっとも手ひどく、というわけは、私は彼の天分ばかりか、その性格にたいしても（私自身、いまとなってはもはやよくわからない）信頼をよせていたからです。」

その師の哲学にたいするハイデッガーの判断は、かならずしも好意的なものではなかった。すでに一九二三年七月二十三日付のカール・ヤスパース宛の手紙のなかで、「偶像崇拝」は「根絶されなければならない、「今日の哲学の種々さまざまな呪医どもには、彼らのおそるべき矮小な手仕事を暴露してやらなければならない」などと書いていた。当時、彼自身は、まだこの呪医の仲間に属してはいなかった。さらに、彼はこうつづけている。「フッサールは、もうすっかり支離滅裂になっている——彼がそもそもかつて「まとまって」いたとしての話だが——それは、最近、私にはいよいよ疑わしくなってきた——彼は、あちらこちらと振り子のように揺れていて、同情をかうつもりなのか、通俗的なことを口にしたりする。彼は、「現象学の創始者」の使命で食っているようなものだ。それが何なのか、だれ一人、わかりゃしないさ……。」そして、一九二六年十二月二十六日には、ヤスパースに宛てて、自分がフッサールに献呈した『存在と時間』についてこう書いている。「もしこの論考が、だれかにたいして異をとなえているとすれば、それはフッサールにたいしてだ。彼も、すぐさまそれをみてとったのだが、しかし、それを最初から肯定的に理解していた。」

他方、その弟子の哲学にたいするフッサールの判断も、同様にあまり好意的ではなかった。さきに引いた一九三一年一月六日付のアレクサンダー・プフェンダー宛書簡のなかで、彼はこう書いていた。「私は、以下のような悲しむべき結論に達しました。このハイデッガー的な深遠さ、この天才的な非学問性と、私は哲学的に何のかかわりもない、陰に陽に展開されるハイデッガーの批判は、蕪雑な誤解にもとづいている、彼は、体系的な哲学を形成する過程で、私が畢生の課題のために、それを遂行することはつねに不可能であると見込んでいた、そうした仕方にとらわれてしまっている、と。」

一九三三年以降にうけた屈辱を、エドムント・フッサールは苦痛に感じていた。もともと彼は、民族的な心性の持ち主であったし、第一次世界大戦では息子を失ってもいた。そして、彼は、まっとうでなくなったこの世界を、もはや理解することができなかった。この高名な哲学者は、ほとんどだれもが接触することを避けるような人非人と化した。よりによって一人のカトリック教徒の弟子が、この困難な時代にあって、彼のことを心にかけていた。彼の弟子たちが宗教に回帰していったことを、かつて揶揄して語っていた、その彼のことを、である。カトリックがプロテスタントになり、プロテスタントがカトリックになる、そうした事態は、彼にはまったく不可解だった。それは、彼のもとで学位を取得し、ベネディクト会修道女として、フライブルク・ギュンタースタールの聖リオーバ修道院に所属していた尼僧のアーデルグルンデ・イェーガーシュミートだった。彼女が彼の、さらにはその死後には未亡人の、世話を引き受けたのである。彼女は、マルフィーネ・フッサールをナチスの手から救うために手助けをした。

一九四一年十月に、カトリック哲学者マルティン・ホーネッカーが逝去した。たとえそれが政教条約に矛盾しようとも、「世界観によって拘束された」教授職を「無前提な」ものに衣替えする機会は、たしかに存在していた。事実また、そうなったのである。このポストは、一九四二年には、もはや哲学者ではなく、哲学者マルティン・ハイデッガーの忠実な友であることをみずから証明した、心理学者のローベルト・ハイスが引き継ぐことになった。

しかし、この研究所には、まだ一人のホーネッカーの弟子が居残っていた。それはハインツ・ボリンガー博士で、図書室管理人という影響力のないポストについているにすぎなかった。ボリンガーは、ミュンヘンのショル兄妹を中心とするレジスタンス・グループ「白薔薇」に属していたヴィリー・グラーフの親友だった。ボリンガーとグラーフは、ザールブリュッケンのカトリック系青年団体の「ノイドイチュラント」で知り合ったのだった。グラーフは、幾度か、フライブルクのボリンガー宅を訪れている。ボリンガーは、かげながら彼をささえていた。ハインツの弟であるヴィリー・ボリンガーは、ザールブリュッケンで、謀反を企てている者たちのために、偽の滞在許可証と運転免許証を作成していた。

「白薔薇」の師傅に数えられる人たちのうち、一人は、カトリック系の月刊誌『ホーホラント』を、一九四一年にナチスに禁止されるまで編集しつづけたカール・ムートであり、いま一人は、この『ホーホラント』の重要な寄稿者であった哲学者のテーオドール・ヘッカーだった。マルティン・ハイデッガーは、一九三五年の彼の講義『形而上学入門』のなかで、テーオドール・ヘッカーを攻撃していた。名指しこそしなかったものの、しかし、彼は、一九三三年に初版が刊行され、一九三五年には第三版を数えていたヘッカーの著書の標題『人間とは何か』をあげていたのである。ヘッカーは、そのなかで、神がみずからの似姿にあわせて人間を創りたもうたと書かれている、創世記第一章二十六節を、すなわち（ユダヤ的な）旧約聖書を、引き合いに出していた。それは、一九三三年には、勇気ある指摘だった。ハイデッガーは、創世記に関する講義のなかで、彼なりの「古人の遺言」[37]を対置させている。すなわちそれは、ソクラテス以前の哲学者たちだった。彼は、そのパルメニデスの解釈から出発するのである。

一九四三年二月十八日、ゾフィー・ショルとハンス・ショルは、ミュンヘン大学構内でパンフレットを配布しているところを拘束された。夕刻には、ヴィリー・グラーフも逮捕された。二月二十二日に、ゾフィー・ショル、ハンス・ショル、クリストフ・プロープストの三名に死刑が宣告され、即日、処刑された。二月二十四日には、ショル兄妹の友人であったアレクサンダー・シュモレルが、そして、二月二十七日には、グループの最後の文書になった六番目のパンフレットの起草者であるクルト・フーバー教授が、それぞれ拘束された。フーバーは、比較的遅くにグループに参加していた。

ハインツ・ボリンガーは、一九四三年三月五日、フライブルクで逮捕されたが、ザールブリュッケンにいた彼の弟のヴィリーは、逮捕をまぬがれた。哲学第二講座から、すなわちハイスに率いられていた講座から、出たとおぼしき密告によって、ゲシュタポが彼に注意をむけたのだろうと、フーゴー・オットは推測している。ハイデッガーとは、ボリンガーはいかなる接点ももっていなかった。グラーフ、シュモレル、フーバーに死刑が宣告された、そのおなじミュンヘンの民族裁判所で、四月十九日に審理がおこなわれ、十人の被告にたいして長期禁錮刑が宣告された。ハインツ・ボリンガーは、懲役七年の刑に服した。

18　ユダヤ人の教授

ヨーナス・コーンは、一八六九年に裕福なユダヤ人の家庭の六人兄弟姉妹の長男として、ゲールリッツで生まれた。彼の父親は、大学で法学を学んだにもかかわらず、葡萄酒商を営んでいた。当時、ユダヤ人には裁判官のポストはのぞむべくもなかったので、商売に従事することにしたのだった。

ヨーナス・コーンは、ライプツィヒ大学で自然科学を学び、一八九二年に、植物学に関係するテーマで学位を取得した。おなじ年に彼は、「宗教にとらわれない」倫理道徳を基礎づけようとする「倫理文化協会」に加入した。研究を継続したハイデルベルクで、彼はユダヤ教から離脱した。自分はユダヤ教徒であることはできない、と彼は母親に宛てて書いている、そして、キリスト教徒であることもできない、と。のちになってフライブルクで、彼は、それでもカトリック教会に移ることになる。哲学者としては、彼はイマヌエル・カントにしたがって、当時、有力だった新カント学派に属していた。哲学に彼がのぞんだのは、個別の専門領域に分化してしまった学問を綜合する視座にほかならなかった。

「総体を意味の総体として解釈すること──それこそ、価値論のもっとも高い理念であるが──は、学問をもってしては不可能である。この地点において、そして、この地点においてようやく、学問的哲学は終焉をむかえ、それ自体、宗教的であるところの信仰がはじまるのである。」たとえ哲学が「総体」を「意味の総体として」提示することができなくとも、哲学は、それを思惟の対象とすることはできる。「われわれが一般的に理解された象徴、模範的な人物形象、規範となる宗教を欠いていることは、われわれの宿命である。……しかしながら、これまではこれらの象徴、人物形象、教義において意識していたことを、もはや思惟の対象に、精神にかかわる個人の関心事に、しないとすれば、それはわれわれの罪過にほかならない。」

一九〇一年にヨーナス・コーンは、カントの『判断力批判』の驥尾に付した『一般美学』を上梓した。彼は、かつて教授資格を付与されたフライブルク大学で、哲学の員外教授の地位を得ていた。「価値に規定された」行為に集中的な関心をよせていたために、彼は、ますます教育学的な思考に傾斜していった。一九一九年に彼は、その教育学の主著『教育の精神──哲学的基盤にもとづく教育学』を刊行した。そのおなじ年に、彼の教授職は、哲学および教育学に変更されたが、「員外」教授の身分はそのままだった。彼が「正」教授になることはなかった。

彼の友人である心理学者ウィリアム・スターン[38]がハンブルク大学に招聘されたとき、彼は、スターンにつづいて、おなじようにハンブルク大学で教授になれはしないか、期待をつないでいた。スターンは、ハンブルクから彼にこう書いてよこした、哲学部にはすでに二人のユダヤ人がいる、自分とカッシーラーだ、もうこれ以上、受けいれられることはないだろう、と。一九二八年になって、遅ればせながら、フッサールがフライブルク大学の学部教授会に、コーンを「私教授」に任命するように提案した。それについて、コーンは、彼の手記のなかでつぎのように書いている。「私を私教授に任命しようというフッサールの提案は、フッサールの後継者として招聘されたハイデッガーを縛りたくないという、あやふやな論拠によって斥けられた。」事態は、やはりかわらなかった。

一九三三年四月一日のいわゆるユダヤ人ボイコットのあと、ヨーナス・コーンは、フライブルクの他のユダヤ人の大学教員と同様に、休職を命ずるという通知を受けとった。それを伝達したのは、彼のもとを訪れた学部長だったが、それについてヨーナス・コーンは、手記のなかにつぎのように書きとめている。「それで私は、四月十八日に当時のフォン・メレンドルフ総長を訪ねて、純然たる学問研究にそなえることにした。」

ところが奇妙なことに、この休職命令は、一九三三年四月二十八日付でカールスルーエの州文部省から出された書簡によって撤回された。コーンは驚いた。だれかが彼のために介入してくれたのだろうか。もしかすると新しい総長で、彼の同僚であるマルティン・ハイデッガーだろうか。コーンは、それまでハイデッガーとはただときおりにしか接触していなかった。コーンの遺品のなかにみいだされる、わずかばかりのハイデッガーの手紙は、祝辞、学部の用務に関する通知など、鄭重で形式的なものにすぎない。ヨーナス・コーンのただ一人の息子で、第二次世界大戦後にウィーン大学のイスラム学の教授を務めていたハンス・L・ゴットシャルクは、ハイデッガーが妻と一緒に、フライブルク・ギュンタースタールの両親の家を訪れたときのことを回想している。「そのときハイデッガーは、総長として、まったく折り目正しくふるまっていました。たとえば、私の父が面倒なことになるのをのぞまない、ヒトラー式挨拶なぞしたくもない、という理由で、四月一日以降、講義を中止することを彼に申しでたときにも、父にたいして講義をつづけるようにもとめました。さらにハイデッガーは、回避することがまだしも可能な学生たちの反ユダヤ主義的な無法行為を阻止すべく、努力したのです。」

四月二十八日付ヨーナス・コーン宛のカールスルーエの州文部省発書簡は、ページの末尾に総長名の段落を含んでいた。「教授ヨーナス・コーン博士机下。事後に同封の開封確認を、折り返し返送されたし。ハイデッガー。」コーンは、五月五日に授業を開始した。「私は、少人数だが、注意深く聴いてくれる学生たちをまえにして、何の妨害にあうこともなく講義をした」と、彼は手記のなかに書いている。その幸運は、長くはつづかなかった。

一九三三年七月十五日、夏学期の終了に際して、アルベルト・ルートヴィヒ大学[39]の総長名で、ヨーナス・コーン宛に、文部省、教育省、法務省が以下の措置を講じた旨の文書が届いた。「公務員体制再構築法」の条文が羅列されていたが、それは、ユダヤ人を公務員から排除するほかに、何の目的も有していなかった。曰く、この法律はコーン教授にも該当する、それゆえに「標記の者」に「三日以内に意思表示の機会が与えられる」ものとする、と。官庁の措置の抜粋につづいて、総長の形式的な一文が記されていた。「小職は、これに関して貴殿に伝達するとともに、万一、意思表示される場合は、遅くとも一九三三年七月二十日午前十時までに提出されんことを希望するものです。ハイデッガー。」

意思表示をしようとしまいと、またそれがどのようなものであろうと、およそ関係なしに、ヨーナス・コーンは退職に追いこまれた。一九三三年八月二十四日付で、カールスルーエの所轄官庁から、彼は通知をうけている。今回は、その文書に総長の添え書きは含まれていなかった。コーンは、手記のなかでこう書いている。「八月二十五日に、私は、十二月一日付で退職になる旨の通知をうけとった――慰労の言葉ひとつとてなかった――しかし、私が十二月になって知ったところによれば、相応の年金が支給されるとのことだった。私のもとで研究をはじめた教え子たちには、マルティン・ホーネッカーのもとへ行くように勧めた。金銭上の損失(私の子供たち、孫たちのことを考えれば、無関心でいるわけにはいかなかったが)をのぞけば、自分が三十年以上にわたって勤めた大学とは、すっかり別物になってしまった大学で、もう教鞭をとらなくてもいいのは、歓迎すべきことである。私は、何の怨みつらみもなく、そう断言することができる。おそらくそれは必然なのであり、おそらくそれなりにいいことなのだ。大学が専門分化という病におかされていること、職業のための準備教育をするという義務を……はたしえなくなっていること、いやそれどころか、多くの者たちに明察とよき意志すら、欠如していることを、私はとうに知っていた。」

ハイデッガーとの接触は、それとともに終りを告げていた。コーンの息子は、ハイデッガーをもう一度、まのあたりにしていた。「一九三八年六月、私がイギリスへ移住する直前に、私は、大学図書館の目録室で彼に出会いました。彼は、私に非常に親しげに挨拶して、だれにも聞こえるような声でこういいました。いつまでもこんなふうではないでしょう、と。」

ヨーナス・コーンは、それまでくりかえしハイデッガーと対決していた。もとより公にではなく、手記や日記においてだが。かくして彼は、マルティン・ハイデッガーが総長就任に際しておこなった講演『ドイツ大学の自己主張』について、一九三三年七月二十七日のページにこう書いている。「長所。それは、彼が勝利を偽るのではなく、動員を要請していること――彼が民族を精神的かつ歴史的な存在として把握していること――さらにはまた、彼が神話を信じるように命じたりすることなく、それを実存の問いのまえにおいていることだ。しかしながら、その決断は空虚なままだ――ギリシア哲学の始原にのみ、もとめられる連繫（キリスト教的、神学的世界観について、近代の数学的、技術的思考について語られていることは、いたって貧しい――近代の哲学と歴史学については、まるで言及されることがない）は、まったく不十分である。専門分化が運命であること、学生が一つの認識の作業共同体のなかに封じこめられて、まずは研究すること（ただ問うことのみならず）を学び、それにしたがって身を立てるように強いられること――それについては、一言もない。「労働奉仕」と「軍役」が若き民族同胞としての学生に、「知の奉仕」が学生としての民族同胞に帰せられる。このようになされていれば、正しい動員態勢がつくりだされたことではあろう。他方で、そのように「知の奉仕」が脅かされてもいるのだが（たとえハイデッガーがそれを犠牲にしてはいないにしても）。」

一九三四年一月二十四日に記されている言葉は、より批判的である。「ハイデッガー、あるいは絶対的懐疑から絶対的独断論への反転（ハイデッガーがそのドグマを規定していると前提して）、絶対的孤独から全体にたいする絶対的服従への反転（ハイデッガーがそれを実行していると前提して）、あるいは権力欲の正当化としての哲学。」そして、一九三四年七月十九日の言葉。「ある種の哲学者たちのグループに特徴的なのは、自然科学とそれがわれわれの生活におよぼす影響を無視することができると、彼らがそう思いこんでいることだ。そうでもしないことには、彼らの立場が不可能なものになってしまいかねないという恐怖が存在することは、たやすくみてとれる。このなかでもっとも精力的な人物であるハイデッガーは——「〈ひと〉の終焉」であるとして——科学をののしるのだが、科学にからめとられないようにすることによって、彼は、大衆の暗示に支配されていて、語りながらも——彼にとってまったく偽りの——ヒロイズムに陥っていくのである。」

さらに後年になって。「無が無化する、時間が時熟する。なるほどそれは、深遠に響きはする。——しかし、そこに含まれているやもしれぬただ一つの意味は、無も時間もアクチュアルに思惟すべきであるということである（なぜなら、それらが——抽象語が——作用をおよぼすということを、ハイデッガーですら、主張しようとは思わないだろうからである）。その彫塑的な思惟（その相対的な正当性が、まずもって承認されなければならないが）の最終的な妥当性にたいする、こうした抗議はさておくとして、そのような文章は、およそ空疎なトートロジーであり——同一性であって、その無内容たることは、ヘーゲルがすべて過不足なく、相応に過不足なき嘲りでもって語ったところである。」抽象語が行為することのできる主体に仕立てあげられることにたいして、彼は、すでに以前から怒りをおぼえていた。はたしてコーンは、たとえば一九三二年二月十四日には、こう記している。「ハイデッガーとヤスパースが抽象語を主体として扱う（現存在、実存、歴史性、等々）とき、それはただ語りの悪癖にすぎないのだろうか、それとも、ここでは神話への欲求が、いとわしい小学校教師流の神話学を生みだしたということだろうか。」

一九三二年九月十三日に、彼は、ハイデッガーの講義について、ある聴講者から情報を得たあとで、こう書いている。「ハイデッガーは、講義のなかで、パルメニデスが存在と思惟を同一視したことについて、「思惟することは実存することの謂いである」と解釈したとのことだ。その際に、「実存すること」とは、もちろんキェルケゴールと「実存哲学」の含蓄ある意味で語られている。解釈の問題はさておくとして(いずれにせよパルメニデスがこの語をそのような意味でもちいたのではないことは、明らかである)、この文意を検討してみよう。その際に気がつくのは、「思惟することは実存することの謂いである」が、「実存することは思惟することの謂いである」とは、いくらか意味を異にしていることである。すなわち、この「謂いである」を同一性として理解することは、意味をなさない。——しかし、そのように理解してはならないとすれば、最初の文でいわれていることは、つぎのような意味になるだろう、(真の)思惟は実存の発動を、思惟されたことの保証を、要請する、と。第二の文は、しかし、こうである、(まったき)実存を有するのは、ただ思惟する者のみである、と。第一の文はフィヒテに近く、第二の文はヘーゲルに近い。ふたたびつぎのことが明らかになるだろう、これらの文において、「謂いである」をもちいて、「謂いである」の意味を解明することを迫らないならば、事は曖昧なままであり、ひとは贋金つくりの疑いをかけられる破目になるだろう。」

ヨーナス・コーンは、マルティン・ハイデッガーが発するところの、常ならぬ魅惑の原因をも追究しようとした。それは、くりかえし多くのさまざまな聴衆をひきつけ、呪縛した結果、この導師のもとに、ユダヤ教徒、キリスト教徒、無神論者を問わず、きわめて刮目すべき弟子たちがつどうことになった。そして、彼らは、のちに重要な哲学の教授職を占めたのである。大学教師として登場した最初から、卓越した哲学者であるという名声が先行していたが、それは、彼の生涯を通じていよいよ確固としたものになり、死後においてさらに高まった。彼が二〇世紀のわずかに数えられる偉大な哲学者の一人と見做されているのも、けっして根拠のないことではない。

一九三〇年十二月十二日に、ヨーナス・コーンは、自分が聴講したことがあるハイデッガーの講演『真理の本質について』について、かなり長文の批評を書いていた。そのなかから、冒頭の部分を引用してみよう。「簡潔な表現、すなわち、単純さの背後に隠れたレトリック。聴衆にたいする暴力、それもたいていは聴衆がみずからそうのぞんでいるのだが。その奥に、エネルギー、簡勁さ、自恃、もとより労力を惜しまず、それもほかならぬ形式において。方法、すなわち、語源への遡行。言葉をその原義においてとらえること（ア・レティア〔ギリシア語〕、すなわち、存在するものの非隠蔽性、開示。しかし、真理が開示であるとすれば、そのときには、真理の狼藉が、その仮象としての輝きであるということになる。真理は、その狼藉をみずからの本質のなかに受け容れなければならないのか）、語意によって結節点がつくられる、概念の移行の網の目が、聴衆の頭上にふりかかる。検証したり、中断したり、沈思したりする機会もない。証明もなければ、演繹もなく、引証もない。弁証法は簡素な論理によって基礎づけられていなければならず、区別が論述に先行していなければならないことも、まるで考慮されていない。」ハイデッガーについて詳述するまえに、彼は、みずからの印象をつぎのように要約してみせている、「すなわち、まったくスコラ的ではなく、むしろ神秘的である」と。

ヨーナス・コーンは、一九三八年十一月、意図的にひきおこされた十一月九日のユダヤ人迫害の、いわゆる帝国水晶の夜の、[40]ほぼ十日後に、アルベルト・ルートヴィヒ大学、すなわちフライブルク大学の当時の総長から、一九三八年十一月十七日付のつぎのような書簡を受けとった。「フライブルク・ギュンタースタール区、教授ヨーナス・コーン博士机下。耐え難い事態を回避するために、貴殿に、今後、アルベルト・ルートヴィヒ大学、およびその諸施設、たとえば、大学閲覧室、大学図書館、等々に、もはや立ち入られぬよう、要請するものであります。O・マンゴルト。」

コーンは、一九三九年に家族とともに、かろうじてイギリスへ亡命することができた。一九四一年に、七十二歳になった彼は、日記のなかでこう自問していた。「私の畢生の仕事は、外部から、今日の情勢からみるかぎり、何の成果もなくおわった。それは、どこまでが変えようもない状況のせいだったのか、どこまでが自分の責任だったのか。それは、必然的に提起されはするものの、しかし、けっして最終的、かつ確実に答えるすべもない問いである。」一九四七年に、彼はふたたびフライブルクへ帰ろうとした。その帰国の直前になって、彼は、七十八歳をもってバーミンガムで世を去った。

19　女性の哲学者

ハンナ・アーレントは、マルティン・ハイデッガーの哲学を、またちがった光のもとに認識していた。彼女は、一九二四年にマールブルクで研究をはじめて、すぐさまハイデッガーとルードルフ・ブルトマンのゼミナールを聴講した。彼女は、マルティン・ハイデッガーに魅惑された——そして、彼も彼女に魅惑されたのである。彼らは恋愛関係になった。最後に、ハイデッガーは、一九二六年春に、ハイデルベルクのヤスパースのもとに彼女を送りこんだ。フライブルクでフッサールのもとで一学期を過ごしたあと、彼女は、ヤスパースのもとに戻り、そこで一九二八年に『アウグスティヌスにおける愛の概念』に関する論文で学位を取得した。無私の愛、「隣人愛」をどのように理解すべきか、それが彼女の没頭したテーマだった。彼女のもっとも重要な哲学的著作『活動的な生』は、活動的な生、すなわちvita activaと、瞑想の生vita meditativaとを区別する、中世神学のある概念を引き継いでいる。活動的な生に属するのは、ハンナ・アーレントにとってもそうだったが、なかんずく政治的な活動である。

一九三三年に、ハンナ・アーレントは、ギュンター・シュテルンと結婚した。彼とは、フッサールのゼミナールではじめて出会っていた。彼は、心理学者ウィリアム・スターンの息子で、のちに父親とはちがった名前を、すなわちギュンター・アンダースを、名乗るようになった。一九三三年に、彼女はユダヤ人であるがゆえに亡命することを余儀なくされた。パリで、彼女は、ベルリンからの亡命者で、かつての共産主義者で独学者のハインリヒ・ブリュッヒャーと知り合った。ギュンター・アンダースと別れたのち、彼女は、一九四〇年にハインリヒ・ブリュッヒャーと結婚した。一九四一年に、彼女は、南フランスにあるフランス政府統治下のギュルス収容所に、しばらくのあいだ拘留されていたが、そののち、夫と一緒に、スペイン、ポルトガル経由でアメリカ合衆国へ脱出することに成功した。もし国家社会主義者たちが彼女をとらえていたなら、彼らは、彼女を数百万のユダヤ人とおなじように殺していたことだろう。

複雑にいりくんだ感情をいだきながら、ハンナ・アーレントは、一九四九年の最初のヨーロッパ旅行の途次、ドイツに帰った。あるユダヤ人組織――ユダヤ文化復興協会――の委託をうけて、彼女は、ドイツに残されたユダヤ人の著書、原稿、文化財を探索する任務を負っていたのだった。彼女は、一九四七年以降、バーゼル大学で教鞭をとっていたカール・ヤスパースを訪ねた。そして、一九五〇年二月上旬には、フライブルクでハイデッガーにも会っている。「月曜日にはフライブルクに行くでしょう、行かなければならないのです、しかし、あの人に再会したいという気持は、もはやすこしもありません。ヤスパースは、それについて何も知らないのです」と、一九五〇年二月五日付で、バーゼルからニューヨークにいる夫に宛てて書き送っている。

ヤスパースとハイデッガーとの繋がりは、一九三六年にはすでに切れてしまっていた。一九三三年にはとりあえずハイデッガーのアンガジュマンを支持したヤスパースは、早くもその年が過ぎていくうちには、自分がどのような人物とかかわりあっていたのか、思い知らされることになる。彼はユダヤ人女性と結婚していて、その彼女はといえば、哲学者ヨーナス・コーンの従姉妹だったのだが、そのせいで彼は、大学行政から締め出され、教授職から解雇される憂き目にあった。さらに一九三八年以降は、出版刊行が禁止された。妻が殲滅収容所へ拉致される危険も迫っていた。結局、一九四五年四月十四日が移送日に定められた。四月一日に、アメリカ軍がハイデルベルクを解放した。ヤスパースは、十二年間の抑圧のはてに、ようやく新しい生活をはじめることができた——齢六十二歳にして、である。一九四七年に彼は、バーゼル大学に教授として招聘された。そこから彼は、政治的、哲学的著作によって、ドイツ連邦共和国の公共の言論に、くりかえし関与しつづけた。ハンナ・アーレントにとって、彼は、つねに称賛し、尊敬するに値する、哲学上の師であり、友であった。

一九五〇年二月八日に、ハンナ・アーレントは、夫に宛てて、やはり「あの人」に会ったことを報告している。ハイデッガーは、ホテルにやってきた。「私たちは、それぞれの生涯ではじめて、と私には思えるのですが、たがいに話しあいました。」何についてか、といえば、それは、もしかすると一九三三年から三四年にかけてのハイデッガーの総長時代のことだったのかもしれないし、もしかするとまたそうではなかったのかもしれない。ハイデッガーに宛てた手紙のなかでは、彼女は、この話題を避けている。彼らが最初のうち、こうして会っていた、その際により重要に思われるのは、ハイデッガーの妻エルフリーデにたいするむつかしい関係である。「今朝、それからまた彼の妻との諍いがはじまりました――それは、もうかれこれ二十五年のあいだ……彼にとって、明らかにこの世の地獄をなしてきたのです。常習犯さながら、可能なかぎり、いつでもどこでも嘘をつく彼は、これまた同様に明らかに、というのは、三人でかわしたうっとうしい会話から推し量るかぎり、ということですが、これが畢竟、彼の人生の責め苦であることを、二十五年間を通じて、けっして否定しなかったのです」と彼女は、ハインリヒ・ブリュッヒャーに宛てて、いささかの自恃をこめて書いている。

エルフリーデにたいするハンナの嫉妬は、ハンナにたいするエルフリーデのそれに劣らず強かったように思われる。というのも、エルフリーデにたいするハンナの判断は、それほど公正ではないからである。「彼女は、残念ながらひどく愚かです。」それは、彼女がのちの手紙のなかで言葉をかえてはくりかえしている判断である。彼女は、偉大な男が卑小な女によって窮屈な立場に追いやられ、抑えつけられている、と見做すのである。それでは彼女が、ハンナが、よりよき妻たりえたというのだろうか。エルフリーデ・ハイデッガーは、精力的な人柄で、彼女なりの仕方で夫とその栄達のために力をそそぎ、そうして自分の味方を増やしただけではなかった。弟のフリッツ・ハイデッガーも、なるほど彼女を受け容れることはできたが、彼女とほんとうに温かく心がかよいあうわけにはいかなかった。もとよりエルフリーデ・ハイデッガーにしても、苦労していた、というのも、ハンナ・アーレントとの情事は、夫の唯一の不倫というわけではけっしてなかったからである。

ハンナ・アーレントは、一九五〇年二月八日付の手紙で、こう書いている。「しかし、私は、できるかぎり、すべてを元の鞘におさめるように努力するでしょう。」事実、彼女は、それからハイデッガーに宛てたある手紙のなかで、その会話をまたちがったふうに描写してみせている。「私は、（エルフリーデの）歩み寄りの誠実さと心に迫る率直さに、強い印象をうけました。」彼女がより強い印象をうけたのは、まちがいなくマルティンの歩み寄りによってであったことは、ブリュッヒャーに宛てた手紙のなかで述べているとおりである。「彼は、私に著書や原稿を山のように与えました。ただ話すことしかできない、ただ理解してもらうしかない、といわんばかりに。それでも彼は、以前よりも高名になってはいるのです。ただそのことをすこしも理解せずに、あるいはこういっていいでしょうか、そのことを現実にかえるすべも知らずに。」彼は、おのれがかちえた名声にもかかわらず、ほんとうに孤独なのだ、というのも、彼は、自分が哲学することのパートナーとして受け容れることができるような者を、だれ一人もっていないのだから。それで彼は――彼は、男女を問わず、人心をもとめて成功をおさめてきた――ふたたびハンナ・アーレントをもとめるのである。そして、彼女は、彼のパートナーになっていく、手紙において、直接の出会いにおいて、たとえ彼女が別の場所ではまたふたたび、すくなくとも幾分かは、彼から距離をおくことになるにしても。

それからも数多くこころみることになるヨーロッパ旅行の、そのちょうど二度目の旅の途次にあった、一九五二年六月六日に、夫に宛てた手紙のなかで、彼女は、フライブルク再訪についてこう報告している。「フライブルクは、例のご婦人がまたしても悶着をおこして、お仕舞いになりました。講義は、今度もすばらしいものでした。彼は、まったく調子を崩していて、語り口もまずかったのですが。」彼女は、彼のことを気にかけている。息子たちが家を出てしまって、エルフリーデがなすすべを知らないなら、いったいどうなることか、と。「というのも、どうすればいいのか、彼女自身が知らないでいて、そして、ただ腹をたてている一方で、メスキルヒには、まだタイプされていないおよそ五万ページの原稿が残っていて、本来なら、それを彼女が数年のあいだにスムーズにタイプすることができていたはずなのです。そして、もちろんそれは、いまとなってはもはや遅れを取り戻しようもありません。彼が実際にたよれる唯一の人物は、彼の弟です。」

一九五八年九月、ハンナ・アーレントは、またヨーロッパにやってくる。彼女は、フランクフルト・アム・マインのドイツ書籍業組合平和賞を受賞するカール・ヤスパースのために、推賞演説をすることになっている。彼自身がハンナ・アーレントに演者を務めるように希望したのであり、それほどに彼は、彼女と心が結ばれていると感じているのである。彼女が彼から学んだように、彼は彼女から学んでいた。『全体主義支配の起源』に関する彼女の大著は、彼がみずから書いているように、ナチズムとスターリン主義を「彼にこれまで可能であった」以上に「よりよく認識する」ことを、彼に教えたのだった。彼女の『活動的な生』は、公共の責任についてのヤスパースの思考を、一度ならずとりあげている。それでもハンナ・アーレントは、良心の呵責を感じている。彼女がヤスパースにたいする賛辞として語ることができるすべては、ハイデッガーにたいする批判として理解すべきではないだろうか。ヤスパースは、道徳的な模範であり、コスモポリタンであり、ひらかれた哲学者であり、真のヨーロッパ人である。ハイデッガーの哲学の最大の弱点は、この点では、彼女は、ハインリヒ・ブリュッヒャーと意見をともにしているのだが、その歴史性の概念であり、より正確にいうならば、彼の思惟に政治的な次元をひらいてくれたはずの、歴史性の欠如にほかならない。ブリュッヒャーは、はたしてアーレントの懸念を斥ける。「よきヨーロッパ人についてというなら、そこでこそ（フランクフルトでこそ）正しく語ってしかるべきことだろう。ソシテ、ソレハマサニ、はいでっがーノホウガ彼ノモトヘヤッテクルコトニヨッテ、ハタサナケレバナラナイコトナノダ[41]、あのおぼっちゃんドイツ人が。」

この「おぼっちゃんドイツ人」という語に、一種の「疾病」のようにまとわりついている含意は、それは、アーレントが一九五七年十二月十六日付のクルト・ブルーメンフェルト宛の手紙にも書いているように、彼を他のドイツ人の、ドイツ系ユダヤ人の、知識人と結びつけているところの何ものか、すなわちそれは、「自身の比類のない人格に憑かれた状態」にほかならない。自分を特別な存在として主張しようとする努力の、その内容と目標は、まさに独特である。アーレントいわく、「ほとんど天才に近い、しかし、実はただ高度の才能にめぐまれているにすぎない、そうした人たち（ショーレムの場合）が、どこかおかしくなってしまうことは、まったくよくわかりますよね。しかし、どうして、どうして、ほんとうの天才がそうなのでしょう。昨日、私は、同一性と差異性をめぐるハイデッガーの最近の著作を読んだところです。高度に知的なものです。しかし——彼は、自分自身の文章を、それが聖書の章句ででもあるかのように、引用し、釈義するのです。私は、それにもう堪えられません。そして、この人は、ほんとうに天才的なのです。ただ高度の才能にめぐまれているというにとどまりません。ということは——彼は、この名状しがたいほどの悪癖を、いったい何のために必要としているのでしょうか」。

彼の天才が奈辺にあるか、それをだれよりも明らかにしてみせたのは、彼の八十歳の誕生日に際して書かれた、「マルティン・ハイデッガーの傘寿にあたって」と題する彼女の一文である。彼女は、みずからの経験、みずからの世代の経験から、いずれにせよ、第一次世界大戦による衝撃を経てのちに、哲学を学びはじめた人たちの経験から、説きおこしている。「哲学は、収入を期待できるような専門分野ではなかった。むしろその時代にしてすでに、まさにそれゆえにこそ、真にもとめてやまぬ、決然として清貧をえらぶ人たちの学問だった。」彼女が形容するように、もろもろの世界観とそうした世界観を奉じる諸党派の、そのいずれを選択するか、それは若い人たちにまかされてはいたが、しかし、それらを利用するために、彼らは何も哲学を学ぶ必要はなかった。大学の講壇哲学は、彼らにありふれた選択肢を提示した。新カント学派、新ヘーゲル学派等々の、さまざまな学派、あるいは美学、倫理学、論理学等々の、さまざまな専門分野を。そうしたすべては、若い人たちにとって、「底知れぬくらい退屈に」思えた。

そこには例外があった。「事象へ帰れ」と呼号し、したがって書物を、書物による学識を、去ることをもとめたエドムント・フッサールである。もっとも、ハンナ・アーレントにしてみれば、彼みずからこの主張をまっとうに実践してはいなかったように思えたにしても。おそらくそれが、彼の弟子たちが、師によって彼らのうちに呼びおこされた願望を、他の分野で充足すべく、カトリック教会やプロテスタント教会にも傾倒することによって、その立場を尖鋭にしていった、その一因だったのだろう。そこにハイデッガーが登場した。フッサールの呼びかけは、まさに彼に先駆けるものだった。彼は、フッサールが宣言した事象に、実際上、到達したのである。「それがアカデミックな事柄ではなくて、思惟する人たちの関心事であり、それも昨日今日にはじまったことではなく、かねてから存在する問題であることを、彼は知っているのであり、伝統の糸が断ち切られているからこそ、彼は過去を発見したのだった。」

彼はプラトンに「ついて」講義をしたりしなかった。彼は、一学期のあいだ、学生たちとともに、プラトンを一語一句、読みつづけた。ようやく頭角をあらわしはじめたばかりで、当初、アカデミックな環境のなかで我を通さなければならなかったハイデッガーの、まさにこのアンチ・アカデミックな挙措、実直な師のフッサールとは逆に、言葉で主張するばかりではなくて、身をもって体現しさえした、この反抗的な姿勢は、ひとが今日の眼からみてそういうであろうが、真正なるものをもとめていた若い人たちに感銘を与えた。哲学と生は、彼にあっては分離した二つの領域ではないようにみえた。哲学が生そのものであった。「情熱的な思惟」、生気あるものに、存在に、発する思惟。それが、この新しい哲学者の数多くの帰依者を魅惑したのだった。

ハイデッガーの思惟は、ハンナ・アーレントいわく、「ただ彼にのみ固有の資質であり、それは、言葉でとらえ、明らかにしようと思えば、動詞「思惟する」の他動詞としての使用のなかに存するのである。ハイデッガーは、けっして何かに「ついて」思惟することはない。彼は、何かを思惟するのだ。この徹頭徹尾、非観照的な営為のなかで、彼は深みに穴を穿つのだが、しかし、それは、この次元——この次元について、こういうこともできようか、こうした仕方で、綿密さで、事前にはまったく発見されることがなかったと——のなかに、最後の確実な根拠を発見し、もしくはそれどころか白日のもとにさらすためではなくて、深みのなかにとどまりつつ、道を拓き、「道しるべ」[42]をおくためなのである」。したがって、「森の道」[43]の語にしても、ハイデッガーにとっては、俗にいうような、どこへも辿りつくことのない袋小路などではなくて、これまで拓かれることのなかった森のなかを歩む道にほかならない。木こりは木を切るために道を拓く、「その際に、木こりのなりわいに属するのは、木を切ることと同様に、道を拓くという営みなのである」。

もちろんそこには、哲学者がはまりこんだ、ふつうの意味における森の道[44]も存在したし、ハンナ・アーレントも、それについて沈黙してはいない。彼女の言にしたがえば、思惟の場所は、局外者の眼には、さながらアリストパネスの喜劇に登場する、かの空中楼閣[45]のようにみえる。この住処を、ハイデッガーは、かつて世事に関与するために立ち去ったことがあった。ちょうどプラトンが、シチリアの僭主に仕えるために、かの地にむけて出立したように。ハイデッガーも、おのが国の僭主に仕えたのだが、と。

プラトンもハイデッガーも、日常的な事柄にかかわるときにかぎって、よりによって僭主や総統にしたがう仕儀となることを、彼女は「職業的歪曲」の結果と見做している。「なぜなら、僭主的専制への傾向は、理論的にほとんどあらゆる偉大な思想家に証明されるからである（カントは、偉大な例外である）。」事実、哲学者はおのがテーゼを定立し、推論を引きだすのだが、その際に、比較的、日常の生の事実によって影響されることはない。自分が日常の生のなかにたちいるときには、哲学的な専門分野と同様に、思惟の力によって生を支配することができると、彼は考える。彼は指令を発し、規定する。生にはつきものの右往左往が、行為する人間にもとめるところの、妥協譲歩へとかたむくことはあまりない。それによって、しかし、彼は、大衆が哲学者について思いえがく像に、一致してしまうことになる。大衆は、哲学者を崇敬するためには、彼が仮借なく、断固としていることをのぞむのである。

マルティン・ハイデッガーよりも、どちらかといえばカール・ヤスパースに傾倒していた、アメリカの哲学教授J・グレン・グレイは、ハンナ・アーレントの願いに応じて、一九六七年の一年間をフライブルクで過ごした。彼女は、彼にたいして、ハイデッガーと一緒に、ハーパー・エンド・ロウ社から刊行されるその全集の英訳の仕事に携わるように、強くもとめていた。グレイがマルティン・ハイデッガーの人柄を知るにつれて、それまでの尊敬の念は、違和感にかわってしまった。グレイは、こう語っている。「もしドイツ人たちが彼を、知的にはそれほど尊敬しなければ、彼らはおそらくよりよい結論に達することでしょう。というのは、彼は、これまでの会話のなかでは、私がここで出会ったなかで、もっとも人間的な、もっとも素朴な人物だったからです。ゼミナールの経験から私は知っているのですが、彼もまた、ちがったふうにありうるにもかかわらず、学生たちが彼をあれほどどうやうやしく扱うものだから、彼はその役割に順応してしまうのです。」

　グレイは、ハイデッガーがフライブルクで生活していた「悲喜劇的環境」に、ただあきれるほかはなかった。ハイデッガーの弟のフリッツは、大地に両足で立っている唯一の人物だと、彼は思った。フリッツが兄について語ってくれたことに、彼はずいぶんと感じいったものだった。「若いころのマルティンは、ほかのだれかれと同様に、まともな人間でした。つまり、彼は、スポーツを、娘っ子を、酒を、愛していました。しかし、それからフッサールの現象学的方法を発見してからというもの、彼は、「まるで猫が熱い粥のまわりを走りまわるように」、存在のまわりをめぐるようになったのです。」

20 弟の手助け

一九三八年秋、戦争の危険があらわになったころ、マルティン・ハイデッガーは、弟のフリッツを呼びよせて、原稿がはいった二つの大きな金属製の箱を手渡した。彼は、安全がみこまれると考えたメスキルヒで、それを保管させようとしたのである。それは、二人の共同作業の始まりだった。マルティンはフリッツにたいして、原稿を、とりあえずは「寄稿論文」を、タイプライターで清書するようにもとめた。彼は、どうやらフライブルクでは、信頼に値する人間をみつけられなくて、それで弟に頼みこんだというわけだった。かくして、二人のあいだに業務提携が成立して、それは長年にわたってつづいたが、それは、マルティンばかりか、フリッツにも益することになった。たしかにフリッツは奉仕する立場で、テクストを書き写し、欄外の注をつけて、兄に推敲をうながし、長文を二文に分けるなどした。そして、テクストのよりよき理解に役だつはずのことを、すくなからず兄にもとめたりした。しかし、同時にそれは、フリッツにとって、自分の存在が承認されることを意味した。彼は、協力者として受けいれられ、彼の見解は真剣に受けとめられて、彼は兄にたいして物申す言葉をもつことができた。そして、彼はけっして内気ではなかったので、このことも臆せずにすることができた。テクストの読解と対話を通じて、フリッツ独自の哲学的な思索も刺激されることになった。

マルティン・ハイデッガーが、フリッツのさしはさむ意見をどれほど真剣に受けとめたかは、たとえば彼が一九五四年四月十九日付で、自分の出版社の社主であるヴィットリオ・クロースターマンに宛てて書いた手紙からも、おしはかることができる。そのなかで彼は、かなり長いあいだ熟考し、弟とも協議したうえで、著書『根拠の本質について』の新版に、根拠と因果性にたいする問いを新たにたてて、この著書の以前の問題提起を、今日の自分の思惟と結びつける、詳細なあとがきを書く決意をするにいたった旨、伝えている。弟との対話は、彼にとって、旧著に新しい視点を与える契機を与えたことになる。

「メスキルヒのフリードリヒ・エーバート通りに建っている、質素な造りの小さい板張りの家に足を踏みいれて」と、ハインリヒ・ヴィーガント・ペッツェートは書いている、「片隅に積みあげられた原稿がほとんど天井にまで達している、その部屋に招じいれられた者は、これは弟フリッツの心の宝物なのだと、おそらくはそう思いかねなかったところであろう。しかし、フリッツは、それをただ保管していたにすぎないのであり、写しをとり、整理していただけなのである」。ペッツェートが一九五〇年代の終りごろ、フリッツ・ハイデッガーの家をはじめて訪れたとき、マルティンの原稿の大部分は、すでにまたフライブルクに戻されていた。彼が書斎でみたものは、なかんずく原稿の写しであり、入念に整理された二度、三度と作成されたカーボン複写だった。しかし、弟の「心の宝物」もたしかにあったのであり、これはもちろん外来者の眼からは隠されていた。覚え書きを記したノートを、フリッツは錠をかけてしまいこんでいた。一九五九年に退職して、年金生活がはじまってからは、兄を思わせる熱意をもって、頭に浮かんだすべてを書きとめていたのである。哲学的、神学的考察、思惟の断片、アフォリズムなどを。重要な著作からの抜粋もあったが、他方でメスキルヒや近傍に伝わる逸話や物語も、そこに含まれていた。ついには長編小説の構想も見受けられたが、それはけっして実行されることはなかった。この手記のたぐいは、今日にいたるまで未発表のままであり、メスキルヒの小さい板張りの家のなかの、くだんの部屋のなかにおさめられている。

ペッツェートは、つづけて語っている。「兄弟は、何ごともたがいに議論し、批判的な言葉を十分に考量し、ラテンやギリシアの古典作家の知識にかけて、たがいに言い負かしたりするのをつねとしていた。ハイデッガーの仕事は、弟の補佐がなければまるで考えられなかった。弟にしても、ときとして異論があっても退くことはなかったが、僭越にも哲学者にたいして異をとなえるようなことは、けっしてしなかった。兄もまた、「ただひとりの弟」である彼にたいして、生涯、感謝の思いをもちつづけていた。」

実際、それは驚嘆に値する関係だった。それは、つねに協調しあい、親密なままにとどまっていたが、それは、所詮はライバルの間柄にある兄弟姉妹においては、かならずしも自明のことではない。フリッツは、自分が運命から不利益をこうむったと、おそらくはときに感じていたことだろう。彼のさまざまな能力、みずから得てしかるべきと考えていたことどもは、彼がメスキルヒで実際にはたした行為を、はるかに凌駕するものだった。しかし、それでも彼は、そうした営みを善意からすすんでおこなったのであり、たとえときにいきりたつことはあったにしても、彼なりの流儀で謙虚でありつづけた。みずからの運命にけっして完全に順応することなく、それをたえず超え出ていくのだった。彼は、不満ではなかったが、しかし、みずからの環境にたいしてアイロニカルな距離を保っていた。アイロニカルな距離といえば、それは自己自身にたいしてもそうだったが、それによってこそ、彼は兄とは異なっており、この点において兄よりも優位に立っていたのである。もちろんときには兄にたいしても、陰に陽にあれやこれやの言葉によって、アイロニカルな距離をしめすことがあったが、しかし、彼が親しく、好意的であることは、つねにかわらなかった。そのかぎりにおいて、二人の兄弟の関係は類をみないものだった。

マルティンにとって、フリッツは、また故郷メスキルヒそのものでもあった。そこかしこの土地が幼少年時代を過ごした場所として、心に語りかけてはくるものの、その住民は、わずかな例外をのぞいては、すでに疎遠になっていた。その町それ自体よりも大きな存在であった。それは、弟とその家族であり、あるいはまた他の姻戚であり、昔ながらの知人であり、かつての学校友だちであり、最後に神学者ベルンハルト・ヴェルテがいたが、しかし、彼とてもマルティンと同様に、すでにメスキルヒを去って、フライブルクに住んでいた。

生涯の最後の四十年間に、マルティンは、年に二度、比較的長い滞在をするために、メスキルヒにやってきた。たいていは春に、トートナウベルクへ向かうまえと、あるいは秋に、そこから戻って来たときだった。カトリックの家族では誕生日よりも重要な、自分の聖名祝日[46]も、彼は好んでメスキルヒで過ごした。そのときには、彼は弟の家に泊まり、そこで仕事をした。いま一度、ペッツエートを引いてみよう。「弟は、彼に仕事のための静穏を保証し、生涯、彼のために故郷を守りつづけたばかりではなくて、彼に第三のものをも与えたのである。それは愛であり、そこからして、ようやく故郷における仕事の豊饒さが成就しえたのだった。二人は、たがいに強く結びついていて、相手の運命に深く関与していた。このように親密にしてかつ感傷に陥ることのない兄弟の関係を、私はかつてみたことがない。」愛においても、フリッツはまさっていた。彼の愛は、兄に奉仕する無私の愛だった。もちろんそのことによって、この兄の輝きのいくばくかが、彼にもそそがれはしたが。

ペッツェートは、フリッツ・ハイデッガーの逸話を一つ、物語っているが、それは、彼が兄の仕事をどれほど知悉していたか、そして、どれほど彼が自在に遊ぶかのごとき境地で、なかんずく彼がそれほど真に受けはしなかった「教養の世界のなかで」、その仕事とかかわることができたかを、証言するものである。それによると、フリッツは、マルティンが講演をおこなったビューラーヘーエにいたことがあった[47]。講演のあとフリッツは、兄についていろいろと問いただそうとする、教養あるご婦人の一群にとりかこまれた。そのときには、偉大なる毛沢東が、この中国共産党の残忍な権力者が、大きな話題になっていたが、ヨーロッパの教養人のあいだでは、彼は繊細な精神として通っていた。何しろ彼は、詩も書いていたのだから。毛についてどう思うかという、ある婦人の質問にたいして、フリッツ・ハイデッガーはこう答えた。「毛沢だって。そいつは、老子の脚だよ。[48]」それは、強い印象を与えた。そして、あながちまったくの誤りでもないように思われる。

二人の往復書簡集が公刊されれば、兄弟の関係について、ひとはより多くのことを知るようになるだろう。手紙とはがきは、一九二七年以降、保存されていて、総計で約五百通におよぶ。もとよりそれらは、しばしば短いものにすぎず、訪問を告げたり、会うことを約束したりするものなのだが、その場で重要な事柄が――ワイングラスをかたむけながら、あるいは散歩しながら――口頭で論じられたのだった。そういうわけで、フリッツがマルティンのテクストにどれほど関与しているか、正確に解明することはできないだろう。何しろ、この著作の主要な部分は、口頭で伝えられたのだから。写しに書きくわえられた欄外注は、いつの日かまとめられうるとしても。

年老いていくにしたがって、フリッツは、兄の原稿の写しをとる気が失せていった。兄のほうは、結局、大部分の原稿をフライブルクに取り戻して、そこでさらに写しを作成するように弟子たちに委任することになった。

しかし、大戦中は、これらの原稿は、メスキルヒではとりあえずは安全だった。それらがそっくり民衆銀行の貸金庫に保管されていたという噂もある。ハインリヒ・ハイデッガーは、つぎのように回想している。「二個の鉄製の箱が、私たちの家にありました。しかし、民衆銀行には、貴重な原稿のために、いくつかの貸金庫を借りてもいたのです。一九四五年二月二十二日の空襲のあと、マルティン・ハイデッガーは、自分で破壊された建物のなかから原稿をとりだしました。というのも、さいわい鋼鉄製の金庫には鍵がかかっていなかったからです。それは、私もこの眼で確認しました。二個の鋼鉄製の箱は、父と私とで、すでに一九四四年九月十二日にビーティンゲンへ移してありました。」ビーティンゲンの教会の塔のなかに、その箱は隠されていた。ビーティンゲンの司祭は、一家と親しいアルベルト・クラウトハイマー神父で、のちに『コンラート新聞』の編集長として、その地方では著名な存在になった。したがって、よりによって教会が、「背教者」である哲学者の著作を庇護したことになる。しかし、クラウトハイマーは、この事態を平静に受けとめた。のちになって、彼はこういったことがある。教会の人たちは、マルティン・ハイデッガーが贖罪衣を身にまとって、メスキルヒのマルティン教会の表玄関をくぐるのを期待していたのだ、と。何しろ彼は、かつてミサの侍童であったときにそうしたように、とうに香部屋の扉をとおって教会のなかへはいりこんでいたのだから。

フリッツ・ハイデッガーは、それからまもなくして、息子のハインリヒと一緒にエルザスで塹壕を構築する作業に駆りだされる破目になった。そこで、連合国の軍勢をくいとめるためだった。マルティンの息子のイェルクとヘルマンは、すでに開戦当初に召集されていた。一九四〇年以降、彼らは前線にあった。のちになってようやくのこと、彼らは戦争捕虜の身分から帰還することができた。一九四四年の秋には、マルティンも兵役に服して、エルザスのとある村で歩哨に立っていた。十六歳から六十歳までの労働可能な男子は、いまや総統の命のもとに召集されていて、これ以上動員しようと思えば、あとはもうただ子供と老人しか残っていなかった。

それにたいして、フライブルク大学哲学部の教員たちは、「帝国講師連指導者」シェールに、マルティン・ハイデッガーの兵役を免除する旨の嘆願書を提出した。「きわめて困難な時勢にあって、われわれがこのような懇請をなすとすれば」、と嘆願書は述べている、「これをもって、ドイツの学問の未来にたいするわれわれの信頼をしめさんがためであります」。

一九四四年十二月四日、マルティン・ハイデッガーは、彼の中隊がライン川をこえて退却を開始したあとで、除隊を許された。マルティンは、さっそく自分の原稿を整理し、安全な場所に移す作業にとりかかった。彼は、急いでメスキルヒへむかった。そこには、弟がその息子とともに、四週間の塹壕掘りの仕事をおえたのち、ふたたび戻っていたのだった。短い期間を、彼らは一緒に過ごした。一九四四年の冬に、フライブルク大学の残りの部分は、空襲によって壊滅的な打撃をうけた市街を去って、ジークマリンゲンの近くで、ボイロン修道院の上手にあるヴィルデンシュタイン城に移った。十人の教授と三十人の学生で、学生は一人残らず若い女性たちだった。というのも、男性は、前線で戦っているか、戦死したか、捕虜になったかのいずれかだったからである。マルティン・ハイデッガーは、一九四五年の三月に、彼らの列にくわわった。ドーナウ川をはるかに見晴るかすこの城で、若い女たちにかこまれながら、彼はドーナウ川をイスター川と、ラテン語の呼称ではそういうのだが、歌いあげた、かのヘルダーリーンについて講義をしたものだった。「ひとこれをイスターと呼ぶ。／美しくそは棲まうのだ。円柱の緑は燃えたち、／そして、かそけく動く……。」

ヴィルデンシュタイン城からは、マルティンおよびフリッツ・ハイデッガーの祖父が一八〇三年に生まれたという、あの羊舎もみえた。そのおなじ一八〇三年の一月には、イザーク・フォン・ジンクレーアがヘッセン・ホンブルク方伯に、ヘルダーリーンの讃歌「パトモス」を献上していた。パトモスは、福音史家の聖ヨハネが破局の啓示を、世界の経過と没落についての啓示を、受けた島である。そして、それは、新たな世界の示現を告げ知らせるものでもあった。一八〇三年の夏に、ヘルダーリーンは、生地であるシュヴァーベンのニュルティンゲンで、讃歌「イスター」の執筆に従事していたが、結局、それを完成させることができなかった。マルティンにとって、このことは、年号が示唆する以上の、より深い関連だったにちがいない。

フリッツは、すでに一九四五年一月六日に、ラードルフツェルの地方防衛隊に召集されていた。一九四五年二月二十二日のメスキルヒ空襲のあと、マルティンは、彼にまだそれほど影響力があったということだが、弟をメスキルヒへ転属させることに成功した。そこで彼は、兵営事務室勤務になった。上司の陸軍大尉は、『ヨハネ黙示録』の注釈を著したことのあるプロテスタントの牧師だった。フリッツは、大尉から、この注釈を筆記するようにとの業務命令を受けた。ナチスのいわゆる千年王国が没落したとき、フリッツ・ハイデッガーは、福音史家聖ヨハネによる千年王国の予言に没頭していたことになる。戦争終結の直前に、彼は、さらに新たな軍位を得た。一九四五年四月十五日に、彼は、近傍のボルの「地区司令官」になって、戦争捕虜の監視をすることとなった。これまで、彼は、意識してコースを外れるように努めてきた。すでに一九三七年に、三週間の防衛訓練をおえたのち、彼は下士官に昇進するはずだったが、結局、それを回避することができた。直属の中隊付曹長は、フリッツもよく知っているメスキルヒの職業学校の教師だった。そういうわけで、彼は、生涯、もっとも下の階級に、陸軍一等兵に、とどまったのである。

メスキルヒの人たちは、とりあえずはわずかしか戦争の気配を感じることがなかった。男たちは召集され、戦死者の名前を記した死亡広告が新聞に掲載されたが、戦争はまだはるか遠くにあった。たしかに当初こそ、駅、橋、交叉点が警備されはしたが、それ以外の出来事といっても、さほど眼につくこともなかった。それから、警備は撤収され、壮丁は残らず前線に赴かなければならなくなった。戦争捕虜が、最初はポーランド兵が、つぎにはフランス兵が、さらにはロシア兵が、最後にはセルビア兵が、送られてきた。彼らは老兵たちによって監視されながら、いたるところで労役に駆りたてられた。それにくわえて、強制労働に服する者たちがいた。とりわけウクライナから連行されてきた作男たちが、農家に住み込んでもいた。彼らはその居住地を離れることは許されず、ミサにも催し物にも参加することができなかった。ポーランド人には、結局、彼らだけ分離したミサが、日曜日の九時に神父の説教なしでとりおこなわれた。銃後の家族には、捕虜や労働者とのそれ以上の接触は禁じられていた。クレーンハインシュテッテンのひとりの女性が、一九四一年に密告された。彼女は、ポーランド人の労働者とねんごろな関係になったのだった。彼女は頭を剃られ、村中を引きまわされた。ポーランド人の男は、森のほとりで絞首された。

いよいよ多くの空襲の罹災者がルール地方から、最後にはバーデンの町々から、まだしも空爆をまぬがれていたメスキルヒへとおしよせてきた。戦争の終わりごろには、よその土地から着の身着のままで逃げてきた人たちが、メスキルヒで千六百人以上に達した。それは、当時の全住民の約四割におよんでいた。学校は閉鎖されなかったが、授業は不規則にしかおこなわれなかった。年長の子供たちは、午後は工場で、あるいはまた農家で、手助けをしなければならなかった。ヒトラー・ユーゲントの少年たちは、塹壕や高射砲陣地に動員された。戦争の遂行に重要な営業は、学校や——中央実科学校のなかに、カールスルーエ地方郵便貯金局があった——南部バーデンの家畜売買の中心であった屠畜売買場の内部にかくまわれた。ホーフガルテンで、いまや家畜が売りにだされる有様だった。一九四四年七月二十四日には、家畜を積んだ貨物列車が、メスキルヒの直前で戦闘爆撃機に射撃されて、一人の農夫が落命した。

この小型の戦闘爆撃機は恐れられていた。それは「低空爆撃機」で、鉄道やトラックを狙い撃ちにしたが、無辜の通行人や野良作業にいそしんでいる農婦たちをも、つまり動くものは何であれ、見逃しはしなかった。しかし、大編成の飛行大隊となると、このちっぽけな町を素通りして、より爆撃しがいのある標的にむかっていくのだった。すくなくとも、一九四五年二月二十二日までは。その日、十二時ごろに、一機の戦闘爆撃機が駅舎を攻撃した。アメリカ空軍が、この日、ジンゲンとウルムのあいだの鉄道連絡を麻痺させようと企てたのである。負傷者が出て、輸送される家畜にも命中した。ちょうどこの日には、ホーフガルテンで家畜市がひらかれていた。

それから十三時を過ぎて、まったく予期しないかなり大規模な空襲が、それにひきつづいておこなわれた。七機の双発「モスキート」[49]が先導機に率いられ、二列の編隊を組んで、百五十メートルの低空飛行で、メスキルヒ上空に飛来した。駅舎とその周辺に、四十二発の爆弾が投下された。おそろしい音響が、巨大な黒い煙が、負傷者の叫び声がいりまじり、町は大混乱におちいった。貨物駅は烏有に帰して、多くの建物が破壊されたなかに、民衆銀行も含まれていた。フリッツ・ハイデッガーの職場は、直撃弾をこうむったのだった。あたりには家畜の死骸が横たわって、死者と負傷者の救護も困難をきわめた。結局、死者は三十五名、負傷者は九十三名をかぞえた。

それにもかかわらず、二、三の人たちは、なお戦意を喪失することはなかった。三月中旬になって、メスキルヒのオプティカ社の支配人であるフリードリヒ・ヴェーラー博士は、地区のナチの大物連中が彼を密告した結果、郡区指導者ツィンマーマンによって、戒厳令下の即決裁判に召喚された。彼は、ドイツの最終的な勝利を疑って、自社の外国人労働者をあまりに厚遇し、ドイツ人労働者を国民突撃隊[50]の手から守ったのだった。しかし、緊急の任務のために郡区指導者ツィンマーマンが召還され、審理は最後までおこなわれることなく、終戦直前の混乱のなかで、ヴェーラーは命拾いをすることができた。

そうこうするあいだにも、ボルの「地区司令官」フリッツ・ハイデッガーは、ボルで彼に委任されたはずの捕虜たちのことを思いやるでもなく、毎夜、メスキルヒの自宅で過ごしていた。とうとう彼は、メスキルヒで彼の中隊に報告をせざるをえなくなった。朝、彼は、ボルの製粉業者レープホルツの家族が貸してくれた自転車に乗って、ふたたびボルへ出向いていった。彼がそうしたのも、メスキルヒでの戦争の最後の日である四月二十二日の朝のことだったが、彼の中隊が夜のうちに「とんずらして」いたことを知る由もなかった。中隊は解体され、風のまにまに四散していた。隊長のフライシャーも、彼がものした『ヨハネ黙示録』註解もろとも、姿を消してしまっていた。

フリッツ・ハイデッガーが四月二十二日の朝、自転車にうちまたがったとき、教会の鐘が鳴りはじめた。それは朝のミサを告げ知らせるものだと、彼は考えた。しかし、それは実は警報だった。というのは、すでに機甲部隊がメスキルヒに迫っていたからである。とにかく彼は出発した。隣人のベンツ婆さんが、彼に警報の意味を教えてくれたが、彼はその彼女に、『ゲッツ・フォン・ベルリッヒンゲン』のあの人口に膾炙した言葉[51]を返して、かまわずに自転車をこぎつづけた。しかし、百メートルも行くほどに、彼ははやフランス軍の戦車にでくわした。フリッツ・ハイデッガーは自転車を降りて、それを木にもたせかけた。彼は、ジープのなかにすわらされた。かくして、自分たちの占領者にして解放者である兵士たちをみようとして、かけよってきたメスキルヒ市民たちは、すくなからず驚いた。最初にやってきたフランス軍のジープの一台に、彼らにおなじみの人物が鎮座していたのだから。

ジープに乗って、フリッツ・ハイデッガーは、捕虜になった兵士たちの集合場所である病院の角にやってきた。そこで、彼の姿をいちはやく認めたのは、隣人のツィンマーマンの下で働いていた、エルザス出身の獣医のボッサート博士だった。ボッサートが歩哨を別の場所に追いやってくれて、それでフリッツ・ハイデッガーは、庭師のヴォルペルトの家にもぐりこむことができた。そこで彼は軍服を脱ぎ、ベッドに横になった。ヴォルペルトは軍服を焼き捨てると、フリッツの妻に知らせて、彼の服を持って来させた。それからフリッツは、何ごともなかったように、ホーフガルテンを通って家路についた。彼にとって、戦争はおわったのだった。

フランス軍の機甲縦隊は、そのうちにも、当時はアードルフ・ヒトラー通りと呼ばれていたフリードリヒ・エーバート通りをすすんで、「緑の木」のそばで停止した。というのは、そこでフィッシャー市長が市の鍵を一人の士官に手渡したからである。それが市の引き渡しにほかならなかった。それから縦隊は市役所にむかって行進していくと、それを接収して、三色旗をかかげたのだった。

21　独仏友好

一九四五年二月二十二日、メスキルヒの歴史でもっとも暗い日と、年代記にもそう記されているこの日に、フランスのファシズム政党PPF（フランス人民党）の党首であるジャック・ドリオは、党本部をおいていたマイナウ島から、家族の住む、メスキルヒから遠からぬメンゲンへとむかっていた。それは、彼の勝利の日になるはずだった。彼のそもそもの目的地はメンゲンではなく、彼は、そこからさらにジークマリンゲンへ赴こうとしていて、そこで最終的に、もはや影響力を失っていたヴィシー政府の権力を奪い取る心算だった。

一九四〇年にフランスを降伏させたのち、ドイツ占領軍当局は、温泉保養地ヴィシーに拠をかまえてドイツ人たちと協力する政府に、フランスの南半分をゆだねた。この政府のトップには、第一次世界大戦の英雄、いうならばフランス版ヒンデンブルクとして、フランスでは名望高かったペタン元帥が就いていた。一九四四年六月に連合国軍がノルマンディーに上陸し、たちまちのうちにフランスの大部分を解放したとき、ペタン主席とピエール・ラヴァル首相は、連合国側に立ってフランス軍を指揮していたド・ゴール将軍に接触しようとした。

しかし、それは国家社会主義者たちの意に沿うものではなかった。彼らは、それにたいして政府を接収し、ベルフォールへ移した。ペタンとラヴァルは、すぐさま抗議の意思から、その活動を休止した。ドイツ側は、ひきつづき対独協力をおこなう用意があるフランス人を集めて、新政府を組織した。大使のフェルナン・ド・ブリノンが首班の地位に就いた。平素は国家社会主義の忠実な信奉者であったジャック・ドリオは、このときには協力することを拒んだ。彼は、自分自身が対独協力の指導者になって、フランスを連合国軍から「解放する」ことをのぞんだのである。

ジャック・ドリオは金属労働者の出身で、一八九八年にパリ郊外のサン・ドニに生まれた。彼は、少年時代にすでに共産党に入党し、急速に頭角をあらわして、共産主義青年団の指導者になり、国会議員に成り上がり、ついには第三インターナショナルの執行委員会のメンバーにまでのぼりつめた。彼は、幾度かモスクワを訪問して、そこで労働者階級の大指導者であるヨシフ・スターリンと会話をかわしてもいる。中国への旅の途上で、はじめて彼の脳裏に、モスクワの指導部の賢明さにたいする疑念が生じたといわれる。彼は、そののち社会党員との同盟に舵をきったが、それはモスクワとの決裂につながった。一九三四年には、彼は共産党から除名された。その直後、フランス共産党の指導者モーリス・トレーズは、ドリオの路線を自分自身の路線であると宣伝した。人民戦線の政策が誕生したのである。

ドリオは、一九三六年に新しい政党、フランス人民党を設立したが、それは、反共産主義的、権威主義的な大衆運動で、なかんずくその指導者に権力ある地位に就かせることを目的としていた。ドイツ軍によるフランス占領とともに、ドリオに大きな幸運の時がめぐってきた。彼は、国家社会主義者たちにみずからの売り込みをはかるとともに、ペタンとその政府を、あまりに無力であるとして攻撃した。ある義勇軍の部隊とともに、彼はロシアでの戦闘に参加し、鉄十字勲章を受章した。ドリオは、当時のパリ駐在ドイツ大使だったアーベッツの言をかりるなら、「人間的に堕落しており、二股膏薬だった」。彼は、国家社会主義やファシズムの運動の内部で、やすやすと出世をかさねるたぐいの山師であり、陰謀家の一人であって、ドリオ自身、体現してみせたように、その仮借ないラディカリズムをもってすれば、ボルシェヴィストたちのあいだでも成功をおさめていたことだろう。ディーター・ヴォルフは、こう語っている。「ジャック・ドリオは、いとわしくもあれば魅惑的でもある、そうした人格の持ち主であり、容赦のない権力的な資質をそなえていて、終生、過激な立場をとりつづけた。その個人的な勇敢さ、弁舌の才、社会的な感情移入能力を認めざるをえないのと同様に、その波瀾万丈の経歴のさなかに、多かれ少なかれ道を誤ることがあり、それが政治的冒険主義と、さらにはファナティズムと犯罪が境を接するグレイゾーンに陥る結果になったといっても、まずまちがいないだろう。」

一九四四年八月にドイツ軍が撤退したのちも、ドリオはおのが道を突き進んでいった。彼は、ヨーゼフ・ビュルケルという名のザールプファルツ大管区指導者に出会った。この男は、「民衆政治家」としてロートリンゲンでは鼻つまみ者で、その意味で彼に似ていなくもなかった。ワイン街道沿いのノイシュタットに、ドリオは自分のフランス人の信奉者たちを集合させていたが、そこで乱痴気騒ぎの酒宴がひらかれた。そのほかに、何をするというわけでもなかった。ドリオは、なるほど党の集会を開催して、フランスにおける非合法党組織の建設について語りはしたが、それは空疎な言辞にすぎなかった。ビュルケルは、すでに最後を予見しており、またそれを先取りした。つまり、彼は自殺したのである。そのあと、ドリオは、依然としてまだしも安全なバーデン州南部に移動した。彼は、マイナウ島に部下たちと一人の恋人と一緒に居をかまえた。家族と他の部下たちは、メンゲンに送り届けたが、そこではあるホテルが隠れ家を提供してくれる手筈になっていた。コンスタンツで彼は、『ル・プチ・パリジャン』と題する新聞を編集発行したが、わずかな信奉者たちをのぞけば、だれも読まなかった。ここを根拠地にして、彼は、そうこうするうちにジークマリンゲン城にたどりついていたヴィシー政府のなれのはてにむかって、陰謀をたくらむのだった。彼は、最後にようやくのことで権力を掌握しようとしていた。

ヒトラーがじきじきに、ジークマリンゲン城をペタンとラヴァルのための居所に定めてくれた。この城に住んでいたホーエンツォレルン＝ジークマリンゲン侯爵は、即座に保護検束に付された——十一月中旬には、また自由の身になったが——かくして、元帥は入居することができたのだった。一九四四年九月十七日から、城に三色旗がひるがえった。ペタンとラヴァルは、いわゆる休眠政府だった。彼らは、ひきつづき仕事をすることを拒んで、飲み食いと近隣への小旅行をして、無聊の日々を過ごした。その際、彼らは、ボイロン修道院とヴィルデンシュタイン城も訪れた。

活動的な政府委員たちは、最後には領邦国家の首都だったこともあるこの町の、ほかの広壮な建物に陣取っていた。そういうわけで、半年のあいだ、独立したフランス政府というお芝居が、ジークマリンゲンで演じられる仕儀となった。それは、国防相、内相、外相、国旗掲揚と降納をとりおこなうために行進する民兵部隊、最後に友好国、すなわちイタリア、日本、ドイツの代表者たちが顔をそろえる、まがりなりにもひとつの政府だった。たしかに、ドイツ大使もまた、ジークマリンゲンで信任状を捧呈したのである。他方、イタリア大使は、メスキルヒに大使館をかまえていて、政府所在地のジークマリンゲンの栄光を、ほんのわずかばかりメスキルヒにももたらしてくれた。

ジークマリンゲンでは、日刊紙『ラ・フランス』が刊行され、『イシ・ラ・フランス』という名前の放送局が、ラジオ番組を放送していた。フランスからの難民が、いよいよ数を増していたが、それは、「コラボラトゥール」と呼ばれる対独協力者たちで、当然のことながら、同胞たちの報復をおそれる理由があった。多くは車でやってきていて、したがってさほど貧しくはなかった。一月初頭には、約千六百人のフランス人がこの小さな町に住んでいて、それは、さながらひとつのフランスの地方都市に変貌していた。

そのあいだにも、ドリオの支持者たちがそう呼びならわしていた「偉大なるジャック」は、片時も動かずにはいなかった。彼にも、放送局の開局が認可された。『祖国放送』は、バート・メルゲントハイムから電波を流した。ドリオの願望は、終戦の二カ月前になって、ついに成就するようにみえた。彼が設立を宣言していた解放委員会に、あらゆる勢力を糾合する役目が与えられたのである。ド・ブリノンも賛同した。ちょうど一九四四年二月二十二日に、ジークマリンゲンで統一戦線が結成されることになった。『ル・プチ・パリジャン』紙は、この日、れいれいしくつぎのような見出しをかかげた、「フランスの革命的統一が実現」と。それは、ドリオにとって昔ながらの人民戦線の路線だった。

一九四五年二月二十二日は、メスキルヒが空爆された日だった。アメリカ軍の戦闘機が、さまざまな交通路を爆撃した。ドリオが乗る自動車は、メスキルヒを出たのち、メンゲンにいたる直前で、二機の低空飛行機に攻撃された。ドリオは即死し、彼の女性秘書と運転手は、重傷を負った。その死の日付とジークマリンゲンでの会合の日付が一致していることから、その死がこの日になったことは偶然ではないとする、そうした憶測も存在する。彼が自動車で移動することが、あるいは密告されていたのだろうか。大部分のフランス人民兵が展開していた、ジンゲンからウルムにいたる交通路にたいして、アメリカ空軍がこの日に攻撃をくわえたことは、ドリオとその民族統一戦線に打撃を与える、そうした意図も含まれていたのだろうか。なるほどそれは、考えられなくもない。それにたいして、攻撃の首謀者はベルリンにいたとする、そうした見解も存在するが、それはありそうもない話である。第三帝国の指導者ボールマンが、厄介者のドリオを片づけようとしたのだ、というのである。それにたいする反証は、アメリカ空軍機に完全に制空権を奪われていたなかにあって、ドイツ空軍機は存在していなかったという事実である。アメリカ空軍は、この日、ほとんど千回におよぶ出撃をくりかえした。それは、西南ドイツにおける全鉄道網を麻痺させた。

二月二十五日にメンゲンでおこなわれたドリオの葬儀は、独仏間のコラボラシオンを表明する最後の機会となった。ペタンとラヴァルを含めて、ジークマリンゲンのお偉方は、だれ一人欠けてはいなかった。弔辞が述べられ、『ラ・フランス』紙には、リュシェールの追悼の辞が掲載された。彼は、何といっても情報相の権限を有していたのである。三月二十五日になっても、ジークマリンゲンのいわゆる解放委員会の公示がおこなわれていた。それから、すべては瓦解した。フランス軍が接近していた。現金とガソリンをもっている名士たちは、南方のアルプスめざして逃走しはじめた。そうでない者たちは、フランス軍の手におちた。ジークマリンゲンではシニカルな観察者であり、このお芝居にみずからもかかわってたっぷりと楽しんだ、作家のルイ＝フェルディナン・セリーヌは、手遅れにならぬうちにデンマークにずらかっていた。

四月二十二日の午前十時ごろ、フランス軍の兵士の先陣がジークマリンゲン市内にはいったが、抵抗は何もなかった。その直前に降ろされていた三色旗は、ふたたび城に掲揚された。ジークマリンゲン政府の大多数の構成員は、後日、身柄を拘束されて、処刑された。ラヴァル、ド・ブリノン、ダルナン、リュシェールといった面々である。ペタンも死刑を宣告されたが、ド・ゴール将軍によって恩赦が与えられた。彼は、一九五一年に流刑の身のまま死んだ。

いまや来たれ、炎よ！
われらは渇望する、
その日をまのあたりにせんことを、
そして、試練が
両の膝をつらぬこうとも、
だれか聞き知るがよい、森の叫びを。

ここでヘルダーリーンが讃歌「イスター」の冒頭で語っている「試練」は、ジークマリンゲン近郊のヴィルデンシュタイン城にとどまっているフライブルク大学の名残の人々にも、いまや眼前に迫っていた。なるほど下のボイロン修道院のそばには、野戦病院が設営されて、毎日、新しい負傷者が運びこまれていたが、上の城のなかでは、あいもかわらずヘルダーリーンやカントや中世史などが講じられていた。マルティン・ハイデッガーは、そこでなおも無事だった。そして、六月二十四日、この奇妙な夏学期は、ひとつの祝祭とともに終りを告げた。村人たちも招かれていて、食べものや葡萄酒を持ち寄ってくれた。三日のちに、近くにあるザクセン＝マイニンゲンの公子の山林官ハウゼンの住居で、ハイデッガーは、いま一度、今後数年間で最後となる講演をおこなった。ピアノ・コンサートのあとで、彼は、「われらのもとで、すべては精神的なるものに集中する、われらは豊かになるためにこそ、貧しくなった」という、ヘルダーリーンの一文について語った。

そのあいだにも、フライブルクにはフランス軍が進駐していた。ハイデッガーはナチと見做されていて、社会的な制裁を覚悟しなければならなかった。とりあえず懸念されるのは、住居と蔵書だったが、しかし、より悪しき事態が迫ってもいた。不利な嫌疑をかけられたロマニストのフーゴー・フリードリヒは、すでに逮捕されてしまっていた。生涯に最初にして最後のことだが、この実存哲学者は、深淵のなかをのぞきこんだ。自分が零落しかねない、その深淵のなかを。それで彼は、かつてカトリックの少年であった自分にしめされたことのある、ひとすじの道を歩んでいった。すなわち、教会に助言と助力をもとめたのである。彼は、フライブルクの大司教で、メスキルヒ出身のコンラート・グレーバーのもとへでかけていった。大司教の妹のマリーアは、哲学者がはいってくるのを眼にしたときに、こういったと伝えられている、「なんとまあ、あのマルティンが、またうちにきんしゃったとは。十二年もこられんかったというのに」と。そして、彼は、こう答えたとのことである、「マリーア、私はいま、手ひどくその償いをしているよ。私はもうおしまいだ」と。

この逸話がどれほど愉快に響こうとも、ハイデッガーは、あくまで大真面目だった。彼は、一九四六年に精神の崩壊に苦しむことになった。それまで数年のあいだにおこったこと、彼があとになってもみずからほとんど語ることのできなかったようなことのすべてが、いまや遅ればせながら彼に取り憑いたのだった。精神科医ヴィクトル・フォン・ゲープザッテルによる治療が、彼の助けになった。彼は、自分でそう思ったように、「おしまい」にはまだなっていなかった。彼の世界的な規模での影響は、ようやくはじまったばかりだった。

大司教も、彼にたいして親身になってくれた。悔い改めた罪びとがわが家の敷居をまたぐのに、いささかの満足の思いがなくはなかっただろうが。マルティン・ハイデッガーは、一九五〇年まで授業をすることを禁止されただけだった。「私は、彼に真実を話しました。そして、彼は、それにたいして涙とともにこたえてくれました。私は、彼との関係を絶つことはしません。というのも、私は、彼に大きな精神的な変化がおこることをのぞんでいるからです」と、大司教は、ヴァチカンのライバー神父に宛てた状況報告のなかで書いている。それはまた確かに、自分自身の弁明をする意図もあってのことだったろう。というのも、一九三三年以後の彼の行動は、神父を味方につけるようなことばかりではなかったからである。ところでマルティン・ハイデッガーは、大司教をなお二、三度、訪れた。最後の訪問は、一九四八年二月十四日に大司教が、突然、逝去する、その三週間まえのことだった。

大学の同僚たちがフランス軍政以上に、マルティン・ハイデッガーを攻撃するいっぽうで、フランス人の崇拝者たちが、彼のもとを訪れるようになった。というのは、すでに三〇年代に、彼は、フランスでは知る人ぞ知る、尊敬される思想家だったからである。のちに映画監督になったアラン・レネは、一九四五年の秋に、彼のもとにやってきたし、フランス軍の文化担当官のフレデリク・ド・トワルニツキも、ハイデッガーとサルトルが出会うように、お膳立てをしたのだった。ジャン＝ポール・サルトルの著作『存在と無』は、ハイデッガーの『存在と時間』なしには考えられない。二人の出会いは実現しなかったが、またべつの、ハイデッガーにとってより未来をはらむ、そうした出会いが、かわりに生まれはした。すなわち、ジャン・ボーフレとの出会いである。

一九四四年六月六日、よりによって連合国軍がノルマンディーに上陸を開始した、その日に、ボーフレ自身が報告するところによれば、彼は、ハイデッガーをはじめて理解したという印象を得たのだった。その喜びは、連合国軍の上陸にまさるものだった。どうやら後者の喜びは、彼にとってさほど重要でもなかったのだろう。いずれにせよボーフレは、はや一九四五年の夏には、親しくしている将校を介して、ハイデッガーに熱烈な書簡を送った。ハイデッガーからは、彼にたいして自分のもとに招待する旨の返事が届いた。

一九四六年九月に、ボーフレは、フライブルクをはじめて訪れた。それにつづいて、訪問は幾度となくおこなわれた。リヨン大学の哲学教授であったジャン・ボーフレは、フランスにおけるハイデッガーの到来を告げる予言者になった。彼をとおして、ハイデッガーは、ルネ・シャールを知り、プロヴァンスの彼の家で、幾度かゼミナールを開講した。そして、名だたるフランスの教授連が、きわめてさまざまな仕方で、ハイデッガーに取り組むようになった。サルトルのあとは、モーリス・メルロ＝ポンティ、ポール・リクール、そして、エマニュエル・レヴィナスである。

その書簡『ヒューマニズムについて』、彼の哲学の立脚点を簡潔に要約した試論を、マルティン・ハイデッガーは、一九四六年の秋に、ジャン・ボーフレに宛てて送った。「現今の世界の窮境にあって必要なもの、それは、哲学というよりも、思惟の注意深さであり、文学というよりも、文字の保護なのです。」

22 ヒューマニズム

ジャン・ボーフレに宛てた長文の書簡のなかで、マルティン・ハイデッガーは、通常、「ヒューマニズム」の語によって理解されることどもを素描してみせる。彼は、そうすることによって、ナチ時代の蛮行にむけられたボーフレの問い、「どのようにして、ヒューマニズムの語に新たな意味を付与することができるでしょうか」という問いに、言及するのである。ハイデッガーの答えはこうである、「ヒューマニズムの語を、一般的に、人間がその人間性のために自由になる、そして、その裡に尊厳をみいだす、そのための努力の意に解するならば、そのときには、人間の「自由」と「自然」をどのように把握するかによって、ヒューマニズムもまた異なってきます」と。

しかし、彼にいわせれば、ヒューマニズムは、ギリシアの歴史に遡行することによって根拠づけられてきた。しかも、それよりのちの時代に引証することによって、である。たとえば、すでにローマ帝国においてしかりであって、ローマ人たちは彼らのいうウィルトゥース、徳を、ギリシアのパイデイア、教養によっておぎなっていた。またたとえば、「いわゆるルネッサンス」において、——高名なフランス人がいうように——古代の「再生」においても、同様である。最後に、ヴィンケルマン、ゲーテ、シラーによる一八世紀ドイツ人文主義にも妥当する。ヘルダーリーンはそれに属してはいない、「というのも、彼は、人間の命運をより原初的に思惟している」からである――ハイデッガーがみずからそうしているように、と、ここでひとは物知り顔で付言するだろう。キリスト教もヒューマニズムである、とハイデッガーはいう、それが人間の生を魂の救済に、ひとりひとりの人間の永遠の救済(サルス・アエテルナ)にむけてととのえるかぎりにおいて。[52]

こうしたすべてのヒューマニズムは、したがって、自然、歴史、世界の一定の仕方での把握によって、「すなわち、総じて存在者によって」、根拠づけられている。それらは、かくしてその根拠をひとつの形而上学(哲学的根拠づけ)に有しているか、あるいは、そうした形而上学の根拠をみずから形づくってしまっていた。しかしながら、あらゆる形而上学はただ存在者にのみかかずらっていて、存在とは関わりをもたない、とハイデッガーは考える。「形而上学は、なるほど存在者をその存在の裡に表象し、そのようにして、存在者の存在を思惟します。しかし、それは、存在そのものを思惟しているのではありません。そもそも双方の差異を思惟していないのです。……形而上学は、存在の真理それ自体を問うことをしません。したがって、それは、どのような仕方で人間の本質が存在の真理に属しているのか、と問うことは、けっしてないのです。」しかし、人間の本質がヒューマニズムの基盤でなければならないし、それは、存在の真理から経験されなければならない。しかし、ハイデッガーにいわせれば、その道は、形而上学には閉ざされている。「この問いを、形而上学はこれまで立ててこなかったというだけではありません。この問いは、形而上学が形而上学であるかぎりにおいて、そもそも到達しがたいのです。」

それゆえにハイデッガーは、あらゆる従前の形而上学を、形而上学一般を、斥ける。彼がおしすすめるのは、まったく異なったものと、彼はみずから見做している。「いかなる形而上学も……その本質からして、おのれをくりひろげるべく、これまでこころみられてきた努力においてすら、けっしてその命運を、いまだ取り＝戻すことはできないでいるのです。「取り＝戻す」とは、すなわち、存在の充溢した意味において現成しているところのものに、思惟しつつ、達し、それを取り集めることを意味します。」この「本質的に故郷を喪失している」人間は、おのれみずからにたちかえるために、まず「存在の真理」にいたる道をみいださなければならない。それは、どのように生起するのだろうか。

存在は存在者ではない。存在者は、存在から流れ出たところのものにすぎない。しかし、すべての存在者の根柢であるところの存在とは、そもそも何であろうか。「しかし、人間がなおひとたび、存在の近みにいたる方途をみいだすべきであるとするならば、人間は先んじて、名前なきものの裡に存在することを学ばなければなりません。人間は、公共による誘惑と、そしてまた私的なるものの無力とを、おなじような仕方で認識しなければならないのです。」約言すれば、人間は、これまでおのれを規定してきたすべてのものを、断念して――公共的な事柄も、私的な事柄も――そして、おのれがこれまで知っていたすべてのことどもを、哲学の歴史をも含めて、忘れ去らなければならない。すべてを手放すこと、すべてを置き去りにすること、それは、ハイデッガーがここで述べているような、そうした新しい姿勢ではない。それは、すでに神秘思想由来の周知の姿勢であり、存在ではなく、神を経験しようとのぞむ神秘家であれば、みずから引き受けなければならぬところのものである。彼は、万物から自由でなければならないし、光明が彼を満たすことが可能になるように、一個の器さながら、おのれを虚しくしなければならない。ハイデッガーの概念装置を、キリスト教神秘思想の伝統的な諸概念におきかえてみれば、その類似性はただちに明らかになるだろう。

存在を名ざすことのハイデッガーの困難は、神秘家が神的光明に達したのちに、さてこそそれを言葉に回収することの困難に、比較することができる。彼は、ハイデッガーのようにトートロジーや逆説や隠喩にたよって切り抜けるのである。「しかし、存在とは——存在とは何でありましょうか。それは、それそのものです。これを経験し、これを語ること、それは、きたるべき思惟を学ぶことです。「存在」——それは、神ではなく、世界の根柢でもありません。それが岩であれ、獣であれ、芸術作品であれ、機械であれ、それが天使であれ、あるいは神であれ、そうしたありとあらゆる存在者よりも、存在は、その本質からしてより広いのです。存在は、もっとも近きものです。しかし、この近さは、人間にはもっとも遠いままにとどまっています。」神は存在ではない、神は存在物である。存在は、あらゆる他の存在物と同様に、それがもたらすところの神よりも、はるかに高位にある。この存在は、中世の神秘家マイスター・エックハルトがいうように、被造物の彼岸にあるばかりか、至高の被造物であるとはいえ、やはり被造物の一部であるところの神の、その彼岸に存する、かの「神性」に比することができよう。「神性」が根源であり、根柢なのである。

この存在に、思惟しつつ達することが肝要である。「思惟は、存在の家を建てるのです。存在の目地[53]がたくみにも、人間の本質を存在の真理のなかに棲まうことへと定める、そうした存在の家を、です。この棲まうことが、世界内存在の本質なのです。」マルティン・ハイデッガーにあっては、こういってもよかろうが、隠喩が隠喩にとってかわるのである。その形象を、彼は言葉の力にたいして大きな信頼をよせつつ、形づくっていく。というのは、もし存在がそもそもみずからを開示するとすれば、言葉の裡を措いて、いったいどこでそれが可能であろうか。それが言葉なきままにとどまり、それを経験する者を無言たらしめるとすれば、それは、事実上、哲学の終焉であり、ハイデッガーのいう意味での思惟の終焉でもあるだろう。それについて、語りようもないのだから。それについて、講義ノートも、講演原稿も、論文も、書くことはできないだろう。

実際に、ハイデッガーの後期の論考は、存在の思惟そのものではなく、こうした思惟へのいざないであり、この思惟に立ちはだかる因襲的な制約の破壊である。それは、障害の除去であり、本質的なるものへの誘いにほかならない。ことほどさように、言葉を自在にあやつるハイデッガーにして、畢竟、語ることは困難をきわめるのだった。それを如実にしめしているのは、彼の隠喩表現における苦心や、造語、あるいは新しい語義の使用にとどまらず、詩人たちのテクストの解釈もまた、そうであった。とりわけヘルダーリーンの、あるいはまたリルケやトラークルの、作品において、余人には説明のしようもないであろうことを、彼なら説明することができるのである。「思惟は、言葉を単純な語りへと取り集めるのです。雲が空の雲であるように、言葉は存在の言葉なのです。思惟は、その語りによって、めだたぬ溝を言葉のなかに刻みつけます。それらの溝は、農夫がゆるやかな足どりで田畑の畝と畝とのあいだに引いていく、そうした溝よりもさらにめだたぬものなのです。」そのような言葉で、ジャン・ボーフレに宛てた手紙は結ばれている。

しかし、このことは、一九四六年のヒューマニズムにとって、何を意味するのだろうか。問題は具体的である。瓦礫は路上にころがっているが、内的な破壊はそれほどあからさまにはなっておらず、大量虐殺の真の規模がようやく知られつつある、そのような時である。存在がわれわれ個人に、個人のひとりひとりに、開示されるまで、われわれは待たなければならないのだろうか。われわれは、それほど長いあいだ、名前なきものの裡に滞留しなければならないのだろうか。他方で、名前なき悲惨について、やはり語らないというのだろうか。そして、一九三三年から一九四五年までのあいだにおこった出来事は、多くの人々を無言たらしめなかったというのだろうか。しかし、それは、ハイデッガーがここで語っている無言ではない。

ハイデッガーは、また別の次元で、ヒューマニズムへの導きとして、当面、いや当分、何の寄与もしないような、そうした哲学的基盤のうえで、動いているばかりである。彼は、ハンナ・アーレントの言葉をかりるならば、「活動的な生」の問題を「瞑想の生」の問題へとかえているのであり、「善への愛」のかわりに「智慧への愛」に沈潜しているのである。彼は、その手紙のなかで、立論をみずからが得手とする次元へと移すことによって、思想家としての自己の立場をつらぬこうとする。具体的に行為する人間としての、いまひとつ別の次元を、彼は、ここではいつもながら回避している。マルティン・ハイデッガーは、なるほど自己の立場をつらぬきはしたが、この野蛮によって傷つけられた世界のなかで、われわれはどのようにおのれをつらぬけばいいのか。何をなすべきだというのか。ここで、今日ただいま。

ヒューマニズムは、たとえ哲学と宗教にその出自をもつとはいえ、それ自体は哲学というよりも、むしろひとつの姿勢である。というのも、それは、つねにヒューマニティへの、人間性への、要請をもうちに含んでいるからである。それが解き明かそうとするのは、人間と世界の存在への問いばかりではない、正しい生への問い、すなわち、どのように人間は人間にたいして人間たりうるか、という問いでもある。ヒューマニティの語に含意された連帯もしくは同胞としての相互性は、その際、ほかでもない郷土喪失から、あらゆる人間に共通する脆弱さから、導きだされる。この点に関しては、ハンナ・アーレントの重要な著書『活動的な生』を一読するほうが、彼女の敬愛する師の著作を顧みるよりも、はるかに役にたつだろう。

彼女は、とある箇所で、人口に膾炙したテクスト、すなわち一九〇二年に発表されたフーゴー・フォン・ホーフマンスタールの手になるチャンドス卿の「手紙」から引いた、いくつかの文章をもちいて、「習慣の単純化してやまぬ眼差しからのがれていく」、そうした小さな物たちの「近代的な魅惑」について語っている。この手紙のなかで、チャンドス卿は、文学的ないし哲学的にとどまらず、あらゆる慣れ親しんだ言葉が疑わしいものとなり、結局は不可能になって、ついには「言葉が腐った茸のように口のなかで」崩れていくさまを、そして、彼がそもそももはや語ることができなくなる事態を、報告している。したがって彼は、「名前なきもの」の域に達して、いまやいうならば存在者のなかに存在を看取している恰好である。ふだんはけっして注意してみることのなかった物たち、たとえば如雨露、畑に置き去りにされた馬鍬、陽を浴びた犬――こうしたすべてが彼にとっては、「啓示の容れ物」となりえたのである。充溢した刹那のこの至福を、ハンナ・アーレントは、しかしながら――いつものことだが――神秘的な瞬間と名づけたりはしない。彼女は、それを「ル・プチ・ボヌール」、すなわち、「小さな幸福」、「フランス的な日常の、いかにも独特の魅惑的な優しさ」と呼ぶばかりである。四方の壁にかこまれ、ベッド、戸棚、椅子にはさまれて、幸福であること、「この狭い領域を支配する優しい入念さと用心深さは、その急速な工業化が慣れ親しんだ昨日の事物を破壊していく、そうした世界のただなかにあって、新たなものをつくりだす余地を確保するために、あたかも物たちの世界にかかわる最後の、純粋に人間的な喜びが、ここに逃げ場をみいだしたかのように思えるかもしれない」。

これはまた、ハイデッガーがトートナウベルクの彼の山荘のなかで享受している幸福を、そのままえがきだしたものではないだろうか。単純な生活、小さな物たちにかかわる喜びを。そこでこそ、彼は本質的なるものに近くあり、そこでこそ、哲学の高邁な時間が流れているのである。そこで、彼は存在を思惟しているのだろうか。彼が体験しているのは、むしろ「ル・プチ・ボヌール」ではないだろうか。ハンナ・アーレントは、この「小さな幸福」を私的な領域に存するものとする。それがフランスでそれほどまでに優勢であることは、フランス人の眼に、公共的なるものがほとんど完全に消え去ってしまっていることの証左である、という。

ハンナ・アーレントは、その『活動的な生』のなかで、ハイデッガーがかかわろうとしなかった、善と悪の現象についても取り組んでいる。彼の哲学は、「善悪の彼岸」で動いている。存在を思惟する者として、彼は、この道徳的な諸範疇を超越してしまっているし、また必然的にそうせざるをえなかった。それにもかかわらず、世界内に存在する者は、そうした現象に、ほとんど毎日のように直面している。ハンナ・アーレントは、こう書いている、「絶対的な意味における善の現象――秀逸にして卓越した存在にも、ただ有用なだけの存在にも、いずれにも合致しない何ものかとしての――を、ひとが西欧の歴史において知るにいたったのは、ようやくキリスト教の成立以降のことである」、と。「善きわざをなす」ことは、ようやくそれ以来、「人間の行為の本質的な可能性」のひとつとなった。この「善きわざをなす」ことは、ハイデッガーの著作には登場しないが、ヘルダーリーンの作品にはあらわれるひとつの形姿、すなわちイエス・キリストに、その起源をもっている。ハンナ・アーレントいわく、「イエスが言葉と行為において、それとわかるように教えた、その唯一の活動は、活動的な善である」。ハイデッガーがヒューマニズム書簡のなかで、キリスト教の目的と名ざしている永遠の救済は、なかんずくこの善によって、達成すべく努めるところのものである。かくしてハンナ・アーレントは、新約聖書のもっとも重要な福音のひとつを、わずか二語で要約してみせる、すなわち、活動的な善であり、それは、非キリスト教徒でも人間的として受け容れることのできるものである。

隠れてはたらくのを常とする、この活動的な善は、フライブルクでは、国家社会主義のもっとも苛酷な時代にあっても、幾人かのキリスト教徒、ならびに非キリスト教徒にあって、明らかになっていた。それは、わずかな人々ではあった。たとえばコミュニストのカローラ・キストナーがそうである。彼女は、のちにミュンスター広場で花売り女になって、シャウインスラント地区の森番小屋に、フライブルク大学の数学教授であるパウル・ザーロモンをかくまったのだったが、その助けがなければ、彼は死すべき定めをまぬがれることはできなかっただろう。あるいはまた、精神医学の教授のクルト・ベーリンガーも、彼が勤務するフライブルク大学病院で、脅かされた人々を庇護したのだった。

グレーバー大司教も、活動的になった。彼は、迫害されたユダヤ教徒およびユダヤ人のキリスト教徒を援助する仕事を、ゲルトルート・ルックナー博士に委任した。一九四〇年から、ルックナーは、彼女に可能なところではどこでも、助けの手をさしのべた。それも、ほんとうに少数の人たちでしかなかった。多くの人たちを、彼女は、ただ慰めることしかできなかった。しかし、幾人ものの人たちを、彼女は、隠れ家へ案内するか、あるいはスイスへ出国させることができた。彼女の活動を、ゲシュタポに隠しおおせるわけにはいかなかった。一九四三年三月に、彼女は逮捕され、九週間にわたって尋問を受けた。だれが彼女に委任したのか、だれが彼女に手助けをしたのか、だれが彼女にそれほどの資金を与えたのか、などと。彼女は、いつもこう答えるばかりだった、グレーバー大司教です、と。しかし、大司教となると、ゲシュタポは大目にみないわけにはいかなかった。決着をつけるのは、最終的な勝利の日まで先延ばしにされた。連中は、司教区の聖職者たちを対象にして、埋め合わせをしていたのである。すなわち、フライブルク司教区の四百八十三人の聖職者が国家社会主義と衝突し、彼らのうち百五十二人が自由刑を宣告され、二十五人が強制収容所に送られ、そのうち生きのびたのは十二人にすぎなかった。ゲルトルート・ルックナーもラーフェンスブリュック強制収容所に送られた。グレーバーは、私信や請願書を通じて彼女を解放させようとしたが、徒労におわった。彼女は生きのびて、のちに自分の調書を閲覧することができた。この調書によれば、ゲシュタポは、一九四二年八月十九日付の報告書のなかで、大司教に以下のような立派な証明書を交付してくれていた。

「かくして、これまでの調査により、疑問の余地なく明らかになった結果は、ドイツ・カトリック教会が、ドイツのユダヤ人政策をあからさまに拒否しつつ、ユダヤ人を組織的に支援し、彼らの逃亡を扶助し、彼らの生活を容易ならしめるばかりか、帝国領内における不法滞在を可能ならしめるために、およそ手段をえらばないという事実である。この任務を遂行すべく委託された者たちは、司教団のきわめて広範な支持をうけており、あろうことか、ドイツの民族同胞とドイツの子供たちがための、そうでなくとも割当の余裕なき食糧配給量を、ユダヤ人に内密に与えんがために、減少せしめるという事態にたちいたっているのである。」

23 民衆銀行

メスキルヒ民衆銀行は、一九六四年に創立百年を祝ったが、それを契機に、ドイツ協同組合連合会、コンスタンツ商工会議所、シュトッカッハ郡長、メスキルヒ市長の序言を付した記念論集が刊行された。この論集そのものを編集したのは、フリッツ・ハイデッガーだった。それは、彼の生前に公にされた最大の業績である。

彼は、よりによってレーニンの引用文から説きおこしている。「ブルジョア社会を破壊するためには、その貨幣制度を蹂躙しなければならぬ。」それにくわえて、いくつかの引用文がつづいているが、そのひとつはベーコンの文章である。「富とは、厩肥のようなものだ。それは、撒いてこそ、役にたつ。」そして、さらに、貨幣と資本との重要な区別を明らかにしたリカルドが引かれる。「貨幣と資本のあいだには、著しい相違が存在する。しかし、貨幣は資本になりうる。すなわち、それは生産された生産手段なのである。」このことが、フリッツ・ハイデッガーにとっては重要であるらしい。というのは、彼はこう付言しているからである、「貨幣と資本は、相互に依存している。貨幣は資本になりうるし、資本からは貨幣が、まるで樽のなかの果膠[54]のように泡立ってくる」と。

これは、彼のいわんとするところにしたがえば、つぎのようなことになろうか、貨幣は、それが「泡立つ」ためには、まず資本として投下されなければならない、と。

同時に彼は、最近二世紀の間の国家による貨幣制度の蹂躙を見据えている。彼は、その例として、ヴァルター・オイケンからの引用をもちいて、つぎのように要約してみせる。「再三再四、国家は、貨幣の濫用によって、貨幣価値の変更によって、とほうもない破滅的な結果を招来してきた。それに比すれば、個人による貨幣や権力の濫用など、とるにたりないものである。通貨制度の全歴史は、権力の濫用にあふれている。」

こうした言辞でもって、彼は、メスキルヒ民衆銀行のささやかな歴史を論ずる視点を提示したのだった。彼にとって出発点をなすのは、住民の困窮であり、他方で彼の目標は、信用の必要をも意味するこの困窮を、とりわけ信用を供与することによって緩和することである。困窮は、通常、メスキルヒその他の庶民の商行為ないし不作為の結果ではなくて、一般的な技術的、工業的な発展の、あるいは国家の経済的失政の、戦争の、あるいはまた誤った貨幣政策の、そのあらわれにほかならない。そのようにして、庶民は一貫して、自分たちが影響力を行使することができない、しばしば理解することすらできない、悪天候や凶作のようにただ甘受するしかない、そうした事態の受難者なのである。

フリッツ・ハイデッガーは、とりあえず貧困を、一九世紀初頭における、古い手工業職人組織からより新しい資本集中的工業化への移行として記述する。それは、彼いわく、中間層の解体に、そして、とほうもない規模の貧窮に、つながった。手工業者は職を失い、自立した身分を失った。

「それは、絶望的な闘いだった。」三百万人以上のドイツ人が、一九世紀の全期間を通じてアメリカへ移住した。「民衆自身が、とりわけ地方にあっては、近代技術と、このいわゆる悪魔の所産と、鋭く対立していた。」多くの人たちは、自分たちが全力をふりしぼって維持しようとのぞんでいた、ビーダーマイアーの静穏さにつつまれて生活していた。[55] それにたいして、わずかな人たちにあっては、ようやくこうした認識が次第に芽生えつつあった、「われわれは技術を肯定して、ゆっくりと機械の運転に慣れていかなければならないだろう。しかし、その際に、いったいだれがわれわれを助けてくれるというのか。どこから、われわれは、操業に必要な資金を手にいれればいいのか。だれがわれわれに、長期の貸付金を供与してくれるだろうか。かねてからあらゆる個人のイニシアティヴを、はやばやと芽のうちに摘みとっていた、そうした官憲国家から、有益なことは何も期待できなかった」。フリッツ・ハイデッガーは、そう書いている。

これについては、デーリッチュ市の裁判所判事のヘルマン・シュルツェ、それでシュルツェ＝デーリッチュと呼ばれていたのだが、彼の発想が役にたった。すなわち、天はみずから助くる者を助く、というわけである。シュルツェ＝デーリッチュは、協同組合制度の創設者になった。人々は団結し、組織をつくり、各人が少額の出資金を支払い、このようにして、たがいに助けあった。消費生活協同組合が、販売組合が、原料協同組合が、つぎつぎと誕生した。そして、一八五〇年には最初の「貸付協会」、すなわち、一種の信用組合が成立したが、これは、手工業者や農民に低利の貸付をおこなうというものだった。かくして、メスキルヒでも、一八六四年四月一日に「貸付協会」が設立されるにいたったが、これは、バーデン州での最古の信用組合だった。三十二人の市民が参集した。組合長になったのは、協会の発起人である主席市職員のフォン・シュテッサーであり、監査役会の委員の職に就いたのは、「獅子亭」のあるじのベック、「狗鷲亭」のあるじのローダー、建具師のグレーバーの三人だった。

さしあたって、「貸付協会」自体にも資本がなかった。しかし、農民や商工業者に有利な信用を供与するのに十分な資金を、次第に集めることができるようになった。こうして、フリッツ・ハイデッガーが書いているように、ひとは「おそろしい信用危機」から脱出したのである。「たとえば、貧しい靴屋は、おそれおののきつつ、しばしばおそらくは一割五分から二割の法外な利子で、高利貸から借金する必要はもはやなくなったことを悟ったのだった。いまやだれもが、手元不如意の場合に、自分の銀行で低利で三十マルク、五十マルク、百マルクと借りることができるようになった。ひとは、ただわかりやすい定款を頼りにすれば、それでよかったのである。」

「メスキルヒ貸付協会」は順調に発展したが、やがて一八七〇年代に分裂の危機に見舞われることになった。その原因は、古カトリック教徒とローマ・カトリック教徒との軋轢であった。後者は、「貸付協会」から袂を分かち、彼ら独自の「メスキルヒ信用金庫」を設立したが、その際に重要な役割をはたしたのは、アロイス・グレーバー、フリードリヒ・シュタードラー、そして、代理司祭のクンツだった。この信用金庫に、フリッツ・ハイデッガーは一九四二年まで働いたが、この年に、「信用金庫」と、すでに一九二〇年以来、「メスキルヒ民衆銀行」と名を変えていた「貸付協会」が再統合されたのだった――そういう次第で、それは統一された団体となった。出納係でありながら役員会の一員におさまったのが、フリッツ・ハイデッガーだった。

しかし、さしあたって貸付協会と信用金庫は、ドイツにおける景気の変動を、身をもって体験することになった。それらの組織は、泡沫会社設立時代が終焉したあげくの恐慌を、よくのりきった。たとえこの恐慌は、マンハイム出身のある銀行家が提案したとおりの帰結にたちいたったにせよ。すなわち、彼はこう語ったのだった、「新年早々の会計報告を廃止する、遅くとも最初の四半期まで会計報告を延期する、こうすることによって、軽率な消費は減少する。あまりに多く貸方に記入するのは危険である。支払は、しばしばようやく二、三年のちにおこなわれる。刺激手段として、五パーセントの現金割引を導入する」と。フリッツ・ハイデッガーは、これをつぎのように要約している、「つまり現金をより多く、人情をよりすくなく、ということだ」と。

一八八〇年代の経済低落ののち、世紀末の十年間に、ようやく好景気が到来した。一九一四年まで、好況はひきつづきピークを維持した。「貨幣は、まるで英明で公正な君主のように反応した」と、フリッツ・ハイデッガーは書いている。「節約し、計算し、小銭をおろそかにしなかった者は、かの君主の寵を得た。金銭を使い果たし、身分不相応に暮らし、おのれの力を過分に恃んだ者は、あえなく没落した。」それにつづいたのは、国際的な往来の自由だった。ビザとパスポートなしでの旅行が、いたるところで可能になり、貨幣は、どの国でも難なく両替できるようになった。この「古きよき時代」は、戦争の開始とともに終りを告げた。

第一次世界大戦の勃発は、貨幣の金準備が逼迫するという事態を招いた。帝国銀行の金保有高は、緒戦に電撃作戦を敢行するには足りただろうが、それ以上となると、所詮、無理だった。その結果は明らかである。かくして、鷹揚に散財しているメスキルヒ市民も、ドイツ帝国の軽率な破滅の対価を支払わなければならなくなったが、それは「貸付協会」と「信用金庫」も同様だった。インフレーションになり、貨幣価値の下落が、はじめは忍び足でやってきて、それから公然と姿をあらわすや、あげくのはてにとてつもない規模にひろがっていった。マルクの価値は、ドルと比較してみないことには、もはや判断のしようもなかった。それは、一九二二年以降、恒常的に下落しつづけて、メスキルヒでは、商売人たちがしばしば店を閉めては、新しいレートを知ってのち、ようやくまた店を開けるという始末だった。それから、彼らは、それに応じてより高い売値をつけた。一ドルにたいして、まもなく百万マルクを、さらにはそれ以上を、払わなければならなかった。それは、銀行にとっては、つぎのことを意味した、すなわち、与える者は失い、受け取る者は得る、と。そして、百万を尊ばぬ者は、十億に値しない、ともいわれた。一九二三年には、ドイツでは三百の製紙工場が、連日、新たに印刷される紙幣のための原材料を提供しつづけていた。

それは、とほうもない価値の下落だった。もっとも、下落したのは、貨幣の価値ばかりではなかった。すべての価値が、物質的なものにとどまらず、理念的なものの価値までもが下落したように思われた。ひとがたよりにできるものは、何もなかった。無数の人々が破滅へと追いやられた。帝国の安定した状況下で成長したブルジョアジー、小市民層を、深甚な危機に陥れたのは、ただ経済にとどまらぬ、ひとつのニヒリズムだった。深淵が口をひらいて、それがさらに脅威を増すようにも思われていたときに、一九二三年十一月、ひとつの転機が訪れた。レンテンマルクが導入されて、一兆マルク紙幣が一レンテンマルクになり、一ドルが四・二〇レンテンマルクになった。新たに設立されたレンテン銀行には、二十四億レンテンマルクに相当する信用を供与することを許されたが、それ以上は認められなかった。次第に人々は、自分の足下に確かな地盤をもっていると思えるようになった。人々は勇気をとりもどした。フリッツ・ハイデッガーは、こう書いている。「あるとるにたりない出来事に、この気分の変化が読みとれる。苛酷なマルク紙幣の悲惨から抜けだすやいなや、メスキルヒ市民はふたたび茶目気でいっぱいになった。彼らは、一九二四年の二月に、盛大な行列を組み、歓呼の声をあげて練り歩く、一般公開の謝肉祭を催した。そのモットーはこうである、レンテンマルクとドル王女のご成婚、と。マルクト小橋とハウプト通りには、百万マルク紙幣が雨あられと降りそそいだ。」

喜びは長くはつづかなかった。というのは、一九二〇年代の終りに、次なる危機が到来したからである。フリッツ・ハイデッガーは、最後には人々が国家社会主義者たちになびいていくことになる、三〇年代初頭のドイツの絶望的な状況の、その経済財政的ないくつかの理由をえがきだしている。すでに不安動揺を経験していた国民は、新たな経済危機によって、ふたたびひどい苦境に追いやられることになった。困窮が広範囲にひろがるなかでも、まずまずの補助すらあてにすることのできない、六百万におよぶ失業者の窮状は、いうまでもなかった。人々の不安は増大したが、それは、西欧の没落もありうるものと見做し、指導者、救世主による救いを待望する、そのように広範に拡散していく不安にほかならなかった。

「一九三一年の世界恐慌は、われわれの好景気が砂上の楼閣にすぎぬことを暴露した。一九二四年以降、ドイツは、外国からの（主としてアメリカからの）借款を、頭上からたっぷり振り撒かれていたのである（総計で、おおよそ二百二十億マルクに達する）。」このうち、百二十億マルクは短期借款だったが、大銀行の手によって、長期貸付金として企業にまわされていた。アメリカの株式取引所で相場が大暴落したのち、アメリカは短期借款の解約を通告した結果、ドイツの大銀行は、その自己資本をほとんどすべて失うことになった。ドイツの銀行の破綻を回避するために、帝国政府は、銀行に補助金を注入した。それ以上、貨幣が外国に流出しないように、外国為替統制経済が導入された。「意図せざる結果とはいえ、それによって、以後の年月の独裁的、専制的な貨幣経済への道が切りひらかれることになった。」

一九三三年以降、国家社会主義者がもたらした繁栄は、いわば徒花だった。「一九三六年に、隠された、堰きとめられたインフレーションがはじまった。」そして、物価、日給、俸給が固定された。貨幣は、「国防軍の第四の構成要素」となった。この「悲喜劇的な通貨政策」の結果が、一九四八年の通貨改革だった。この第二の通貨改革とともに、「メスキルヒ民衆銀行」の新たな興隆がはじまった。戦後に再建された社屋は、まもなく拡張しなければならなくなって、大きな出納用のホールが建て増しされた。あらゆる混乱をのりこえて、しかし、やはりひとつの継続性が存在していた。それは、民衆銀行を主宰する人たちの心中に引き継がれていた。フリッツ・ハイデッガー自身、それを体現していたし、記念論集のなかに写真いりで顕彰されているカール・オルトもそうだった。一九三〇年から一九六三年まで、彼は、短い中断をはさんで、首席監査役を務めていた。一九六三年、しかるべく定年をむかえたとき、彼は、当然のように名誉監査役に任ぜられた。

直近の十五年間を「偏見なき眼でかえりみるならば」、とフリッツ・ハイデッガーは書いている、社会的市場経済が「経済的再生に」いたる、唯一、可能な道であったことは、明らかである、と。

連邦共和国の全市民の勤勉、精力、知性が、経済的奇跡をなしとげた、しかしながら、アメリカ人のマーシャル・プランも、そして、東西のライバル関係もまた、それを促進した。

最後に、フリッツ・ハイデッガーは、「この冗長な報告をここまで読みとおした」読者に向きなおって、つぎのような警告をこめて語っている。貨幣と資本、生産、給与と価格の構成との相互間の法則性に留意せよ、さもなければ、社会的市場経済といえども、新たな金銭のカオスの発生を防ぐことはできないだろう、と。彼は、書きはじめたときとおなじように、筆を擱こうとする――引用文とともに。今度は、シェイクスピアの『ジュリアス・シーザー』の一節である。

人の労働《たつき》の流れは変わるものぞ。
上げ潮をみてとらば、そを幸へとみちびけよかし。
そをおこたらば、生きとし生ける者の旅は
なべて、苦難と暗礁に曲がりくねるべし。

そして、投資の何たるかを依然として理解していない者のために、彼は、ひとつの教訓になるたとえ話をしてみせる。「それはこういうことだ。一羽の雄鶏と雌鶏を買って、養鶏をはじめるとする。いよいよ多くの鶏を手中にすることになって、最後には、そっくりひとつの養鶏場をもつにいたる。それから、大洪水がやってきて、鶏はすべて溺れ死んでしまう。いいかね、家鴨を買っていれば、こういうことにならなかった。これが投資だ。」

メスキルヒ民衆銀行に関するこの一文に表現されているオプティミズムは——畢竟、それは記念論集の論文である——たとえフリッツ・ハイデッガーが、この論文そのもののなかでは、ただ暗示するにとどめているにせよ、どこまでも懐疑とまじりあっていた。彼の遺稿のなかに、「考えのままに」と題した一枚の手記が含まれているが、そこで彼は、一九六六年五月二十一日におこなわれた民衆銀行の総会のあいだに、みずからの考えるところを書きとめていた。「上昇発展はかわることなく継続された」とする頭取のオプティミズムにたいして、彼は、その手記のなかで二点において反応していた。

「一、それに合致するとすれば、それは、物価・賃金の螺旋運動が、損失をこうむることなく強力に（国防軍総司令部の戦況報告では、そう書かれるのがつねのことだったが）上昇していくという事実である。そもそもどこまで高く上昇しようというのだろうか。復興は、とうに申し分なく達成されているではないか。それならどうして、毎年、より多くの売上高を、より多くの純益を、より高い収支合計額を、追求しなければならないのか。銀行の社屋は、何階なければならないというのか。

二、酷暑の夏には、喉の渇きをおぼえる。景気も過熱している。したがって、渇きも増すというものだ。どこに処方箋があるのか。オーバーヒートした好況がつづくかぎりは、ひたすら長い道のりの乾燥地帯を走り通すしかない。しかし、いったいどのようにしてか。すでにインフレだというのか、それとも、われわれはデフレへの道をたどりつつあるというのか。いつも耳にするのは、こうした言い草だ、人々は、十分、金をもっている、と。しかし、すぐさまこう補足しなければならないところだろう、彼らはなるほど金をもっているが、資本を保有してはいない、と。信用の必要、それにくわえて、すくなからぬ私企業が、そして、とりわけ自治体が、かかえている多額の負債は、それを物語るこのうえなき証拠である。」

ここで彼は、好景気の根源を暴露していた。好況が依拠しているところの、終焉させるわけにはいかない経済成長は、しかしながら、無限に継続することはできない。そして、私的ないし公的な財政において増大していく負債は、この好況を破滅に陥れかねないのである。

24 家郷

一九六一年七月に、メスキルヒ市は、一週間をかけて七百年祭を祝った。市公会堂の周辺では、「農業畜産の日」にオープンした、農業機械の展示がおこなわれたが、それは、メスキルヒがかつてはバーデン州南部の家畜売買の中心であったこと、メスキルヒで肥育された牛が広く定評を得ていたことを、あらためて思いおこさせた。また「南バーデン職人名匠の日」やメスキルヒの学校間の連邦青少年団競技会が開催される「青少年とスポーツの日」も設けられていた。そして、メスキルヒ出身の名匠たちには、それぞれふさわしい敬意がはらわれた。作曲家コンラディーン・クロイツァーを記念して、彼の手になる歌劇『グラナダの夜営』が市公会堂で上演された。そして、知られざる「メスキルヒの巨匠」、マルティン教会の『東方の三博士像』の作者のために、プロギムナジウム[56]で展覧会がひらかれた。マルティン教会の、ちょうど寺男の住居にむかいあっている側の外壁には、その叙品五十年を祝ってわずか一年のちの一九四八年に帰天していた、大司教コンラート・グレーバーの横顔をえがいたブロンズのレリーフが取り付けられた。十四年間、大司教の秘書を務めた、メスキルヒ出身の神学者ベルンハルト・ヴェルテが、それにあわせて講演をおこなった。

七月二十二日には市公会堂で、午前中の「地場産業物産展示会」と夕刻の「メスキルヒ市地元団体交歓会」の開会とともに、祝祭週間がはじまっていた。それに際して、「大学教授マルティン・ハイデッガー博士」が祝辞を述べた。マルティン・ハイデッガーがこの夕べに故郷の町でおこなったスピーチは、いとも単純で美しいものだったが、それは、平々凡々たる日常の裡にある「ひと」を、もはや拒絶することもなく、この小都市のおちついた日常がいまや消滅しつつあるからこそ、親しみ深い憂愁の思いをこめて眺めやっている、そうした七十二歳の老人の帰郷を証してもいた。そして、ほかならぬそのことが、はたして彼の講演の主題なのである。

思慮は、夕べに、一日の終りの夕べに、生の終りの夕べに、まつわる事柄なのです、と彼は語りはじめる。しかし、自分は来し方をふりかえろうとは思わない、それは、別の場所での催しでならありうることだが。そして、今日についても語りたくはない、自分が語りたいのは未来についてである、と。未来は、しかしながら、由来とかかわっている。「今日は、その由来をかつてありしもののなかに有しており、同時にまた、それにむかって到来するものにさらされてもいるのです。」そこで彼は、われわれにむかって到来するものの傾向をえがきだしてみせる。ハイデッガーがそれと認識していたように、その始まりは、その当時からすればおのずとあらわれるものだが、今日では、われわれはそれに圧倒されてしまっている。まもなくどの家庭の住居にも設置されるであろうテレビやラジオは、人たちが「居住している」その場に、実はもはや「棲まって」いないという事態を招来するだろう、と。それは、ひとが今日いうように、メディアの時代の先駆けなのだが、この時代たるや、ただ私的な生活のなかに侵入するにとどまらず、それを排除しかねないのである。

ハイデッガーはこう語っている、「人々は、むしろ日々、時々刻々、なじみのない、魅惑的な、刺激的な、ときとしておもしろおかしく、ためになりもする諸領域へと、引きさらわれていくのです。こうした諸領域は、もちろんのこと、永続する確実な滞留を与えてはくれません。それらは、新しいものから新しいものへと、たえまなくいれかわっていきます。こうしたすべてに呪縛され、拉致されて、人間は、いわばその場を引き払っていくのです」。

新しいものから新しいものへのこのたえざる交替に、ハイデッガーは、いにしえより伝えられしものを対置する。四囲の自然の力、歴史的な伝承の余韻、それから人間の現存在を定める「古くからはぐくまれた風習」を。ここで彼がかなでるのは、大都市や工業地帯ではとうに失われてしまっているものが、そこではなおも保たれており、また保たれうる、そうした地方の賛歌である。もとよりいにしえより伝えられしものといえども、たえず新たに思念されなければならない。そうしてのみ、家郷のことどもも保持されることができる、という。

したがって彼は、ここでは保持することの必然性を、後ろ向きの保持としてではなく、そうでなくとも不可能になっている古きよき時代への回帰としてではなく、見据えているのである。保持するとは、言葉どおりにとれば、仕舞っておくこと、保存することであり、いたるところで工業化によって進行しているように、伝えられしものを投げ売りしたり、破壊したりせぬことである。それは、言葉の本来的な意味で保守的な姿勢である。われわれにゆだねられたものを、それが自然の造作であれ、歴史の所産であれ、われわれは、短期間の利得のために犠牲にしてはならぬ、そうではなくて、それは、子々孫々に手渡していくべきものである。さもなければ、われわれは家郷的なるものを失うばかりか、彼がいうところにしたがえば、家郷的ならざるものをも失うことになる。なぜなら、われわれがもはや家郷を、すなわち、われわれが住まっている、あるいは住まっていると安んじる、そうした場所をもはや知らないならば、他の場所もまた、ふたたび家郷へとたちかえるためにこそ、そこへといたるべく努める、われわれの好奇心をかきたてるところの、異郷としての価値を有しないことになるからである。家郷を失うならば、われわれは遠方をも失うだろう。そうしたとすれば、そこに何が残るのか。「そのときあとに残るものといえば、ただ新奇なものからもっとも新奇なものへのめくるめく交替ばかりでありましょう……。」[57]それは、もはや間断するいとまもない恒常的な交替であり、ひとを満足させることもなく、つねに変化をもとめるのである。そこに生ずるのは、繁忙によっても満たされることのない、ひとつの空虚である。

ハイデッガーが論争をしかけるでもなく、しかし、ある種の憂愁をこめて語る、この短いなりに鋭い素描を、一貫して社会学的と呼ぶこともできるだろう。というのは、彼は、社会的発展、進歩に言及しながら、それを当時のだれよりも明確に認識しているからである。退屈についての彼の省察も同様である。彼は、二様の退屈を区別してみせる。ひとつは、われわれが本を読んだり、映画をみたりするときに、ときとして襲われる退屈である。本や映画がわれわれを退屈させる、すなわち、それは、われわれに何も与えてくれない。そして、いまひとつは、「私は退屈だ」というときの定かならぬ退屈である。それは、そこでわれわれの現存在の空虚が露呈される、ある味気なさを意味する。今日の人間は、もはやいかなる物事をなすにも、そのための時間をもたないが、しかし、それでいて時間をもっている、すなわち、空いた時間、自由時間を。それから、この時間が冗長になってくる。それで、ひとは時間をつぶす——時間つぶしによって。ひとは、この退屈を、何かほかのことを提供してくれる気散じによって排除するのである。[58]「推測するに、この深い退屈——時間つぶしへの嗜癖という形をとる——は、隠された、みずからそれと認められることのない、排除された、それでいて避けることのできない、そうした家郷への傾斜、郷愁なのです。」家郷は、ただわれわれが住んでいる地理的な場所というにとどまらない。それはまた、われわれが依拠する人間的な支えであり、われわれに方向をさししめしてくれる思惟の道しるべでもある。

もちろん彼は、発展、進歩がほとんどおしとどめようもないだろうということを認めている。「おそらく人間は、故郷喪失のなかに入植するでしょう。おそらく家郷との関係、家郷への傾斜は、近代人の現存在から消滅するでしょう。しかしながら、おそらく家郷ならざるものへの衝迫のただなかにも、家郷的なるものへの新たな関係が準備されているのです。」この希望は、これまで満たされることはなかった。家郷への憧憬は、変化への、とりわけメディアが、まずテレビが、提供するその手の変化への、あてどない追求と化してしまっている。

住居は、もはやひとがたちかえる住処ではなくて、掛け金をはずして屋内へはいるべくスイッチを切り替える、そうした場所にほかならない。それは、電話、インターネット、テレビ、ラジオのための接続地点である。直接の人間関係は変化する。かつては友人や隣人と会話をかわし、酒場やクラブに足をむけることによって、空いた時間を満たしていたのに比して、今日では、ひとは私的な領域へと撤収していて、その内実をなしているのは、なかんずく何百万人もの人々が同時に視聴している、テレビ放送の受容である。それにもかかわらず、電話やメールは、同時に頻繁なコンタクトの可能性を提供してもいる。コミュニケイションが、また新たな形態をとっているのである。かつて子供たちは、中庭や路上で何時間も遊んでいたが、今日では何時間もテレビの画面の前にすわっていて、運動不足になっている。子供たちは、画面のなかにみるものを、そのまま世界であると思いこむこともまれではない。映画やディスコや体験旅行や遊園地が、子供たちに何を与えようとも、それは、充足へのけっして満たされぬ憧れのなかで、子供たちを駆りたててやまない。

ハンナ・アーレントは、その論考『活動的な生』のなかで、西欧社会における私的な空間と公的な空間との相互依存と、その衰微のさまをえがきだしていた。「私的なものと公的なものとのはざまに存在している諸関係の、その本質のうちには、つぎのような事情が隠れているように思われる。すなわち、そこでは、公的なものの壊死の最終の諸段階において、私的なものにまでおよぶラディカルな脅威が随伴しているのである。」その根拠を、彼女は、以下の点に看取している。大衆社会が公的な空間のみならず、私的な空間までも解体して、「その結果、人間から世界内のその居場所をを奪うにとどまらず、かつては人間が世界から守られていると感じていた、そして、公共性を排除していた人たちですら、家族の閾の内部にかくまわれた、かまどの温かさのうちに、現実の代償をみいだすことができた、そうした私的な住まいのなかでの安全、安心さえも烏有に帰せしめる」、そうした事態に。ハンナ・アーレントは、ハイデッガーがすでにその到来を予見していた、メディアのバーチャルな世界をまだ知らなかったが、しかし、彼女は、このメディアに条件づけられているのみならず、そもそもこのメディアの世界をはじめて招来した、当の近代の現実喪失の様相を分析していたのである。

世界疎外は、彼女にとって、まさに近代の標徴である。世界疎外であって、カール・マルクスが語ったような人間疎外ではなく。われわれが地球を支配すればするほどに、世界は、いよいよわれわれから疎遠なものとなり、われわれから失われていく。彼女が最後にあげる例は、ほかでもない、フリッツ・ハイデッガーがメスキルヒ民衆銀行の総会についての随想のなかで、懐疑をこめて考察していた、あのドイツ経済の奇跡である。

ハンナ・アーレントは、こう書いている。「ドイツ経済の奇跡は、近代の諸条件のもとでは、私有財産の廃棄、具体的な世界の破壊、都市の解体などが、貧困ではなく、富を産み出すこと、すなわち、この廃棄のプロセスが、廃棄されたものの再建にではなく、むしろ比類なきまでにはるかに急速な、効果的な蓄積の過程へと、たちまち転化しうる、そのことの、ある意味で古典的な類例であるといっていいだろう。」

戦争は、ドイツにあっては、そうでなければ苦労して達成するほかはないような結果を、一挙にもたらすことになった。それは、生産を作動させておくためには、具体的な世界がたえず費消されなければならない、そうした「使用経済」である。この恒常的に進行する廃棄は、資本主義的生産様式にとって必然的である。反面、保守し、保存することは、それにとって有害である。物質的な財貨が生産される際に、生産が維持されるためには、古いものが新しいものに置換されざるをえないように、美術と文学、映画とテレビといった、観念的な財貨にあっても、それは同断である。新奇なものからもっとも新奇なものへ、それはおわることのないマラソンである。

財貨はうつろいやすい。それにたいして、人間は不死身であるようにみえる。永遠の若さを誇示するのは、宣伝のポスターのなかでポーズをとる、小麦色に日に焼けたシニアたちである。病気と死は免除され、身体障害者でさえも、ポスターのなかでは楽しげである。病者は病院におしやられて、死後は葬儀社によって処分されるばかりである。そのとき、彼らもまた使用経済の一部であったことが明らかになるが、生者たちには、そのことを知られてはならない。霊園のひとつの墓は、せいぜい十年しかもたない。遺族がさらに十年分の維持費を支払わない場合には、それは新しい墓にとってかわられる。

一九六八年三月二十六日付の『ジュートクリーア』紙への投書のなかで、フリッツ・ハイデッガーは、そうした処置に照準をあてている。彼の書くところにしたがえば、教会は、死んだ同胞たちのためにこう祈っている、「主よ、彼らに永遠の安らぎを与えたまえ」と。追悼の辞は、通常、つぎのような一文で結ばれる、死者がいやはての安らぎの場に葬られんことを、と。ところがメスキルヒ墓地管理事務所は、墓地の二区と五区を「明け渡さ」なければならない旨、公示を出した。「安息期限の終了により」と、遺族宛の通知状ははじまり、そしてこうおわるのである、「……将来の埋葬の余地を得んがためであります」と。

かつて物たちは長もちして、人間たちは死すべき定めにあった。家族の墓は、世代をこえていつまでも維持された。祖父が建てた家を、そののち孫が所有し、祖父が差配した店を、孫が継いだものだった。職人の手作りの道具は、すでに父親の役に立っていたし、戸棚はといえば、先祖のだれかが使ったものだった。物たちは、世代をこえて永続していたのである。物たちは、それ相応の品位をもち、それは、長く使われることによって増していった。そして、先祖の人たちは、そうした物たちのなかで敬われていたのである。

人間たちは死すべき定めにあったが、しかし、彼らに持続を賦与する不滅の霊魂を、すくなくとも子孫の記憶のなかに保っていた。ハンナ・アーレントにいわせれば、人間たちは、彼岸とともに此岸をも失った。いずれにせよ、「超越の喪失」は、人間を「より此岸的にも、より現世的にもしなかった」。信仰の喪失は、人間たちを此岸に、「世界の享受」に、導いたわけではなくて、自己自身へと反転させたのだった。孤独がしばしばその帰結であり、懐疑が、そして、まれならず絶望が、その結果である。

小さな町の見通しのきく社会、共同体の狭さと温かさ、クラブで親しくも口角泡を飛ばして語りあい、杯をかわすこと、──それを、フリッツ・ハイデッガーは、「満たされた生活」という、驚くような表題をもった、無署名の小論文のなかで描写している。この論文は、一九四九年に、メスキルヒ合唱協会が作曲家コンラディーン・クロイツァーの生誕百年記念に編集した冊子に発表された。フリッツ・ハイデッガーは、そのなかでメスキルヒ合唱協会の歴史を叙している。合唱協会の指導部の交替、メスキルヒ出身の作曲家クロイツァーの作品の初演といった、通常の報告をおえたあとで、彼は、さて結語にさしかかる。「実際、一八四七年のメスキルヒ歌唱団は成熟の域に達していた。それは、こういってよければ、満たされた生活となった。」彼がこう書くとき、それは、最初に断っていたように、「すべての急性の発作的脱力状態と慢性の発育不良をこえて、今日の高みに達した合唱団にたいして、あらゆるたぐいのお追従から離れて、ただ喜びと愛から」のことなのである。

合唱協会が満たされた生活であるとは、どういうことだろうか。それを想像してみることはできる。毎週木曜日に、団員たちが酒場の奥まった部屋に、あるいは学校の一室に、練習に集まってきて、一緒にセレナーデを歌う。歌は、胸に、心に、生気をよみがえらせる。それから、隣の酒場へ移動して、ワイングラスをかたむけ、にぎやかに語りあう。そのあと、団員たちは、ひと気のない路地を抜けて、軽やかな足どりで家路をたどる。数ヵ月間の練習を積んだのちに、学校の講堂で、たとえばクロイツァーの『夕べの合唱』と『狩人』の初演がおこなわれる。それが満たされた生活だろうか。過去のものとなったビーダーマイアーだろうか。変化のなかの持続だろうか。

「一八四七年八月三十日、クロイツァーの死後二年を経て、合唱協会が設立された。指導部を構成したのは、会長にコルプ校長、音楽監督にヴァルザー校長、会計担当および秘書にシュミット、助役にハウザーとフォン・ブレーデルといった面々であった。協会は四十七人の会員を数えて、協会の定款は二十六の条文からなりたっていた（「わが条文よ、お前なしには生きることあたわず」）。きたるべき危機を予見して、第二十六条はこう定めていた、活動的な団員が十二人以下となるときは、歌唱団は解散される、と。当時、すべては、プロイセンの軍事独裁の圧政のもとにあった。あらゆる独裁のよく知られた兆候、密告、ひそかな抵抗は、協会の生命をも台なしにしたのであった。」

いまなお保存されている勘定書には、こう書かれている、とフリッツ・ハイデッガーは主張している。「ランプの油を保存するための小箱を作成。木材と工賃に四十二クロイツァー、錠前と金具に三十六クロイツァー。メスキルヒ、一八四七年十一月十日。たしかに受領いたしました。L・アンゲブラント。」電気照明の開始まで、この小箱は使われていたということである。

25 無私

「家郷、大いなる幻想」、フリッツ・ハイデッガーは、彼の数多い『思惟の断章』のひとつを、そのように題している。

「野の道！　畦と石のひとつひとつ、路傍の小さな藪のひとつひとつ、左右にひろがる草地と田畑。木々、花々、木の実、野に立つ十字架、樫の木の下におかれたベンチ、樅の木。百回も通り過ぎたことであろう、こうしたすべてのものは、まったく疎遠である。おのれとどのような関係にあるのか、ひとは知る由もない。似たようなことは、他のすべてにもあてはまる。家、教会、古い塔、道と小橋、井戸と湧き水、小川と水溜り、すべて、すべてが疎遠だ、まったく疎遠なのだ。二重に疎遠なもの、それは雲であり、大空であり、星々だ。まったく疎遠なもの、それは太陽であり、月である。そして、その対極にあるまやかしの仮象につつまれて、もっとも疎遠なもの、それは人間どもにほかならない。」

ここにあらわれているのは、フリッツ・ハイデッガーと彼の慣れ親しんだ環境との齟齬である。つねにその裡に身をおいているはずの彼は、ここでは唐突にも、その環境によそよそしく対峙している。ただときおりフライブルクから戻ってくるばかりの兄のマルティンは、自分に親しいメスキルヒをまのあたりにして、わが家に帰ったように感じているというのに。彼は戻ってきた。彼は尊敬されている。彼は、メスキルヒをはるかに超越した者の一人として、認知されているのである。そして、彼はふたたび立ち去っていく。この家郷にとどまるフリッツは、いずれにせよその生の道程においては、メスキルヒを超えることはなかった。しかし、そのかわりに、思惟の道程にあっては事情を異にしていた。彼は、すべての物事について反省し、そうすることによって、メスキルヒでかかわっているすべての人たちから自己を差異化する、そうした思いわずらう穿鑿家なのである。彼は、メスキルヒを超えて思惟する。しかし、このことは、ただ自己にとってのみ、自己を相手にしてのみ、おこなわれるにすぎない。彼は変り者であり、一匹狼である。

もとよりだれもが一度は体験することができるような、そうした瞬間も存在する。ひとが毎日、眼にしながら、とくに注視することもない、そうしたものが突然、ふたたび眼にみえてくる。それがそのように自明であったからこそ、それまでひとは、それを看過してきた。いまやそれは、俄然、新しい。あたかもはじめて眼にするものであるかのように。それは、異様に思われる。日常的なものが、何か特別なものでもあるということが。

しかし、フリッツ・ハイデッガーは、むしろ悦ばしく体験される、こうした瞬間を物語っているのだろうか。彼は、それを倦怠として体験している。彼は、いやというほど野の道を歩いてきたので、もう飽き飽きしているのである。しかし、彼は、あまりにしばしば眼にしたものにたいする厭悪を語っているばかりではない。彼は、自分にとってどうでもよくなりつつある世界そのものにたいする、みずからの距離について、おのれが捨て去ろうとする、可視の世界にたいする距離について、語りもするのである——不可視のもののためにこそ。それを語っているのは、つぎにつづく彼の文章である。「そのようにみるならば、世界は、霧の彼方に消えてしまう。行伝第十七章二十八節が眼に浮かぶ。」

「行伝」とは、新約聖書の一部をなしている『(ルカによる)使徒行傳』の略である。その第十七章二十八節には、こう書かれている。「我らは神の中《うち》に生き、動きまた在《あ》るなり。」四節手前には、こうある。「世界とその中《なか》のあらゆる物とを造り給ひし神は、天地の主《しゅ》に在《ましま》せば、手にて造れる宮に住み給はず」(二十四節)。それでは、神はどこに住み給うのか。「これ人をして神を尋ねしめ、或は探りて見出す事あらしめん為なり。されど神は我等おのおのを離れ給ふこと遠からず」(二十七節)。そして、さきの一文がつづく。「我らは神の中《うち》に生き、動きまた在《あ》るなり」(二十八節)[59]。したがって、神は、どこかの家に住むこともなく、どこかの地方に住むこともない。神は、われわれの裡に住み、われわれは、神の裡に住むのである。

フリッツ・ハイデッガーは、さらにつづける。「土地と人々への偏執[60]を断固として無視し、息の根をとめること。この二つが、たださまざまに座礁する結果をたえず生みだしているのだ。家財をまとめて、はろばろとした海へ出よ。この変わらぬ勇気なくしては、事は何ともなりゆかぬ。これ以上、自己評価するなかれ、しかしまた、自己観察もすることなかれ。おのれを放棄せよ、公海に住みつくがいい……。」

したがって、ここでは世界にたいする拒否が、神への転回の前提になっているのだが、それは、祈りやミサを通じて普通におこなわれるものではなく、まったき献身、「おのれ」の「放棄」による転回なのである。ゆたかな思考をはぐくむ穿鑿家は、ただ社交によるおしゃべりに、「土地と人々への偏執」に、超然とするばかりではなく、反省にも、「自己評価」と「自己観察」にも、背をむけようとする。彼は、まったく神のもとにあらんがために、自己を放棄しようとする、何となれば、「我らは神の中《うち》に生き、動きまた在《あ》る」からである。神の裡にあってこそ、われわれは存在する。

フリッツ・ハイデッガーは、宗教的な思想家である。彼の一生を通じてつづけられた、聖書、神学的著作、カトリック教会の歴史と典礼との取り組みは、生前、最後の二十年のあいだにその思惟を書きとめた、多くの断章のなかに、もちろん認めることはできる。しかし、彼は、聖書に注釈をほどこすでもなく、教会にたいする批判を展開するでもなく、神学者たちと論争をするでもない。それは、ときとして彼自身の考察のなかに流れこんでいくものの、その考察の対象というわけでもない。彼の考察は、自己にたいする問いかけであり、その拠って立つ位置の規定である。すなわち、世界のなかでの人間、この世界のなかでのフリッツ・ハイデッガー、そして、彼の神との関係、である。そのかぎりにおいて、彼は、つねに自立し、つねに徹底的に思惟している。彼は、事柄の根柢に迫るのである。そして、この根柢は、数多くの手記に看取できるように、神秘家のそれを思わせる、ある姿勢によってつねに定められている。すなわち、神をみいだすために、自己自身を放棄するという姿勢である。

「主よ、いま私は、まったく独りでおります。どこに、でしょうか。わが家の居間にいて、読書しながら、あなたと語らうことへの大きな憧れをいだいています。読書がそのように駆りたてるわけでは、もちろんありません。あなたとのひととき、このわが家でともに過ごすことは、時をこえた暫時です。できることなら、あなたのおそばで、ただひたすら黙していたいところです。時計に眼をやることもなく、授かり物を得るために、すっかり沈思するために。」神と語らうこと、それは時空を忘れることである。神と語らうこと、それは沈黙することである。対立は止揚される。

彼は、ひとつの表象をえがきだしてみせる。彼は、どこへと沈潜しようというのか。自己自身へ、である。彼は、自己の内部へとたちかえり、これまで他人に貸していた自分の「区分所有住宅」を検分してみる。この借家人たちは、あろうことか家主であるはずの彼を支配し、彼の思考、感情、意志に影響を与えている。彼は、自分の家の主ですらない。そこで彼は、借家人たちを追いだし、みずからの住居を清掃し、取り片づけようとする。彼は、父を呼び出し、電話で話そうとする。しかし、彼は、話しながら「つまずく」、つまり吃ることはないだろうか。そこで彼は、かわりにイエスに話してもらうのだが、その名前は伏せておく。イエスは、こういう。「私がおまえたちに教えたこの祈り（主の祈り）に、語句に、おまえがつまずけばつまずくほどに、電話口の向こう側での受信は、おそらくますますよく機能するようになるだろう。もしおまえが——私の名において——私たちが父と呼ぶ存在の、その根源的な神秘にたいする、ひとつの根源的な信頼を、おまえの内部でよくくりひろげることができるならば。」

それこそが、彼がくりかえし追求した目標である。神を表象することなく、神の実在を思惟すること。なぜなら、「神を恃むことは、危険な要求でありうる」からである。「ある人々は、神よ、われらの主なる神よ、という。そして、他の人々は、無限なるもの、絶対なるもの、宇宙的存在、などという。双方とも、通常、それによって何を言表しているわけでもない。」ここでは、空疎と化した神という語と、その迂言をもちいているのだが、他方で、この神秘にみちた語にたいする畏れも存在する。「何かおそるべきもの。彼らは、神という語を畏れている。神とは、おそらくはその語をもちいるなら、最初から最後まで、何らかの形で十戒を鼻先につきつけられることもなく、何でも語ることができる、そうした唯一者の謂いである。そのことを、彼らはけっしていわないのである。」

彼の神への憧れは、人間の生活を規定している、外づらに重きをおく夜郎自大を、心ひそかに拒否する、そうした姿勢につながっていく。「神ならぬすべてのものを打擲すること。世間の重圧、「すべて人様のため」、人間たちにたいする執拗なこだわり、周囲と日常、そうしたものを世界内存在と呼ぶこともできようが、思惟にかかわるとなると、そいつはますますもってすりよってくる始末だ。」この憤懣は、はたしてメスキルヒにおける日常の彼の振舞いをみれば、容易に説明がつく。彼が怒りをぶちまけるのは、他人にたいしてばかりではなくて、自己自身にたいしてでもある。というのも、彼は、自分が必要とする人たちから、所詮、離れることができないからである。

外面的な権威主義にたいする拒否に相応するのは、内面的な権威主義、すなわち、だれもが陥りがちな虚栄心と驕り昂ぶりにたいする拒否である。「自己は、想像力によって完全に包囲されている。自己がわれにかえるまえに、めざめるまえに、想像力がすでに思案し、比較し、判断してしまっている。」彼は、どうやら自己自身を扱いかねているようだ。くりかえし疑念をおぼえては、ときには絶望をも感じている。「まったき絶望……地平線に、新しい銀色の光芒があらわれる。謙虚、それこそ、そのかたわらであらゆる歌を歌うことができる、そうした友なのだ。」そして、彼は、謙虚からの三つの贈り物を数えあげる。一、直接性（「あらゆることに関して、ただイエスの姿勢をみるだけでたりる」）、二、「身体の、魂の、精神の心地よさの、底知れぬ保証と許容、したがって、ただ愚かなばかりの反省を要しない」、三、おちついた眼差し（「神の現在にたいする素朴な洞察」）。

しかし、「主」は、別の箇所で書かれているように、先刻、ご承知である、「第一に、私が、神々しい洞察と結びついた苦難と魅惑に耐えることもできぬような、臆病な犬であること、第二に、そのような恩寵のあかしを秘密として保ちつづけるには、あまりに虚栄心が強いことを……、そして、第三に、主はご存じである、私がお人よしで、無知で、愚鈍でありうることを……」。

機知に富んだ、憂いを含んだ自己評価といえようか。憂愁は機知の別の一面であり、いうならばその反面である。あれこれと思いわずらう穿鑿家は、つねに諧謔へとかたむきつつも、その背後には、あらゆる人間の営みのはかなさについての知識と神の現在への憧憬が隠れている。「たとえば、思惟するとは、地中に埋めた木箱のなかに、二、三年後、あるいは数年後、横たわっていることを、全身全霊で知悉し、表象することである。」

そして、別の箇所にはこう書かれている。「ほとんどいたるところで、その一なるものは、かぎりもなく間近な距離で、他のものから隔てられている。証明してみよう。おのが死は、中央に位置しつつ、生を引き裂く体＝験であり、他者の死は、といえば、単なる自然の事象にすぎない。ある牝牛たちは、楽しみつつ草を食み、他の牝牛たちがおなじ時間に、隣の屠殺場で血を流して死につつあることに、何の同情も感じはしない。おなじように、生来、うつけ者ときまっているのが、人間という存在である。」

また別の箇所には、こう書かれている。「魂の奥底にとどまれ、しこうして、そのうわべに、鬼火の揺曳する意識なるものに、気をとられぬがよい。深みにありて、おのが錨たれ。汝がために、神は天に、教会に、在しますにあらず、汝自身のかたえに、内奥に、在りて、汝を待ちたもう。無は、神の被り物にほかならぬ。彼岸は、われらがただなかに存する。」

フリッツ・ハイデッガーが、その思惟の断章のなかで、くりかえしその周辺をめぐっている、その目標とは、彼とおなじように、神秘家たちの書物のなかで名ざされているところのもの、すなわち無私である。「何も意志せず、何も知らず、何も所有せぬ、それこそが貧しい人間である」と、マイスター・エックハルトによる、イエスの山上の垂訓の一節、「幸福《さいはひ》なるかな、心の貧しき者。天国《てんこく》はその人のものなり」（『マタイ傳』第五章三節）についてのよく知られた解釈に、そう書かれている。何も意志しない、何ものぞまない、神をものぞまない人間、何ももたない、何も所有しない、願いも望みも何ひとつ所有しない人間、何も知らない、あらゆるみずからの知識を放下する人間、そうした人間こそが、ひとを神へと近づけるところの、真の貧しさを有しているのである。彼は無＝私であり、おのが「私」を「無」にする。彼は、充溢を、充足を、待ちのぞむ、うつろな容器と化していく。

フリッツ・ハイデッガーは、一九四九年のある思惟の断章のなかで、こう書いている。「すべてにおいて何ごとをものぞまず、おのが人格をまったく顧みない、そうしたわざは、最高度の力と自由に到達するにいたる。その頂上をきわめると、ひとは、新たに獲得される眺望と地平に魅惑されて、いまにもヨーデルを歌いださんばかりである。あまりに過ぎたまねをすると、足をすべらせ、転落して、狂ってしまう。」彼は、洞察をいくばくかのユーモアで書きとめるすべを知っている。その洞察は彼を晴れやかにし、その晴朗な気分は、また放下にふさわしい。それは、彼を諧謔へ、おのれ自身と他の人たちにたいする諧謔へと導くことになる。それをしめしている二つの例をあげてみよう。

一九四九年に、彼は、『ホイベルク雑録』と題していくつかのアフォリズムをまとめたなかで、ドイツ人についてこう書いている。「ドイツ人たちは、煉獄の常連客である。自己を新たに確立し、組織し、あらためて最初からやりなおし、再度、土台からつくりあげ、十七もの党派を設立し、法規、政令、定款ごと役所を店開きし、協会や同業者団体を設立し、新しい現存在をそっくり哲学的に基礎づける、はてしもなく長い、無駄な試みをかさねたあげくに、彼らは、やっとのことで悟るのである、何かまったくちがうことがあってしかるべきなのだ、と。それは、彼らが葬られるよりもはるか以前に、すでに期限が到来していた使命だったのだが――ロボット、従順な臣民、貴族、専門馬鹿を、現実の人間、神の似姿へと変貌させることである。」いまを去ること百五十年も昔の、いまひとつ別の破局を経たのちに、ヘルダーリーンが『ヒュペーリオン』のなかで、似たようなことを書いていた。

一九六一年に書かれたつぎの文章は、メディア時代の民主主義にたいする注釈のように読めるだろう。「民衆とは、下は牢獄の囚人から上は（下ではなく）大統領にまでおよぶ。この民衆のために、真理は病んだ代物となる。包括的でありながら、真実は、立場に固定されている。妥協しないにもかかわらず、その真実なるものは、おしなべて商品と化して、屠殺場の、育種場の牛のように、値踏みされ、手触りで調べられる。それは、ありのままの姿で、民衆の眼の前に登場するわけにはいかない。不可欠のものであるにもかかわらず、それは、民衆には縁遠いのである。それはなぜか。それは、民衆とはひとつの幻想、ひとつの単なる無風の表象であるがゆえに、である。民衆と真実との空虚な間隙を埋めるのは、お役所にほかならない。ひいては、教会と国家である。これらの組織は、数多の部分的真実をとっかえひっかえ、民衆劇場で指遣い人形劇を上演することによって、民衆が民衆のままにとどまるように、計算不可能な無でありながら、やはり何ものかであるように、腐心する。民衆は、何も意志することはない。それは、まるで存在していないかのごとくである。それは、個人から成り立っているのだが、この個人はまた、実体のないもの、すなわち、民衆のなかに雲散霧消するのである。」

26 日常

日常とは何か、それはいいわくいいがたい。平々凡々たる毎日。朝、起床し、朝食をとり、仕事にでかける……いつもおなじである。しばしばうんざりするほどに気苦労が多い、職業人の生活の陳腐さ。それゆえに、やがていつかは何かちがうことを体験したいという願望が生まれる。思いがけなくはいりこんでくる何かある出来事、できることなら、幸福な気分にしてくれる出来事を待ちのぞむ、そうした希望が。しかし、それが叶わぬとなれば、それはまた、ちょっとした破局をもたらすことにもなろう。そうした破局にしても、つねに月並で単調な毎日よりは、まだしもましである、いずれにせよ、それが他人にふりかかるときには。それにくわえて、組織的な日常からの脱出もありうるだろう、たとえば娯楽への、休暇への、外国への。

それにもかかわらず、日常はわれわれの生そのものであり、われわれの日々の生活であり、したがってかけがえのない時間である。この日常がいかにかけがえのないものであるか、それは、失ってみて、はじめて身にしみて感じることだろう。前線の兵士にとって、家族でかこむ朝の食卓は、憧れてやまぬ天国になる。長く病床に臥していた者は、日々の苦労を幸福とうけとめる。ふたたび仕事にでかけることができるとは、何とすばらしいことだろうか。愛する人を失った者には、かつてともにした体験は、どのように小さなものであれ、このうえない価値をもつ宝になる。いま一度、一緒に庭のベンチにすわって、眩しい陽の光に眼差しをむけてみたいと、どれほどせつに思うことだろうか。月並な状況が、そのまま常ならぬ状況と化していく。しかし、それは、その過程に関与する者にかぎられる。それは、彼の個人的な所有にほかならない。

何ゆえに、現在のただなかにあって意識して生きることは、かくもむつかしいのか。過去へと思惟をかえすことは、はるかにたやすい。うつろうものは、日常的なものをも変容させる、それ独特のアウラをもっている。未来へと逍遥して、思うさまにいろいろな可能性を思いえがくことは、おなじようにたやすいだろう。われわれは、現在にあってはたいてい無意識に生きている。ただ習慣に身をまかせながら。

フリッツ・ハイデッガーはいう。「なぜ人間は、習慣の家畜になりさがるのか。時間の概念を混乱させる存在、時間を配分し、そもそも分割してしまう、そうした家畜以下の存在に。時間は、一秒の百分の一から成り立っている。そして、一秒の百分の一をとらえ、みずからのうちにあつめることをしない者は、現に存在せぬも同然である。そうした人間は、獣、草木、石ころの領域以下に棲息しているのである。というのも、これらの三つの存在は、刹那刹那に現存しているからである。」

彼の厭悪は、日常にむけられているのではなくて、われわれがそれによってその日常をやり過ごす、換言すれば消費する、習慣なるものにむけられている。「ただ人間だけが、無のなかで、教え込まれ、仕込まれたもののなかで、霧のように曖昧模糊としたもののなかで、あの人口に膾炙した下意識なるもの[61]のなかで、棲息する、そうしたおそるべき能力を有している。そうしたもろもろは、実は眼くらましにほかならず、同時に、あらゆる悪鬼どもに恰好の食餌なのである。」

しかし、かくいう彼もまた、日常による固定を恃んでいた——家族と銀行において——、そして、この固定がふたたび習慣を生みだすのだった。たとえ彼が、あるときは無愛想な、あるときはユーモアたっぷりの、その独特の流儀で、習慣からのがれようと努めたにしても。勤務時間は守らなければならなかった。民衆銀行の営業時間は、八時から十二時までと十四時から十八時までだった。この営業時間は、畢竟、彼に生の現実との対峙を強いることになった。もちろんそうした現実が、金銭にかかわる業務に顕現しているかぎりにおいてだが。

ハインリヒ・ハイデッガーは、つぎのように伝えている。「父が起床するのは、わりあい遅い時間でした。それで、われわれ子供たちは、母と一緒に朝食をとるのが普通でした。だれか一人がミサで侍童のお勤めをはたさなければならないときには、それだけでもっと早くなることもありました。父は、質素な朝食で満足していました。大きなコーヒー・ボウルに、パンを割ってひたすだけでした。」家には、バスもシャワーもなかった。水道の蛇口は、一階にあるだけだった。それで、子供たちは、朝、顔を洗うのを、その洗面台ですませていた。週に一度、彼らは、アードラー広場にある祖父母の家へ、もらい湯にでかけるのだった。

「父は、いつも時間どおりに銀行に出勤しました。私たちは、十二時三十分ごろに、昼食をともにしました。現金の計算があわないと、それは十三時になることもありました。そのときには、母が心配して、もしかしてゲシュタポに捕まったのかもしれない、などと考えるのでした。一家団欒の夕食は、十八時三十分から十九時のあいだでした。」戦争中には、フリッツ・ハイデッガーは、よくそのあと、大通りに面したとある隣人のところへでかけていった。それは、彼いわく「フラッシュナー」を聴くためだったが、それは当の隣人の名前で、そこで彼は、中立の立場からのニュースを報じてくれる、スイスの「ラジオ・ベロミュンスター」を聴いていたのだった。ロンドンのBBC放送の変名は「インゼルのあるじ」だったが、隣接するホイドルフには、酒場「インゼル亭」があった。したがって、彼が「インゼルのあるじのところへ行ってくるよ」といえば、それは、BBCのニュースを聴いてくるよ、という意味にほかならなかった。このニュースを聴くことは、ナチ支配下の時代にはきびしく禁じられていて、へたをすれば死刑に処せられかねなかった。

戦争がおわったとき、フリッツ・ハイデッガーは、まず家族のことをおもんばかった。彼は、当時の表現にしたがえば「ハムスター行脚をした」、つまり、近隣の村々へ買い出しにでかけて、農夫たちのもとで果物、野菜、ソーセージ、肉を手にいれたのである。だれもが困窮していて、食料品は、依然として配給体制下にあった。一九四八年の通貨改革を経てのち、ようやく事態は好転した。ハインリヒ・ハイデッガーのいうところによれば、彼の父は、このハムスター行脚を、馬車、自転車、場合によっては徒歩で敢行したとのことである。「銀行の窓口業務を通じて、父は、もちろん多くの農家の人たちを知っていましたし、日頃からお喋りをくりかえすなかで、彼らを味方につけていました。」

アンドレーアス・ミュラーが、その小著『紙幣投入役——フリッツ・ハイデッガーをめぐる逸話、物語集』のなかで、そのようなハムスター行脚について語っている。「フリッツ・ハイデッガーは、ハムスター行脚をするのが上手でもあり、好きでもあった。フライブルクにいる兄のためにも、彼は、この手を使って一頭の山羊を調達することができた。」そういうわけで、彼は、馬車でホイドルフへでかけることもあったという。牛に引かせた荷車では、彼の品位にかかわるというものだった。ところが村人たちは、いつものメスキルヒの市民たちの面々を知っていて、だれかが飢えて村にやってきても、姿をみせようとしなかった。それでフリッツ・ハイデッガーは、ゆっくりと村じゅうを馬車で移動しながら、こう大声で呼ばわるのだった。「みがき砂、上等のみがき砂だよ。」まだ当時は、フライパンや鍋の汚れをとるのに、みがき砂が利用されていた。ホイドルフの村人たちは、行商人が村にやってきたと思いこんで、家々から駆けだしてきた。それから彼らは、おなじみのフリッツの姿をみてとると、驚き、同時にそのうまい冗句をおもしろがるのだった。フリッツがそうして笑っている村人たちを味方につける一方で、村人たちは彼に謝意を表した。フリッツのほうは、一九四九年の謝肉祭口上でこう弁じることによって、彼らに感謝の思いをささげた、「さてもおんみら、ホイドルフとロールドルフの百姓方よ、どちらでたまたまハムスター行脚をなすにせよ、とにもかくにもみなの衆、ことごとくに抱擁を」。

ハインリヒ・ハイデッガー[62]は書いている、「父は、夕方になって、書斎に姿を消してしまうことがなければ、酒場でのスカートの集まりにでかけているか、あるいは友人たちの家にいるのでした。しかし、書物は、父の情熱そのものでした。父は、多くの本を読みました。宗教学、あらゆる宗派の神学、他方でまた国民経済学、貨幣経済、それから世界史および教会史など。父は、われわれ子供たち（まだ小学生のころだったでしょうか）に、ベッドで興味深い物語を朗読してくれたことがありました。たとえば、オンケンの『フランス革命史』[63]から、宮廷での贅沢三昧の場面などを」。

それは、彼が独学者であったことの証左だろう。彼は、大学の研究者のように、一つの専門領域にとどまることなく、多くの分野の書物を渉猟していた。彼は、研究者よりも好奇心が強く、それゆえにしばしばより教養があって、それもさまざまな分野においてそうなのだった。そうして、フリッツ・ハイデッガーは、経済学にも歴史学にも、また哲学にも神学にも通暁していた。一九三八年に兄の原稿を引き受けたとき、彼には、すでに準備がととのっていたのである。

「父が一九三八年から、伯父の原稿を筆写しはじめて以降」と、ハインリヒ・ハイデッガーは書いている、「多くのことが一変しました。父は、タイプライターをもっていなかったものですから、子供たちもそういっていたのですが、たいていは原稿を銀行でタイプしていました。それで父は、夕食のあと、もう一度、銀行へでかけて、夜遅くまでタイプを打つことができたのです。それに先立って、父は、伯父の手稿を読みこなしておかなければなりませんでした。とくに支障がなければ、父は、その仕事を銀行の休憩時間に片づけていました。おなじように、父はまた、われわれの学校の行事があるときなどに、原稿を一枚だけ持っていって読んでいるということもできたのです」。それにひきつづいて、そうして書き写した原稿を訂正するのも、彼の仕事だった。必要とあらば、彼は、生原稿と四枚とってあるカーボン紙による複写に、タイプライターでは印字することのできないギリシア語の語彙を、手書きで挿入しなければならなかった。それからマルティンがやってくると、全体を照合することになっていた。すなわち、一ページごとに通読し、原稿と複写を比較検討したのである。

「しかし、われわれ子供たちが、そのわりを食うということにはなりませんでした。父は鉄道マニアでしたから、毎年、クリスマスに増補されるメルクリーン鉄道[64]をもらいました。そのときには、父も一緒になって、遊ぶことができたのです。球技を父は好みませんでした。彼が熱中したのはサイクリングでした。父は、別の地域に住んでいた同僚で友人のヨーゼフ・シュミートと一緒に、かなり大がかりな自転車旅行に、たとえばパッサウやベルヒテスガーデンにまで、でかけていきました。父一人で、ケルンまで行ったこともあります。われわれがまだ小さかったとき、父は、われわれを梯子形の荷車にすわらせて、それを自分の自転車に結びつけ、国道に乗りだしたりしました。そのようなサイクリングに、反則切符を切られたこともありました。われわれが大きくなると、父は、ボーデン湖やドーナウ渓谷への日帰り旅行をこころみました。一度、それは一九三九年のことでしたが、まるでヒトラーの生き写しのようなウェイターが働いている、バーリンゲンの上手のロッヘンシュタインまで行ってみたものです。」自転車があまり好きでなかった母親は、たいていは家にとどまっていた。彼女は、むしろ子供たちを連れてフライブルクの義兄のもとへでかけて、そこで一、二週間、滞在してくるほうを好んでいた。のちになって、子供たちも鉄道を使って、自分たちだけでフライブルクへ行くこともあった。

ハインリヒ・ハイデッガーは、こうつづけている。「トランプ遊びと酒場で過ごす時間は、父にとっておそらく英気をやしないながら、同時に哲学からの気散じにもなっていたのでしょう。興味深いのは、隣人のケラーさんとの友だちづきあいで、それは青年時代からつづいていたのですが、ケラーさんが一九三四年に結婚し、すぐ隣に越してきたときに、確固としたものになりました。最初に、庭の垣根に扉がとりつけられて、おたがいより容易に行き来できるようになったのです。一九六九年に母が死んでのち、ケラーさんの奥さんが父の世話もしてくれるようになって、それで父は、そのまま自分の家に住みつづけることができました。この友情が興味深いのは、ケラーさん一家があまり本を読まない人たちだったからです。ただケラーさんの妹だけが、つねに何かをさがしもとめている宗教的な女性で、しばしば、ほんとうにしばしばだったのですが、父に助言と助力をもとめてきて、その回数は、齢をかさねるほどに増えていきました。」最良の親友は、たまにしか本を読まなかった。その友ともっともよくわかりあえたのは、読書家のフリッツ・ハイデッガーだった。彼らは、いったい何について話していたのだろうか。人生の月並な物事について、だろうか。学識などは問題ではない。分別ある心こそが、より重要なのである。

ときおりフリッツ・ハイデッガーは、いわゆるミルク・デーを設定して[65]、その日には何も食べずに、ただ一リットルの牛乳を飲むだけだった。もちろん夕方ともなれば、牛乳から「聖母の乳」すなわち「リープフラウエンミルヒ」、つまりは葡萄酒のほうに移りたい思いがつのるのだったが。晩年の十五年間は、彼は、「獅子亭」の息子がひらいた、ホーフガルテンのホテルの酒場をひいきにしていた。そこで彼は、新旧の友人たちに会って、そのときの気分次第で、葡萄酒をまえにしてだまってすわりこんでいるかと思えば、聞き手の水準などおかまいなしに、大声で長々と哲学談義を開陳したりした。

あるときなど、彼は、しばしば話していた学校教師にむかって、自分自身の哲学的瞑想の一端をかいまみせたことすらあった。彼は、その教師に、自分の『牛乳攪拌抄』と題したノートを貸したのである。牛乳の攪拌をしながら一緒にすわり、おしゃべりをしていた、いわばあの当時とおなじようにして生まれてきた、そうした手記をまとめたものを、彼はそう名づけていた。人々は、バターが生成してくるまで、乳脂を攪拌しつづけた。そして、そのように、彼もまたみずからの思惟が凝集して、アフォリズムとして形をなすまで、攪拌して倦むことがなかった。しかし、彼には、牛乳の攪拌作業をともにする仲間がいなかった。メスキルヒでは、彼は、独りで思惟を営んでいたのである。そのためにも、兄の来訪は、彼にとって重要だった。そのときには、普段はもちえなかった話し相手を得ることができたのだから。彼の手記は、たえざる独語の成果にほかならなかった。そのなかには、おのれみずからと意思疎通している者が存在しているのである。それを出版しようという意図は、彼にはもともとなかった。それを考慮にいれることがあったとすれば、そのとき彼は、自分のことを不遜に過ぎると思ったことだろう。

六〇年代から、著名な哲学者の弟に会うために、広く世界のあちらこちらから訪問者がやってくるようになった。そのことは、彼にとってわるい気はしなかった。日本から、アメリカから、ヨーロッパのさまざまな国々から、来客があった。その際に、彼は、すくなからぬ人たちに、やはり彼のノートをみせたことだろう。あるアメリカ人女性には、彼は、自分が余分にもっていた兄の原稿の写しを譲ったりもした。それはいま、シカゴのロヨラ大学に所蔵されている。

フリッツ・ハイデッガーが一九五九年に定年退職したとき、彼は、自分のためにより多くの時間を使えるようになったが、それは、おそらく彼にとっては多すぎる時間だった。子供たちは家を出

1954年の聖霊降臨祭におけるハインリヒ・ハイデッガーの初ミサ。むかって右に、マルティンとフリッツ・ハイデッガー

てしまっていたし、銀行の仕事はもはやなかった。もちろん彼は、自分の関心からなおも規則的に、新聞の経済面や株式市況ニュースを読んでいた。というのも、彼は、いくばくかの手持ちの金を株式に投資していたからである。もっとも彼がそうしたのは、アンドレーアス・ミュラーの言を信じるなら、財政的観点からではなかった。「よき希望の小屋」の株を購入していたのは、その美しい社名が気にいったからだし、メルセデス社の株をもっていたのは、聖母マリアがある古い聖歌のなかでそう呼ばれているように、その社名が「ステラ・マリス」、海の星を連想させたからだった。

「定年退職したのち」と、ハインリヒ・ハイデッガーは語っている、「父は、ずいぶんと早起きすることもしばしばで、それから森を散歩したり、ビルナウまででかけて、朝のミサに出席したりするようになりました。そして、神父が告解席での「仕事」がなかったからというので、彼を喜ばせるために、懺悔に出向いたりしました。彼は、神父の気にいりそうなことをよく知っていたのです」。それでも、脳裏にめぐらせている思索を、紙に書きとめたり、灯ともし頃になれば酒場へでかけたりする、そうした時間はまだまだ残っていた。

ハインリヒ・ハイデッガーは、一九六一年から一九七一年まで、メスキルヒから十二キロメートルも離れていない、シュヴァーンドルフとボルで司祭を務めていて、両親とさかんに行き来していた。母親が他界したのは、シュヴァーンドルフの彼のもとに滞在していたときだった。一九六九年九月三十日に、彼女は心筋梗塞で亡くなった。

妻の死は、フリッツ・ハイデッガーの生活を、いま一度、変化させることになった。隣の主婦が彼の世話をしてくれることになったので、彼は家にとどまることができた。息子たち、シュヴァルツヴァルトのボンドルフにいるトーマスと、ザンクト・ブラージエンで一九七一年から司祭を務めていたハインリヒのもとを、彼はときおり訪れた。一九七〇年に、腰椎を骨折したものの、ふたたび回復した。彼は、幸いなことにいたって健康で、最後まで意識は明瞭だった。最後の四週のあいだは、体力がすこし弱ってきていた。彼は、ちょうど息子のトーマスのもとを訪れていて、自宅へ帰ろうとした。朝になって、彼は心筋梗塞をおこした。彼が地面に倒れているのを、隣の主婦が発見して、プフレンドルフの病院へかつぎこんだ。そこで彼は、三日のちに安らかに永眠した。一九八〇年六月二十六日のことだった。

その思惟の断章のなかに、彼はどう書いていただろうか。「おまえが四つん這いになって歩くときに、おまえは、存在の明るみのなかに参入するだろう。それはどういう意味か。おまえが幻想を遮断するなら、本来の静かな認識のかわりにはいりこもうとするあの幻想、つねに不安にし、鈍麻させ、謀反をたくらみ、亡霊のごとく徘徊し、記憶を掘りかえし、嚙みつき、甘え、撫でさする――そうした幻想を遮断するなら、すなわち、象徴的に換言すれば、四つん這いになって歩くときに、――そのときにおまえは、存在の明るみのなかに参入するだろう。それもまた象徴的な表現であって、実はそうではない、やはりそうではないのだ。というのは、存在の明るみを、私は、前庭として、本来的なるものの根拠として、観じているからだ。すなわち、その現在のための根拠として。存在の明るみ、それは、優れた乗り物であり、親切な手助けであり、格別の恩寵なのだ。」

27 放下

マルティン・ハイデッガーが一九四四年と一九五五年に書きとめた『思惟についての野の道での対話』のなかでは、「研究者」と「学者」と「教師」が会話をかわしている。それは、プラトンの伝統にたつ対話であるともいえようが、主張と反駁という形で進行するのではなくて、「放下《ほうげ》」のただしい理解をめぐる共通の努力として展開される。三人の人物は、哲学者が自己の思想を表出するための三様の声にほかならない。『放下の解明のために』と、この対話は題されている。

放下とは何か。いずれにせよ、ある人が落ち着いたままでいた、などと、私たちがいうときに、通常、理解するところの事柄ではない。それは、元来、意味されていた事柄の、その貧しい残余にすぎない。この語は、かつて言葉を自在に駆使したドミニコ会士、かのマイスター・エックハルトに遡る。彼は、早くも一三世紀に哲学的な概念体系の契機となるものをつくりあげたが、それは、今日にいたるまでドイツ語に独自の輝きを与えている。そうであればこそ、マルティン・ハイデッガーは、対話のなかでエックハルトに言及するのである。「思惟することの古き巨匠たち、たとえばマイスター・エックハルトにおいてそうであるように。」

会話は、人間の本質への問いとともにはじまる。まったく現象学の意味において、と思うところだが、しかし、その契機はすぐさま斥けられる。「……人間の本質への問いは、人間への問いであってはなりません。」人間を特別視することは、思惟することとそのものであり、したがってその思惟を規定することが肝要になるのだが、しかし、それは、伝統的におこなわれてきたように、思惟することを意志することと名づけるわけではない。（真の）思惟とは、まさに意志しないことであり、この思惟にいたるためには、意志することを克服しなければならない。しかし、意志しないことは、たとえば「私は意志することを意志しない」という意味で、また新たな意志の行為を意味するわけではない。大事なのは放下である。意志することを放す者は、放下にいたる。放下は起動されることなく、ただ許容されるのみである。

「意志することから放下への移行は、私にはもっとも困難であるように思えます」と、研究者はいう。そして、学者はさらに語る。「そして、それはなかんずく、放下もまた、なお意志の領域の埒内で考えられてしまうということによるのです。思惟することの古き巨匠たち、たとえばマイスター・エックハルトにおいてそうであるように。」それにたいして、教師の意見はこうである。「それにもかかわらず、このことについて多くのよきことを学ばなければなりません。」学者「たしかにそのとおりです。しかし、いま私たちが名ざしているところの放下とは、神の意志に沿うべく、罪ある属性を放擲したり、我意を断念したりすることを、どうやら意味してはいないようです」。教師「そのようですね」。

マイスター・エックハルトは、ここでは誤解されている。というのは、ハイデッガーが追求するものは、またいにしえの巨匠が指摘したところのものにほかならないからである。エックハルトが『マタイ傳』第五章三節を釈義する、その当の説教をみるだけでも、このことは証明される。「私がさきほど告げたように、神の意志を実現しようと意志することすらせぬ、むしろおのれみずからの意志からも、神の意志からも自由に、いまだおのれが存在しておらなかったときに、そうであったように生きる、そうした者が、貧しき人間なのである。」「いまだおのれが存在しておらなかったときに、そうであったように」、したがって、いかなる意志もなく、神の意志を実現しようとする意志すらなく。ほかでもない、人間は、神の意志を実現するためには、おのれみずからの意志を実現するにはおよばぬ、などと主張する人たちを、エックハルトは頓馬と呼んで、貶めたのである。エックハルト自身は、マルティン・ハイデッガーの会話に登場する学者が、当のハイデッガーの誤りをはからずも指摘して批判しているように、頓馬ではなかった。ハイデッガーは、神と人間についての熟考を、さながら収束レンズに集めるようにまとめた、この説教のなかで、エックハルトが成就していることを見逃してしまっている。意図してか、意図せざる結果か、それは問わないでおこう。マルティン・ハイデッガーの業績は、エックハルトの立場の、時代に即応した、その点ではあくまでも創造的な、そうした新装再版であることが明らかになるなら、すくなからず独創的だということになるだろう。マイスター・エックハルトにしても、いうならば独創的ではなかった。というのは、この根柢的な思惟は、彼よりも古かったからである。ある古い根柢的な思惟を、それを日常の言語によってはもはや認識することができなくなっている人間たちのために、あらためて身近なものにしたこと、おそらくそこにこそ、マルティン・ハイデッガーという存在の並はずれた意義が存する。彼は、そのために新しい語彙をみいだした。そして、そのように、彼自身もまた、ふたたび新しい装いで登場したのである。

エックハルトは、いずれにせよ、「神が作用することのできる、そうした場をいまだもたぬ」人間を、はじめて真に貧しい存在と名づけている。そうした人間は、ただ自分の意志ならびに神の意志から自由であるばかりではなくて、神からも自由であるほどに、それほどに自由であるとされる。「それゆえに、私は神に願う、神が私を神から解き放たれんことを。」したがって彼は、彼が被造物となる以前に所有していた、かの境位に達するためには、おのれを廃棄し、無化しなければならない――それはまた、神自身が被造物となる以前の境位でもある。ここでは神は、ハイデッガーのいう意味で存在物であり、エックハルトの言葉をかりれば、神はすでに「被造物の始まり」ということになるだろう。

エックハルトは語る。「何となれば、われわれが神を被造物の始まりととらえるかぎりにおいて、私の本質的な存在は、神を超えて在る。すなわち、神があらゆる存在を超え、あらゆる区別を超えている、かの神の意味にあっては、かしこでは私はおのれ自身であった。そこでは、私は、おのれをみずからもとめ、おのれをみずから認識した。……そして、それゆえに私は、永遠である私の存在に即するならば、私自身の原因であるが、時間的である私の生成に即するならば、そうではない。」したがって、あらゆる被造物の始まりを、創造の始まりを、意味する神が存在するのだが、その神は、そうであるかぎりにおいて創造の部分にすぎない。そして、その域を超えて、「あらゆる存在を超えて」立つ、すなわち創造の彼岸に、存在物の彼岸に、ハイデッガー的な意味で存在そのものである、そうした神が存在することになる。

それゆえに、エックハルトは、神と神性を区別する。「神性と神は、天地ほどに相互に隔たっている。」それは、あらゆる被造物の彼方に存在する至高の存在（神性）と、神的なるものがあらゆる被造物に関与する部分（神）との区別である。

ハイデッガーは、彼独特の仕方で、この方向をつきつめているといっていいだろう。読者は、それにつきあうためには、彼にかかわっていくしかない。自分が伝統的なものから逸脱する何かをしめそうとしていることを、彼は、旧来の語からつくりだしていく新しい語彙によって標示するのである。したがって、大事なのは待つことであって、期待することではない。期待する者は、自分が何を意志しているかを知っている。ただ待つ者は、到来するものにたいしてひらかれている。彼は、その地方にかかわっていくという。「その語からして、地方（Gegend）とは、私たちにむかって来る（entgegenkommt）ところのものなのです……。」「地方（Gegend）」は、より古い形では「見当（Gegnet）[66]」で、「自由な広がりを意味します」。そこで彼は、待つことと安らぐことを、「広がり（Weite）」と「暫時のあいだ（Weile）」を、示唆するのだが、それにたいして、研究者は、「そういわれても何も表象することができません」と、異議をとなえる。まさにそれが狙いでもある。というのも、表象作用のなかでは、すべては対象と化していくからである。それは、もはやそれ自身ではなく、「私」にむけられた眼差しのうちにあり、「私」の意志と知識の対象となっていく。しかし、思惟は表象であってはならないのである。

「見当への関係は、待つことです。そして、待つこととは、見当の開示へとかかわることの謂いなのです。」学者「それでは、見当にかかわりましょう」。研究者「それは、私たちがあらかじめ見当の外部にいたかのように聞こえます」。それにたいして、教師が答える。「われわれはそうでありながら、しかし、そうではないのです。」われわれがまさに見当の部分として（自然の部分として、ということもおそらくできよう）、それに属しているかぎりにおいて、われわれはけっして見当の外部には位置していない、と彼はいう。そして、われわれが思惟する存在として見当をいわば外部から観照するかぎりは、同時に見当の外部にいる、と。この考察は、放下によって規定されるはずであった。放下とは、「見当へのふさわしい関係」にほかならないのだから。

この放下がくりかえしその周辺をめぐっている言い換えは、そこに含意されているものを、伝統的な表象作用に陥ることなく語ることができる、ひとつの可能性ではあるが、もう一方の可能性は、そうした言い換えを「ヴィア・ネガティィオーニス」[67]、すなわち、まさにそうではないところのものによって標示するというものである。この場合には、自然にたいする自然科学者の、たとえば物理学者の、姿勢が、コントラストをなして会話のなかにあらわれてくる。それは、自己と対象との関係、「しばしば名ざされる主体―客体関係」である。それはまた、物たちが対象と化すかぎりにおいて、人間の物たちにたいする関係が、歴史的に変化したものにすぎない。その際に、物たちは従属せしめられることになる。そして、それら物たちが物としての本質に達する以前において、まさにそうなのである。それは、「人間の本質がおのれ自身にたちかえることを許される」以前に、人間が主体となったのと同様である。おのれ自身に、さらにはまた世界に、あらかじめたちかえることもなく、おのれが支配し、利用している世界に対峙する人間の姿勢は、われわれが甘受しなければばならない歴史過程の一部である。

マルティン・ハイデッガーは、作曲家コンラディーン・クロイツァーの生誕百七十五年の記念に、故郷の町でおこなった講演『放下』のなかでは、技術にたいしてまだ比較的ひらかれている。その講演は、十年のちの一九五五年に、対話『放下の解明のために』として形をなした。講演は、一九五九年になって、対話と合本にしてハンディな小冊子として出版された。そこでは、放下は、技術にたいして推奨されるべき姿勢とされているが、それは、いかにも奇妙なことではある。というのも、放下は、それ以前は——そっくりマイスター・エックハルトの意味において——見当への、見当の経験への、洞察の前提であったからである。

「技術的な世界にたいして、肯定でもあり、同時に否定でもある、この姿勢を、ある古い言葉をもちいて命名したいと思います。すなわち、物たちへの放下、と。」肯定と否定。あるいは、彼が先行する箇所で語っているように、「私たちは、なるほど技術的な対象を使用しながら、しかし、それがどのように妥当な使用であっても、いつでもそれらを放せるほどに、それら対象からおのれを自由に保っていることができるのです」。したがって、技術的な世界に生きることを可能にするのは、あくまでもプラグマティックな姿勢であるということになる。それ以外のことは、われわれには残されていないし、かといって、われわれの存在をそこに委ねてしまうわけにもいかない。それを意味するのが、古きよき時代の言葉「放下」なのである。したがって、それは、技術に、ほかでもない、彼が例示する核技術に、対峙して、かくもしばしば代表されるような、そうした原理主義的な視点ではない。

技術的な世界にたちいたった、その歴史過程の意味を、彼は、名づけるすべもない。しかし、それにたいしてひらかれたままでいることを、彼は必要であると見做している。そして、いまふたたび、他の連関から引かれた大がかりな言葉が発せられる、「秘密にたいする開かれ」と。その「秘密」とは、技術的世界の秘密である。彼は、時代の標徴をみてとり、それを批判的に観じてはいるが、しかし、ポレミックではない。「盲目的に技術的世界にむかって突撃するとすれば、それは愚かなことでありましょう。」われわれが甘受しなければならない歴史過程を、彼は確認している。その過程は、たとえわれわれがそれをまだ認識していないにしても、やはりそれはそれとして意味を有している。かくしてわれわれに残るものは、放下である。そして、開かれであり、秘密にたいする開かれである。

一九七六年一月に、マルティン・ハイデッガーは、メスキルヒの同郷人であり、フライブルク大学の教授であった神学者のベルンハルト・ヴェルテを誘って、対話をおこなった。ヴェルテは、あらかじめ彼に「ハイデッガーの思惟における神」と題した論文を送っていた。ヴェルテが彼のもとを訪れたのは、一九七六年一月十四日のことだった。「私たちは、私がちょうどおこなっていた講義についても話しました。それは、マイスター・エックハルトについての講義で、そういうわけで、またしても宗教的な文脈でした。マイスター・エックハルトには、ハイデッガーもかねてより親しんでいました。それで彼は、その対話がすすむうちに、マイスター・エックハルトの意味における離脱についての、慎重でありながらも、その道のりを確信している問いをさしむけてきました。その主題は、この奇妙なひとときに、秘められたアクチュアリティを有していました。」

それに先だって、マルティン・ハイデッガーは、ベルンハルト・ヴェルテに、自分の埋葬の際に弔辞を述べるように依頼していた。自分はメスキルヒに、二人の共通の故郷に、埋葬されることを希望する、というのだった。どうやら彼は、この最後の道行きに、カトリックの聖職者が同行してくれることをものぞんでいた。すなわちそれは、二重の意味での帰参、メスキルヒへの、そして、教会への、回帰だったのだろうか。一九七六年五月二十六日に、ハイデッガーは安らかに永眠し、五月二十八日にメスキルヒに埋葬されたが、ベルンハルト・ヴェルテが弔辞を述べ、ハインリヒ・ハイデッガーがミサをとりおこなった。

ヴェルテは、マルティン・ハイデッガーとの最後の対話を回想して、こう語っている。「ハイデッガーは、家郷のまさに家郷たるものに固執して、生まれ故郷の小さな町であるメスキルヒに、それが属している広い地域に、そして、そこに生きている、変り者の、しばしば風狂でもある人々に、それをひそかに認めていたのです。」風狂、それは、「飄逸[68]」を、マルティンとフリッツの兄弟がよく使った言葉を思いおこさせるだろう。その意味がよそ者には説明しがたい、あの言葉を。フリッツ・ハイデッガーは、それをかつてこころみたことがある。ジークマリンゲン出身のキューンという名の高校の教頭が、彼にむかってこの言葉の意味を尋ねたとき、彼は、長い沈黙のはてにこう答えた。「飄逸、その語の意味するところは、ひとをめくらますことだよ[69]。しかし、この言葉は、通常とはちがう意味で使われる。あなたが光のなかに位置していれば、何もみえはしない。光のかげに位置してこそ、すべてがみえる。だから、飄逸であるとは、こういうことだ、つまり、おのれ自身を、あるいは他人を、光のかげに導くことだ。」

あとがき

私は、二十七編の短章のなかで、メスキルヒとフライブルクの地方色ゆたかな表象をえがきだそうとこころみた。これらの短章は、かならずしも年代順には配列されていない。対照し、補足しながら、相互に解明しあう仕掛けになっている。この地方で二人の才能にめぐまれた兄弟が成長し、そこで生涯を過ごした。一人は、たぐいまれなほどの名声と成功をかちえたが、もう一人は、多くの人たちと同様に、たくましく、かつつつましく生きた。この地方は、大都会にはほとんど期待できそうもない、それなりに充実した生を、二人の兄弟に与えたのである。おそらくはそれこそが、故郷というものだろう。この地方という語は、とりあえずは地域の意である。すなわち、地理的、歴史的、文化的な所与であって、それは、人間を形成するとともに、その彼に身近な環境を与えてくれる——家族のなかで、見通すことのできる範囲での共同体のなかで、そして、伝えられた方言のなかで、友人たち、隣人たちを含めて。さらに広義における地方とは、精神的な生活世界の謂いであって、それは、教会と国家、神学と哲学、文学と音楽とのあいだにのびている。

そのようにして、商人と手工業者の、農民と職人の町である、この小邑における日常的な経験は、教会と学校が当時はまだ教えていた、数千年にわたる伝統と結びついている。すなわち、そこでは、聖典、すなわち、ヘブライ語による旧約聖書とギリシア語による新約聖書、ギリシアの哲学者や作家の著作（プラトン、ツキジデス、ソポクレス）、そして、ラテン語の詩人や歴史家の著作（ホラツィウス、キケロ、タキトゥス）、それらギリシア・ローマの著作を原典で読むばかりか、当然のことだが、偉大なシェイクスピア、そして、ドイツ文学の古典、すなわち、ゲーテ、シラー、ヘルダーリーンをも手にとることができたのである。それをしも、教育学的な意味で地方、辺境といえるだろうか。それは、何と広い世界であったことか。

この広い世界を、そして、二十世紀のすべての人たちが、みずからのぞむか否かを問わず、甘受しなければならなかった激変を、私は素描してみたいと思った。この変化は、伝統として残されたすべてのものを、教会と君主制国家を、物質的ないし観念的な価値を、疑義に付したのである。それは、混乱させ、破壊するのを事とした。そして、古い物事に必死に固執したり、新しい物事を徹底的に遂行したりする、そうしたさまざまな試みは、ヨーロッパの歴史のおそるべき荒蕪へとつながった。だれ一人、それから身を引き離すことはできなかった。

そうした激変を、私は、マルティンとフリッツの二人のハイデッガー兄弟の反応に即して、えがきだそうと考えた。二人の兄弟が生まれたとき、メスキルヒにはまだいかなる機械も存在しなかった。彼らが死んだとき、人々は、すでに器械器具のたぐいにとりかこまれていた。今日のわれわれにとって自明であるものが、彼らにとっては目新しかった。あらたに生まれる者は、おなじ時代にすでに生きている者たちよりも、つねに賢明なのである。

私の共感は、フリッツ・ハイデッガーに、その賢明さ、そのユーモア、その平常心にむけられている。おそらくそのことは、すでに読者の眼にも明らかであろう。私の驚嘆は、哲学者マルティン・ハイデッガーにむけられている。一九三三年の彼の錯誤は、まさにそれゆえに、私には痛ましく感じられる。大きく考える者は、大きく迷うのだと、彼はかつて語ったことがある。私にいわせれば、彼は大きく考えて、小さく迷ったのである。そして、私がマルティン・ハイデッガーに、それもその哲学の営みにではなく、その人間に、ときとして認めざるをえない、この小ささ、卑小ともいえるこの小ささは、彼の小市民としての出自の、その結果であるというにとどまらない。奇妙なことに、おなじ小市民的な環境からさほど遠くへだたってはいなかったはずのフリッツ・ハイデッガーは、そうした卑小にとらわれてはいない。ほかならぬ彼がともに生きていた、彼がその特性をときに辛辣に、ときに愛情をこめて、みずからえがきだしていた、その小市民性から、彼は、ほかならぬその生業において、その思惟において、抜きんでていたのである。

一九三三年において、さらにその後の年月にあっても、メスキルヒの信用金庫の出納係がフライブルク大学の哲学教授よりも賢明かつ果敢であったことは、いうまでもなく私が彼にたいして好感をいだくに十分な理由である。そして、私自身もその一人であるところの知識人の、その賢明さの欠如に、疑問を感じざるをえない。知的だからこそ知識人である、なるほどそれは、その職分に属する、しかし、知識人が知的であるとして、常時、そうであるわけではない。大事なのは、日常の物事に賢明であること、人々とのつきあいに、社交上の関係に、そして、社会的かつ経済的諸問題に賢明であること、なのである。それは、彼らがみずからの職分にかかわる世界にあっては、いわば拠って立つ地盤を失ってしまっていることに、そもそも起因してもいるのだろう。それは、謙虚におのが分を知る、そうすべき十分な理由ともなるはずである。ところが知識人は、すなわち文筆家、人文系の研究者、ジャーナリストたちは、すべての物事についていついかなるときも口をさしはさむことができる、そうした使命を背負いこんでしまうのである。

フリッツ・ハイデッガーの身の処し方に、私は、かつて職人、農民、商人がもっていた、こうした賢明さの名残をも認めることができる。こうした人たちは、おのが生活圏に根づいていた。彼らは、その経験をもとにして判断能力を獲得したのだが、いずれにしてもそれは、彼らが見通すことができるような、日常的に必要とし、取り扱ってもいる物事の範囲内でのことだった。この人生知は、しかしながら、畢竟、進行していく工業社会には、もはや十分ではなかった。古い方向感覚は役にたたなくなって、その代替をさがしもとめなければならなくなった。その点で、日々の糧を得ること、子供たちを教育することにかまけて、明日のことに思いをいたすこともまれな、そうした普通の市民たちよりも、より高い見地から説明する必要に迫られているようにみえる知識人の、恰好の出番がまわってきたのである。たとえそうだとしても、普通の市民たちには、教会が与えてくれるような伝統的な指針で事足りるところだろう。しかし、こうした指針にしても、すでに脆弱なものと化していた。教会が有していたかつての力は、消滅に瀕しているように思われた。それは、時代精神への順応と拒否のはざまにあって、いまや摩滅しつつあった。

マルティン・ハイデッガーは、彼がそのなかで育ったカトリック教会の世界観を、ますます重圧として、窮屈なものとして、感じるようになった。すくなくとも、その哲学的な思惟がめざめて、コンラート・グレーバーがコンスタンツのコンラディハウスで与えてくれた、フランツ・ブレンターノの著作に触発された、その瞬間からは。トマス主義、すなわち、当時、教皇レオ十三世によって狭く解釈された「新トマス主義」の形で、唯一、カトリック神学を規定していた、トマス・フォン・アクィナスの神学の、いかにも精緻につくりあげられた体系を、彼は、みずからの思惟を締めあげることになりかねない、その手のコルセットと見做さないわけにはいかなかった。彼は、自由に思惟したかった、自立して思惟したかったのである。かくして、彼のめざす方向は、官許の教会から遠ざかるほかはなかった。そのことは、ときとしてカトリック哲学にたいしてむけられる、彼のにべもない拒否の姿勢を説明してもくれよう。ほかでもない、自分たちに近しいことを、ひとは、いざそこからおのれを分離するとなれば、いよいよ鋭く斥けるものである。このように、神学からの離反は、彼自身の自立した哲学の、その必然的な前提であった。ようやくのちになって、彼がその哲学において、その哲学によって、自己を確立したあとで、彼は、カトリック教会にふたたび公然と接近することができるようになった。

フリッツ・ハイデッガーは、教会の個々の代表者にたいして、教会の個々の措置にたいして、さまざまな留保を付していたにせよ、その生涯にわたって、教会に結びついていた。それは、その思惟においてもそうだった。もとより彼の思惟は、トマス・フォン・アクィナスの神学よりも、マイスター・エックハルトの「否定神学」に沿うものであった。「否定神学」の意味するところは、神の本質は、否定をおいてほかに語りようがない――われわれは、神がそうではないところのもののみ、謂うことができる――あるいは逆説として――われわれがしめすことができるのは、神がわれわれの論理の彼岸に在るということのみである。「神とはひとつの言葉、語られざる言葉である。」

そして、古き巨匠を評価する、この点において、フリッツは、ふたたび兄のマルティンとの類似性を有している。その放下の解明にとどまらず、マイスター・エックハルトにすくなからず負っている、その哲学との類似性を。たとえばオットー・ペゲラーが、そのことを示唆している。

フリッツは、かならずやよき神父になっていたことだろう。そのユーモア、ときとしてその粗野をもってして、いかなる場合にもすぐれた説教者として。彼は、その機会にめぐまれなかった。それゆえに、彼の生涯を、その才能を職業において十全に発展させる可能性をもたなかった、そうした人物のたどった道程と見做すこともできよう。彼の才能は、それを凌駕していた。そのかぎりにおいて、彼はまた、そのおなじ市民たちを超えてもいた。というのは、彼らは、通常、自分たちが身をおいている生活圏に同化していたからである。彼はそうではなかった。それは、彼に奇人の風変わりな相貌を与えもしたことだろう。彼は、自己をそのまま展開することができなかった、そうした一人だった。そして、その点においてこそ、ふたたびフリッツは、彼のように著名な兄をもたなかったがゆえにひとに知られることもない、そうした他の人たちを代表してもいるだろう。

こうした人たち、いわゆる庶民に、私は魅せられている。彼らは、研究の、いわんや伝記の、対象になることもまれにしかない。彼らについて、とりたてて報告すべきことは何もない。それでいて、彼らは、社会生活を動かしているところの存在であり、われわれにその情報がもたらされるような、少数の傑出した人たちではない。そして、多くの場合、彼らは、こうした傑物たちよりも善良で、賢明なのである。

私がフリッツ・ハイデッガーについて知りえたわずかな事実、なかんずく息子のハインリヒについてのことどもを、私は本書で公にした。おびただしい彼の著作は、その息子によって複写されて、私の手許に保管されている。私はそれを楽しみつつ読みながら、そこから得るものも多い。選集を編んで、公刊したいとさえ思っている。それなりの仕方で謙虚であった、そして、その熟考のうちにあっても慎ましさをもとめた、その彼の意に沿うことであるかどうか、私には知る由もないが。

謙虚は、知識人の徴表ではない。知識人は、公の競争の場で、自分をめだたせ、自己を主張しなければならない。自分に自信をもつほどに、自分について他者を納得させることができる、彼にはそのように思えてくる。かつて教会によって悪徳と見做された高慢が、ここでは徳なのである。ハンナ・アーレントは、前述した一九五七年十二月十六日付クルト・ブルーメンフェルト宛の手紙のなかで、それを「自身の比類のない人格に憑かれた状態」と名づけていた。彼女は、こうした挙措を、マルティン・ハイデッガーにとどまらず、およそ知識人一般の典型に看取している。彼女はまた、ユダヤ人の宗教哲学者ゲルショム・ショーレムをも槍玉にあげる。もちろん彼女は、マルティン・ハイデッガーの天才をも認めてはいる。したがって、そもそも彼には、そのように思いあがる理由があった。あるいは、ハンナ・アーレントがいうように、逆にそうであるからこそ、彼にはそうする必要などなかった、ということにもなるだろう。

神学の道にすすんでいたとすれば、マルティン・ハイデッガーは、いったい何になっていただろうか。おそらくは、一介の村の神父ではないだろう。すくなくとも、たとえばベルンハルト・ヴェルテに、それどころかカール[70]・ラーナーにも、比肩することのできるような、著名な神学者になっていただろうか。教会の内部で、また大学の専門分野でも、あるいはさらにその域をこえて、名声を博して。もとより哲学は、名を知られた学者になる保証を与えてはくれなかった。彼はまた、その専門の埒外では、ほとんど知られることもない、多くの大学教師の一人になることもありえただろう。彼がそのように大きな名声をかちえたことには、ほかの理由があるにちがいない。彼は、まれにみるほどの精力、影響力をもちあわせていた。それは説明すべくもない事柄で、ただ確認することができるばかりである。さもなければ、かくも多くの重要な弟子たちを輩出したことを、およそ理解しようもないだろう。すくなくともハンナ・アーレント、ハンス・ヨーナス、カール・レーヴィットの名をあげることができる。この影響力は、だれにでもおなじように印象深く作用したわけではなかった。ヨーナス・コーンは、その影響力を認めなかった。彼は、ハイデッガーが哲学する営みのなかに、彼が教えられた学校哲学とは一致しないものを認めたにすぎなかった。他の者たちは、より多くのものをみてとった。そこには、紙のうえでは伝えようもない、人格の放射のなかに含まれるような何かが、やはり介在したにちがいない。いずれにせよ、それは、これらの弟子たちを、みずからの思惟へと駆りたてたのである。そして、それは、一人の教師について述べることのできる、最高の賛辞にほかならない。

彼の我意をつらぬく道を、その弟子たちは歩まなかった。すなわち、それは、彼がさししめした道、ただ放下によって、待つことによって、したがって僥倖によって、よりよくいえば恩寵によって、与えられる、存在の思惟にいたる道である。ただに禅仏教の宗徒ばかりが、晩年のハイデッガーの熟考のなかに、彼らのめざすものとの類似性を認めたわけではなかった。神秘思想のキリスト教的伝統が、そのなかに隠れてもいる。あらたな言葉によって、というのも、古い言葉が空疎になったからだが、ハイデッガーは、古来の智慧を語る。そして、そこにこそ彼の偉大さがある、と私には思えるのである。

哲学者は語る。われわれは彼の言葉を読む。われわれは何をすべきだろうか。彼は、行為の指針を与えるわけではない。教会は語るばかりではなくて、実際に行為する――礼拝と祈禱によって――そして、行為への導きをしめしもする。ただ行為する者のみが、言葉によって表現された目標に達することをのぞむのである。すなわち、祈禱によって、禁欲によって、瞑想によって。禅仏教の僧侶やキリスト教の修道僧がそうするように。だからこそ、マルティン・ハイデッガーは、くりかえし故郷のボイロン修道院に足をはこんだのだった。そのベネディクト会の修道僧たちのもとに、彼は、みずからが必要とする内的な平静をみいだした。

すでに学生時代から、大学が休暇になると、彼は、修道院の図書館を利用するために、よく自転車を走らせて、メスキルヒからボイロンへでかけていった。司書のP・アンゼルムと、彼は親しくなったが、この友情は、生涯、つづいた。一九二九年にマールブルクから戻ってのち、一九三〇年、三一年と、彼は、その都度、しばらくのあいだボイロンに滞在した。彼は、そこで僧侶たちをまえにして、幾度か講演をしたが、結局、そのことによって、フライブルクの司教区庁の不興をかう破目になった。訪問は中断されたが、接触は保たれた。一九五〇年に、故郷の町に滞在した機会に、その訪問が再開されるにいたる。幾人かの僧侶と親交を結んでいたフリッツ・ハイデッガーとマルティンは、よく連れだってメスキルヒからそこへと赴いた。何度か、彼らは、そこで十一月十一日のマルティン祭を祝った。それは、マルティンの聖名祝日で、聖マルティンに捧げられた大修道院の守護聖人祝日でもある。

一九二九年九月十二日に、マルティン・ハイデッガーは、連れだってボイロン修道院を訪れたエリーザベト・ブロッホマンに宛てて、つぎのように書き送った。「概していえば、人間の現存在の過去は、ただの無ではなくて、私たちがくりかえしそこへとたちかえるところのものなのです。私たちが、深みのなかへと生いたっているならば。しかし、この回帰は、かつてありしものの継承ではなくて、変容にほかなりません。そのようにして、今日のカトリシズム、プロテスタンティズムは、いずれも同様に、戦慄すべき代物にとどまらざるをえません――それでもボイロンは、てみじかにいうならば、何らか本質的なものの種子として成長していくことでしょう。」

フリッツ・ハイデッガーは、より好意的だった。彼は、双方を、神学と哲学を、大司教と哲学者を、たがいに結びつけようとした。その際に、自分が好きな鉄道を、比喩として援用した。コンラート・グレーバー大司教が一九四七年に叙品五十年記念を迎えるにあたって、彼に宛てた手紙のなかで、フリッツはこう書いていた。「大司教猊下は、おなじ線路の一方の軌条であり、マルティン・ハイデッガーは、いまひとつの軌条であります。ベルンハルト・ヴェルテが、両者の眼にみえぬ結びつきをうちたてる、その時が、やがて到来することでありましょう。私は、哲学者の神とイエス・キリストの父が対立するなどということを、けっして信じてはおりません。事はよりこみいっておりまして、その終末は、タントゥム・エルゴであります。」（聖体の秘蹟の賛歌）[71]

謝辞

私は、まずは最初に、かつて私のもとでチューターを務めていたアーニャ・カッセカートさんに謝意をささげたい。メスキルヒの出身である彼女は、ベルリンにあって、遠くへだたったこの「天才たちの一隅」について、私がイメージをとらえる助けになってくれた。彼女は、必要な文献資料を入手し、重要な人たちと連絡をとってくれたのである。たとえば、メスキルヒの著名な歴史家で、フリッツ・ハイデッガーの思い出を私のために書きとめてくれたアルミン・ハイム氏や、その啓発されることの多い課題論文『メスキルヒのナチ時代』（フライブルク、一九九〇）を閲覧させてくれたヘルムート・ヴァイスハウプト氏が、そうである。両氏につつしんで感謝したい。

私はまた、ドゥイスブルクのゲーアハルト・メルカートル大学付属ザーロモン・ルートヴィヒ・シュタインハイム研究所のマルグレート・ハイトマンさんにも感謝しなければならない。そこには、フライブルク大学の哲学教授であったヨーナス・コーンの遺稿が保管されているが、マルティン・ハイデッガーに関するコーンの手記を、ハイトマンさんがコピーしてくれたおかげで、私は、そこからいくつかの部分を引用することができた。この手記は、一般に評価される日を待ちのぞんでいる。

しかし、私がとりわけ謝意を申し述べたいのは、すでに退職されたハインリヒ・ハイデッガー神父であり、いうまでもなく私が本書で高く評価しているフリッツ・ハイデッガーのご子息である。神父は、私にその家族にたいする認識を与えつつ、名前、日付を具体的にしめすことによって、私の認識を確かなものにしてくれた。また神父は、局外にある者には生じがちな蕪雑な誤謬を避けるためにも、私の助けになってくれた。そして、いつの日か整理され、刊行されることを期しているご父君の手記を、信頼して私の自由な使用にまかせてくれた。私がここで書きしるした事柄には、私一人が責任を負っていることは、もとよりいうまでもない。

私につねに好意的に対してくれたハイデッガー神父との出会い、彼との文通には、私にとって、この小著の稿を草するにあたり、ほんとうの意味で得るところが多かった。それによって、私は、ひるがえって他の人たちの認識と理解をすすめるべく努めている次第である——とりあえずは、かつなかんずく、兄弟二人の生と作品について。

ベルリン・リューバルスにて、二〇〇四年十一月十一日

ハンス・ディーター・ツィンマーマン

付録

コンラート・グレーバー宛のフリッツ・ハイデッガーの書簡から。グレーバーは、一八七二年メスキルヒに生まれる。一九三二年から一九四八年の死にいたるまで、フライブルク大司教を務める。この手紙は、一九四七年十月二十六日、フライブルクにおける叙品五十年記念に際して書かれたものである。

あなたが（私と同様に）ささやかな乗馬きちがいでおられたときには、あなたはいつも、メスキルヒのすべての駄馬どもを知悉しておられました。ゼッパーミヒェレ家（ヴィンケレクーッ家の向いです）の四頭、獅子亭の有蓋四輪馬車の八頭、シュテルクとフェルバーのビール運搬車用の頑丈な馬たち、そして、おそらく――これこそミサの侍童のこのうえなき幸運でありましたが――あなたが鐘の撞き手を務められるときには、あなたは、身近にあって、あらゆる鐘の種類と音調に通暁しておられたのでした。――おお、この鐘たちといったら。古い「大鐘」（一五九八年鋳造）は、一九二七年の復活祭の折しも、私の母が臨終の床に横たわっていた、ちょうどそのときに、鐘楼を飛びだして、くたばってしまいました。その鐘の双子の姉妹である「クラナイの鐘」は、代々の鐘撞き童たちの数世紀にわたる寵愛をも失って、今日ではより大きな鐘たちから仲間はずれにされながらも、なお生き残っております。それは、今日、いかにも硬い、金切り声さながら、嘆くような響きをたてています。入魂もままならず、内なる飛躍とてなく、仮借ない電流によって、次第に死にいたるまで酷使されて。そのかたわらに残っているものといえば、「子供の鐘（子供のための典礼用）」ばかりで、それは、かつては教理の授業に、死者のためのロザリオの祈りに、「（堕胎された）胎児の骸」に、打ち鳴らされたものでした。それに向かいあうように、澄んだ明るい響きをたてる「サルヴェの鐘[72]」が下がっていました。この二つは、どうにもままならぬまま子でした。綱を引くのもむつかしく、またそのあと抑えようもなかったのです。それにたいして、上席の撞き手にあれこれ指図されるのは、ただ「弟子たち」、シュネールキンゲンの少年たちばかりでした。

そして、「十二の鐘」、アメリカ発見のころに鋳造された、高い腕をもつこの誇らかな鐘は、ただ手練れのみが扱うことができました。「大鐘」の隣には、「三の鐘（三時に撞く）」が、弔鐘が、下がっていました。殿方の場合には最後に三度、婦人の場合には二度、打ち鳴らされるのでした。

そして、鐘楼の屋根の下、「二階桟敷[73]」の上方に「拍子木[74]」がおいてありました。それから、がらがらが（ああ、幸せな聖週間だったことよ[75]）。

そして、クリスマスの朝と聖体の祝日の早朝の鐘撞き、そのあと、五月祭のメイポールを立てて、最後に、ベッケボースのパン屋でぱりっと焼きあがったブレーツェル[76]。

そして、いまひとつの奇蹟の世界がありました——ミサの侍童を務めることです。とりわけ真冬の待降節に（ほんとうに至福の寒さです）亜麻布の衣装を身にまとって、ほとんど一緒になって凍えている、ロラーテ[77]のお勤めのときなど。長椅子に射している蠟燭の鈍い光、そして、「空よ、義人を露と降らしめよ」のくだりの歓呼の声。

年ごとにめぐってくる、すばらしい祝日でした。だれもが、それぞれの仕方でお祝いをしました。個人のすべての特徴は、みんなの知るところだったのです。

メスキルヒのアントン・ブルックナーとの異名をとる、小男のオルガニストのウルナウにいたっては、「主があなたちとともに在らんことを」のくだりにさしかかっても、とどまるところを知らぬ有様でした。あのあわれな「よそもん」[78]といったら。

すべてこうしたことは、ただの子供のロマンティシズムではありません。私は、どのようなめだたぬ体験のなかにも、聖霊がはたらき、力をおよぼしているものと信じているのです。

教会の香部屋のなかで、メスキルヒの鐘たちのもとで、それらのすぐ間近で成長した者は、つねに変わらず、そのままでありつづけることでしょう。たとえうわべは、みずからの意に反しているようにみえようとも。

古カトリック教徒の寺男ボッシュは、当時、私の兄のマルティンに、教会の鍵を手渡したものでした。それが市の教会の引き継ぎだったのです。

大司教猊下は、おなじ線路の一方の軌条であり、マルティン・ハイデッガーは、いまひとつの軌条であります。ベルンハルト・ヴェルテが、両者の眼にみえぬ結びつきをうちたてる、その時が、やがて到来することでありましょう。私は、哲学者の神とイエス・キリストの父が対立するなどということを、けっして信じてはおりません。事はよりこみいっておりまして、その終末は、タントゥム・エルゴであります。

ザーレム近郊ヴァイルドルフの神父にして司教座聖堂参事会員であるフランツ・カール・フーバー・エーレットに宛てた、フリッツ・ハイデッガーの書簡から。フランツ・K・H・エーレット（一八八二―一九五九）は、第一次世界大戦の前後、メスキルヒの助任司祭であり、そののちシュヴェンニンゲン（ホイベルク）とヴァイルドルフの司祭を務めた。

（……）

たとえ人間の一生が短かろうとも、その道程は、ひとの眼にはもともとは長く、かつ変転にみちたものと映るものです。あなたがコンスタンツで、グレーバー院長のもとで助任司祭を務めておられたとき、あなたご自身であれ、私であれ、個人として、そもそも経験しなかった、耐え忍ばなかったような、そのような何があったというのでしょうか。どれほど世界は変わり、すべての物事にたいする尺度は大きくなり、ちがったものになってしまったことでしょうか。理解しがたいものがすくなからず解明されるいっぽうで、自明なことがすくなからず謎として現前してきました。なるほど私は、一生のあいだ吃音のままで、いささか奇矯な人間として過ごしてきました。何しろ私は、謝肉祭の木曜日にこの世に生を享けたのですから。そして、はや二、三日後にはふたたびあの世に旅立とうとしたために、それで翌日の金曜日には、平日であることもいとわずに、幼児洗礼のために大急ぎでイエスの御心教会に連れていかれて、そこで、当時の助任司祭のシュヴァルツ神父（かつてコンラディハウスでは、私の聴罪司祭でした）が、私のあわれな魂を不憫に思って、洗礼を授けてくれたという次第でした。洗礼祝いのご馳走としては、金曜日ともなれば、いつものような炒り麦スープとグラッツェーテ〔79〕があるばかりでした。このような略儀、間に合わせは、いつまでも私についてまわりました。それにつけくわわったことといえば、熟考への傾きと、あらゆるカトリック的なものの本質にたいする、ほとんど生来といってもいいような本能でした。この後者のおかげで、私は、ありとあらゆる領域を、さまざまな種類の哲学の分野を、逍遥してまわることができます。その際に、私の憧れてやまぬ真理を、くりかえしあらたに証するものを、獲得し、収穫しています。いかなるたぐいの硬直も狭隘さもまぬがれた、こうしたいささか奇妙な確かさは、私の兄のマルティンにも、すでにしばしば見受けられるものでありました。私は、マルティンを絶対的な天才と見做すことを、すでにしなくなっておりますし、彼の現に存在する偉大さを、自然な人間的な制約、限定とともに考察することを、次第に学びつつあります。しかし、私はほとんどこういいたいところなのです、私は彼のことを永遠に保証すると。聖堂内の香部屋のなかで育ったミサの侍童としてのマルティンを知らぬ者は、たとえその外観はしばしば異なってみえようとも、畢竟、その哲学を理解しませんでした。深淵の近くにたえず身をおきながらも、ほかならぬそうしたマルティンにあって、摂理が支配し、聖霊がはたらいていることを、私は信じて疑いません。

伯父マルティン・ハイデッガーについて、ハインリヒ・ハイデッガーの記述。

メスキルヒ、二〇〇二年十月八日

親愛なるツィンマーマン先生、

先生は、貴簡において、私の伯父マルティンとの関係についてお尋ねになっておられます。すべてを一通の手紙でお答えすることは手にあまるとしても、できるだけご趣旨に適うように努力してみましょう。著名な哲学者の甥がカトリックの司祭になったことは、外部の人たちには、ときとして奇妙に思われるかもしれません。私がこの職業を選択したのは、「マルティンとうまくいかなかった」からだと、そう考えた人たちも、すでにたしかにおりました。私たちが神学的な意味で「召命」と呼ぶところのものは、召された者ですら見通すことのできない、ひとつの神秘にほかなりません。常ならぬ出来事によって召される、そうした少数の者もおりましょうが、大多数の者の場合は、生家によって、友人知己によって、おそらくはまた、ハンス・キュングがその伝記『かちとられた自由』のなかで述べているように、よき神父たちによって、影響を与えられるのです。

マルティン伯父は、わが家には、ただ滞在して、自分の家のようにくつろいでいました。大部分の原稿がわが家に保管されて、父が原稿の複写をはじめた、あの時期（一九三八年秋）以降は、なかんずくそうでした。戦争の危険が切迫し、最悪の結果が予想されるようになったことで、マルティン伯父は、原稿が散逸するのをまえもって防ぐために、複写して、数部の写しをとるように、父に希望しました。まもなく伯父は、写しを手にしてみると、これまでよりも容易に原稿を作成できることにも、気がつきました。こうしたすべての事情によって、兄弟二人の共同作業は、いよいよ必要なものになっていきました。かくして、マルティン伯父は、ただ「訪問」するにとどまらず、わが家で仕事のための休暇を過ごすようになったのです。私たちの少年時代には、伯父の哲学者としての重要さについて、知っているというよりも、ただ予感するにとどまっておりました。しかし、わが家であろうと、フライブルクであろうと、山荘であろうと、その単純な生活様式から、伯父を自分たちの身内と見做すことは、私たちにとってたやすいことでした。私たちは、伯父のことを誇りに思っていたでしょうか。おそらくはきっとそうだったでしょう、しかし、鼻にかけてはいませんでした。だれかが「ビッグ・ネーム」をもっている場合でも、みんなは、子供のときからそれに慣れてしまいます。何かメリットがあるとすれば、たとえば、私たちが学校で先生たちにたいしてそうしたように、自分たちの周囲の人たちをためしてみることができたことでした。メスキルヒの実科学校では、それで人目にたつことはありませんでした。私がそれをはっきりと意識したのは、コルンヴェストハイムで高射砲部隊の少年兵として過ごした時期のことでした。私たちが化学「実験」をするのにもちいた教科書の、その著者であるヘルマン・レンプ氏の教え[80]を受けたことが幾度かありました。レンプ氏は、私の友人のゲーアハルトに、その姻戚のゼッテレのことを尋ねたように、私にむかって、率直にこう尋ねました、「マルティン・ハイデッガーの親戚かね」と。教師の立場で尋ねたというわけではかならずしもなくて、「その名前は聞いたことがある」と、ただあてもなく呟いたところをみれば、教師にとってたいした事件でもなかったのだろうと、私たちにもすぐに感じとれて、はたしてつぎの授業のときにそれが証明されるのを確認したのでした。

もちろん私たちは子供でしたから、伯父が来ているときには、いくらかそれにあわせなければなりませんでした。私たちは、あまり大声で話すことはできませんでしたが、それはさほど困難ではありませんでした。というのは、私たちは、暇があれば家の外で過ごしていたからです。ラジオも、また楽器も、もっていませんでした。マルティン伯父は、さほど付き合いにくいわけではありませんでした。学校が休みになって、私たちが山荘に滞在するたびに、トランプやほかのことで、一緒に遊んでくれたりしました。一九四四年一月に、私がはじめて山荘でスキー合宿をした際には、伯父は、いくつかこつを教えてくれる、私にとってはきびしいスキー教師でした。私たちはくつろいで、スキー板を履き、小さな傾斜を滑降しました。伯父のもとで、私は、幾度もくりかえしシュテムボーゲンの練習をしたものでした。

人々は、哲学者について奇妙な観念をいだいています。ひとは思うのです、そうした人種は、いつも「瞑想にふけって」いるにちがいない、と。もちろんそうしたこともありました。私は、ドーナウ渓谷を歩いたかなりおおがかりな遠足のことを思いだします。それは一九四二年のことだったでしょうか、ブロンネン城のそばを通り過ぎたとき、伯父は、ポケットから手帳をとりだして、何かを書きつけました。父の友人のガンバーさんが、伯父に何を書いているのかと尋ねました。マルティン伯父は、こう答えました、ちょうどある考えが浮かんだので、書きとめておかなければいけないのだ、と。しかし、そうした出来事は、きわめてまれでした。家族のあいだで、あるいは「市役所酒場」の常連客用テーブルで、あるいはのちに「ホテル」（「ホーフガルテン・ホテル」は、ただそう呼ばれていたのです）で、伯父は、他のだれとも変わったふうではありませんでした。なるほどどちらかといえば、父が会話を独占している様子でしたが、伯父にしても、けっしてブレーキ役をはたしてはいなかったのです。その手紙からは当初からみてとれるように、伯父は、かねてから親族内での出来事に心をくだいていました。文字どおり、苦楽をともにしていたのです。その手紙を、伯父は、どれほどしばしば「兄兼義兄兼伯父より」で結んでいたことでしょうか。

戦争がおわるころ、私たちの小さな家では空間的に手狭になったとき――私たちは、爆撃で負傷したひとりの女性を、その子供と一緒に、家に引きとらなければなりませんでした――伯父は、いうまでもなくその事態に順応して、客間を明け渡し、ベッドが三つしかない子供部屋で就寝することも、ときどきありました。とにもかくにも、兄のトーマスが一九四三年以降は、そこに移ってきていて、一九四四年の秋には、私がつづきました。あれやこれやで、私たちは一緒になって汗びっしょりの有様でした。そうしたことは、戦争中の最後の数カ月にもおこりました。私がちょうど高射砲部隊を除隊になった、一九四五年二月二十二日に、メスキルヒが爆撃されたのです。マルティン伯父は、破壊された民衆銀行の金庫のなかから、二つの原稿を自分でとりだして、安全な場所に移すことができました。伯父は、そこで地方防衛隊の大尉や国家労働奉仕団のリーダーたちと交渉して、散逸した原稿を確保するために、部下を動員するように依頼しました。伯父は、また二、三日のちには、私の父が一月五日以来、召集されていた地方防衛隊のなかで、ラードルフツェルから当地へ配置換えになるように、大尉を説得したのです。私たちは一緒になって鋸を引いて、庭にジグザグに掘ってあった塹壕を隠すための木片をつくりました。ここで、ある日、戦闘行為が出来するかどうか、もちろんわからぬままに。塹壕を掘ることは、一九四四年の秋、エルザスで「堡塁構築作業」をして以来、私たちは慣れていました。一九四五年四月上旬に、私がさらにウルムの連隊に召集されたとき、父と伯父は、夜中の十二時に駅まで見送りにきてくれました。当時、列車は、もはや夜間にしか運行していなかったのです。たとえ私たちがたがいに哲学的会話をかわしたわけではなかったにせよ、そうしたすべてのことが、私たちの心を一つにしました。伯父はまた、父がときおり苦境にあったときなど、私が父の原稿複写の仕事を手伝ったことに、感謝してくれました。マルティン伯父は、ときとして講演や小論文の写しを、いつもより多めに必要とすることがありました。まだ複写機など存在していなかったので、複写をさらに複写するほかはありませんでした。私は、授業のためのラテン語のテクストを複写していたことで、タイプライターにいささか習熟していたもので、たとえば『芸術作品の起源』の、写しからさらに写しをとるという作業をやってのけました。もちろん私は、その本文をたいして理解していたわけではなかったのですが。

あの時代に、私たちは、家のなかではさかんに政治談議をしていました。父は、隣の家で外国のラジオ放送を聴いていました。そして、マルティン伯父は、わが家にくるたびに、たえず新しいニュースをもってきてくれました。それも背後関係についての多くの知識を含んでいました。というのも、伯父は、私たちよりも多くの、それも異なった人々と、接触していたからです。私たちは、伯父が一九三三年に大学の総長〔81〕であったことを、すでに知っていましたが、それはもうとうに過ぎ去ったことでした。伯父がPG、すなわち党員であったことなど、私はゆめにも考えたことがありませんでした。それで私は、一九四四年二月に、フライブルク中央駅で列車を待っていて、伯父が不意に、今回は党章をつけていかなければいけないのだ、といったとき、驚いたものでした。伯父が上着の襟を返してみると、そこには党章が縫いつけられていました。今日、そのことを怯懦、不誠実と解釈する人がすくなくありませんが、しかし、今日になって批判する人たちは、独裁国家で、なかんずくいまや崩壊に瀕して、その没落の淵へと他のすべての人たちを道連れにしようとしている、そうした独裁体制下で生きることが、いったい何を意味するのか、それを知らないのです。

一九三三年に伯父がナチ体制に関与したことを、私は、ようやく戦後になってから、十全に意識するようになりました。もっとも私は、一九三四年以後、大学でマルティン伯父の講義を聴いていた先生たちとも知己になりました。彼らは、当時、そこからナチ体制にたいする伯父の批判がかすかに響いてくる、そうした行間の声音を聴きとっていたということです。伯父は、あの年月に自分がひそかにスパイにつけ狙われていることを知っていました。マルティン伯父が、弟子のだれにもまかせなかった『寄与』[82]の複写を、父に依頼したことは、無駄ではありませんでした。

私が一九四八年にギムナジウムの卒業試験を終えてから選択した、その職業について聞いたとき、伯父は驚きもしませんでした。伯父が父に語ったところによると、伯父はそれをほとんど予期していたとのことで、実際に喜んでいたそうです。大学での勉学のために、私はフライブルクへ赴いたのですが、そこで学期中は二週間ごとに「レーテブック」[83]にかよいました。私たちの関係は変わりませんでした。私は、伯父にむかって、哲学にとどまらず、さまざまな講義について報告しました。伯父は、神学の分野にも関心をしめしました。年配の教授たちの一部は、まだきわめて慎重でしたが、ようやくアントン・フェークトレやアルフォンス・ドゥライスラーといった若手の教授が、彼らの新しい研究の成果を、あえて世に問いはじめていました。第三学期にいたって、私が「石にかじりついてもやりぬく覚悟でいる」[84]ことをみてとった伯父は、やにわに本棚から彼の小さなミサ典書をとりだして、私に与えました。それは、どこかに積みあげられているといった体のものではなくて、伯父の蔵書の中央に位置していたのです。私が数週間のちに、フランツ・ヨーゼフ通りで失神の発作におそわれて、意識も戻らぬまま、病院にかつぎこまれたとき、伯父は、すぐさまその場に駆けつけて、親しい病理学者によりくわしく診察してもらえるように、取り計らってくれました。伯父は、毎週、見舞いにやってきました。一九一〇年から一一年にかけての第三学期のおわりに、おなじように倒れた、自身の記憶が、おそらくはそうさせたのでしょうか。それは、私にはわかりません。私にわかることは、伯父が私のために、どれほど細やかな心遣いをしてくれたか、ということだけです。それにもかかわらず、伯父が制度としての教会にたいして、どれほど距離をおいていたか、私はもちろん知っています。新スコラ学に局限する神学の狭隘化といった、その学校時代の経験や、教皇の聖書委員会による神学者たちの妨害といった出来事が、一般に知られている以上に、伯父に印象を残したのかもしれません。伯父がマールブルク時代におこなっていた、ルードルフ・ブルトマンとの週に一度の聖書読解が、要らざる影響を与えもしたでしょう。そして、エルフリーデ伯母は、この点では伯父にしたがいませんでした。しかし、伯母もまた、私の職業選択を非常に好意的に受けとめてくれました。「そんなこと、できるわけないじゃない」といったたぐいの反応がかえってくることは、まったくなかったのです。私たちは、神学的な問題に関しては、たが

フリッツ・ハイデッガーとカール・レーマン（現マインツ大司教で、ドイツ大司教会議の議長。ローマでの初ミサのあとで）」

いに天と地ほどに隔たっていたとはいえ、伯母は、いつものように寛容で鷹揚でした。

何か誤解があって、マルティン伯父がフライブルクの大聖堂での叙品式に出席することは、不可能になってしまっていました。しかし、その二日のちには、伯父は、思いがけなくザンクト・ペーターの神学校の門前に立っていました。神学校の校長の計らいで、私をさがしていたのです。それで私たちは、校長のホルツアップフェル博士の部屋で会うことができました。挨拶と祝いの言葉については、ここで何も書かないことにします。それは、私の秘密にとどめておきたいのです。それについてより多くのことを知りたいという人は、新任司祭の初ミサに際してのテーブル・スピーチ（全集版第十六巻、四八八ページ以降）を読んで、その行間の声音を聴きとられるのがよろしいでしょう。初ミサを記念して伯父から贈られたミーニュ版アウグスティヌス著作集が[85]、おのずから語ってくれています。添えられた手紙に——十一巻の著作集は、すこし遅れて届きました——伯父はこう書いていました、職について最初の数年間は、「アウグスティヌス」に割く時間はあまりないだろう、しかし、あとになれば、「その説教と注釈を規則ただしく読むことは、精神をゆたかにし、触発するのにきわめて益するであろうし、ここには汲めども尽きせぬ泉が流れでていることを知るだろう」というのでした。もっともここで白状しておかなければなりませんが、後年になっても、私は、ラテン語の原典よりはいずれかの翻訳をもちいていました。

幸運にも、一九六一年の四月に、私は、かつてのシュトッカッハ郡のシュヴァーンドルフ教区に、主任司祭として赴任することになりました。シュヴァーンドルフは、メスキルヒから十二キロメートルの距離にあります。それは、伯父がメスキルヒに滞在するときには、私がやはりひきつづきマルティン伯父と近しく接触していたことを意味していましたが、それは、伯父が一九六二年五月十三日の叙任式に出席して、短いテーブル・スピーチをしてくれただけにとどまりませんでした。伯父は、私の守護聖人であるハインリヒ・ゾイゼの『ドイツ語著作集』を私に贈って、そこから『智慧の書』の重要な言葉（第七章の末尾）を引用したりしました。伯父はまた、のちには村の神父の仕事に大いに協力してくれました。もっとも伯父は、それについては古めかしい見解をもっていて、それは、私がザンクト・ブラージエンへ移るときに明らかになったのですが、村をまとめ、それに形を与えるためには、神父は、終生、村にとどまらなければならない、というのでした。ちょうど一九六〇年代における村落構造の変化は、当時の私たちには、今日の眼からみるほどには明らかになっていませんでした。私たちは、おしとどめようもないこの過程の、そのまっただなかに位置していたのです。マルティン伯父も、「彼の」村であるトートナウベルクが、近代的なツーリズムにひらかれたとき、こうむったこの変化に、みずから気づいていました。

一九七一年に、私がザンクト・ブラージエンの主任司祭の職を継承したとき、伯父は非常に喜んで、これを格別の名誉と解釈しました。しかし、私は、自分がこの司祭職の唯一の応募者であって、人事局の主任は、すくなくとも一人が名乗り出てくれたというので大喜びだったという顚末を、伯父に説明しなければなりませんでした。それもあって、私は、フライブルクの司教区庁や他の官庁に、ふたたび足繁くかようことになりました。時間が許すかぎり、私は、この双方を規則的に訪れたものでした。心をひらいた会話をかわすことができました、というのは、双方とも今日の司牧をとりまく現状について、ぜひとも知りたがっていたからです。第二ヴァチカン公会議（一九六二―

一九六五）での出来事を、たとえ詳細にわたることはないにしても、彼らもともに見守ってはいましたが、教会を今日の世界に開放する試みは、彼らに大きな印象を与えました。伯父は、もはや自身でザンクト・ブラージエンを訪れることはありませんでした。もっとも奇妙であるといえば、それは、伯父が一九六七年の夏に、パウル・ツェラーンとともにザンクト・ブラージエンに滞在したことについて、まったく何も語らなかったことです。それを、私は、ようやくあとになって、リーヒャルト・バウマン教授[86]から聞きました。

なるほど伯父は、哲学的な問いを投げかけるために訪れてくる神学者たちと、多くの繋がりをもってはいたものの、現代のカトリック神学にたいしては、どちらかといえば心を閉ざしていました。歳をとるにしたがって、ひとは、いま世界でおこっている、すべての出来事に、もはや関心をもたなくなるものです。ルードルフ・ブルトマンが、伯父に著書を献呈したこともあります――そして、おそらくその逆もあっただろうことは、ひさしく刊行が待望されている二人の往復書簡集が、いずれ明らかにしてくれることでしょう。伯父がラーナー兄弟[87]、ド・リュバック[88]、コンガール[89]といった人たちを尊敬し、評価していたにもかかわらず、それでもやはり、その若年の経験、すなわち、神学者たちがローマの教学所と対立したり、神学を新スコラ学へと狭義に解釈したりした、等々の経験を、忘れてはいなかったように思われるのです。伯父が心から傾倒していたのはチュービンゲン学派であって、父の還暦祝にチュービンゲンの神学者のヨハネス・クーンの六巻からなる教義学を贈ったのも、意味のないことではありませんでした。

先生が第27章「放下」のなかで、マイスター・エックハルトにたちいって論じておられるのを、私はふさわしいことと思います。エックハルトにかさねあわせて、伯父の神への問いを位置づけることもできるでしょう。伯父は、哲学者として、キリスト教の神については語っておりません。というのも、伯父は、神の「神性」を思惟しようとのぞむからなのですが、それをキリスト教信仰に対立する発言と解釈してはなりません。伯父は、かつてある神学者に、こう語ったことがあります。彼の名前を、私は忘れてしまいましたが。すなわち、自分が神学を著すとすれば、「存在」という語が登場することはないでしょう、と。エックハルトもこう言い放つことができました。「神は、存在するところの、創造的な、生ける精神である。そもそも存在と呼ぶことはできぬ。存在とは、ようやくその被造物の謂いである」と(ヘルダー書簡集、六/〇二、三〇九ページから引用)。それについては、ベルンハルト・ヴェルテがかつてこういったことがあります。マルティン・ハイデッガーは、イーゼンハイムの祭壇画[90]にえがかれた洗礼者ヨハネの、その人差指に似ている、それは、世俗化された世界にあって、「神」という語をもちいることなく、神をさししめしている、と。伯父は、もしかして二十世紀における神の欠落、神の忘却を、内心において苦しみぬいたのでしょうか。この問いは、おそらく汗牛充棟、万巻の書をもってしても答えられないでしょう。

伯父の訪問は、その晩年にはそっくり逆になりました。父がザンクト・ブラージエンの私のところに、あるいはボンドルフの兄トーマスのところに、来るたびごとに、私たちは父に同行して、もはや「レーテブック」ではなく、「フィリパハ[91]」へでかけていきました。伯母と伯父は、自前の土地にバンガローを建てていたのですが、そこへは、別の通りである「イム・フィリパハ」からたどりつくことができました。このころには、マルティン伯父は、故郷やメスキルヒについてのどのような情報であれ、よろこんで聞き、感謝するようになっていました。ある日の訪問の折に、伯父は、自分の埋葬について話しはじめて、それをしかるべき時におこなうように、私に頼みました。というのは、伯父は、メスキルヒに葬られることをのぞんでいたからです。私たちは三人で、ひとつひとつの儀礼について話しあいました。もっとも私は、ベルンハルト・ヴェルテが墓前の弔辞を述べる手筈になっていることを、伯父が亡くなったあとでようやく知りました。それで、私は、ヴェルテと相談して、彼が定めた基準に配慮しなければなりませんでした。

このような一通の手紙のなかでは、すくなからぬ問題が未解決のままで残らざるをえません。なかんずく私が主観にたよって自分の経験について述べるとなれば、なおさらのことです。ちがう人なら、ちがったふうにものをみることも多いでしょうが、しかし、先生は、ほかならぬ私の伯父マルティンにたいする私の関係について、幾許かのことを知りたいとのぞんでおられます。

私が四十年以上もまえに、シュヴァーンドルフの司祭館に移り住んだとき、マルティン伯父は私の両親にむかって、エルンスト・リースが一九三〇年に制作し、一九三四年以降はわが家の居間を飾っていた、自分と母親の肖像画を、私にゆずるようにしきりにすすめました。それ以来、この二枚の肖像画は、伯父が初ミサのスピーチのなかで慫慂したところの「よき追憶」につつまれて、私の書斎にかかっております。

敬具

ハインリヒ・ハイデッガー

訳注

〔1〕「ドナ・ケバブ」は、ドイツで好まれるトルコ由来の軽食。
〔2〕「化体」とも訳される。キリストの血が葡萄酒に、体がパンに変化するという秘蹟。
〔3〕「平身低頭」と「燻製鰊」は、いずれもBücklingで、ドイツ語で同音異義語をなしている。
〔4〕一八七〇年代に展開された、宰相ビスマルクによるカトリック教会にたいする弾圧政策をさす。
〔5〕「アプラハ川」は、ドーナウ川の支流。
〔6〕原著者にも、語源は不詳とのこと。
〔7〕おなじく語源不詳。
〔8〕ドイツ語のScheinには、「紙幣」とともに「光、輝き」の語義が含まれている。「紙幣投入役（Scheinwerfer）」とは、すなわち「サーチライト」の意である。
〔9〕ドイツ語の名詞「哲学者、フィロゾーフ（Philosoph）」から、「（動物が）呑む、（人間がとくに酒を）がぶがぶ呑む」を意味する動詞saufenの方言形「ゾーフェン（soofen）」が連想されている。
〔10〕黄疸を示唆している。
〔11〕Grobianismusとは、一五、一六世紀ドイツで、当時の粗野な（grob）風習を揶揄し、諷刺した詩文をさすが、ここでは粗野な風習そのものを意味している。
〔12〕「ベイビー・フェヒト」とは、原著者によれば、ある人物のニックネームとのことである。「ベイビー剣

士」の意か。

〔13〕登場人物の名前の意味は、それぞれ「フライゲヴェーゼン（かつて自由だった）」、「フィールツーヴェーニヒ（あまりにすくない）」、「ニーゲヌーク（けっして十分ではない）」、「ニーフェアレーゲン（けっしてうろたえない）」である。ちなみに、「フライゲヴェーゼン」のファースト・ネーム「フリードリヒ」の縮小形は、「フリッツ」である。

〔14〕あえて「縁起」と訳したのは、原文ではBedingnisだが、これはBedingung（条件）にあたる古語である。動詞形のbedingenは、通常、「引きおこす、生じさせる、結果となる、前提とする」などと訳される。因果の、原因と結果の、可逆性を意味しかねない動詞であるといえようか。

〔15〕ドイツ語の原語はkuinzig。「飄逸」の訳語は、高坂正顕・辻村公一訳『野の道・ヘーベル一家の友』（理想社版『ハイデッガー選集』、一九六〇）に倣った。本書の原著者であるツィンマーマン教授は、ハイデッガーがもちいているこの語について、以下の興味深い論文を訳者に示唆された。Wolfgang Kienzler: Kuinzig-Heideggers Umgang mit einem Wort. In: AZP (Allgemeine Zeitschrift für Philosophie) Heft 2/ 2008. Jahrgang 33, S. 191ff.

〔16〕「十一人委員会」は、カーニヴァルの実行委員会の呼称。

〔17〕ここで「規矩」と訳したのはVer-Fassungである。通常、Verfassungは、「状態」、「体制」、「気分」、「憲法」などと訳すことができる。

〔18〕「容れがたい（unfaßbar）」は、「把握できない、理解不能である」とも訳すことができる。

〔19〕「ロスボレン」は、チョコレート菓子の一種。

〔20〕「大真面目」と訳したのは、bierernstで、さしずめ「ビールの真面目」だが、この語源には諸説がある。ここでは、政権獲得にいたるまでのナチスの大衆集会に、ビヤホールがしばしば利用されたことを示唆している。「くそ真面目」は、todernstで、直訳すれば「死ぬほど真面目」となるが、多くの人たちの「死」に帰結

した事実を暗示しているのだろう。

〔21〕「喜びによる力（Kraft durch Freude）」は、国民の余暇を統制し、組織することをめざしたナチスの政治組織。

〔22〕「本来の関心事へとたちかえる」と訳したのは、zur Sache kommen（本題にはいる）というドイツ語の慣用句だが、ここでは、それはハイデッガーの著書の標題 Zur Sache des Denkens（『思惟の事象へ』）をもじってもちいられている。

〔23〕「駱駝」は、ドイツ語の俗語では「馬鹿者」の意になる。

〔24〕「マウホの水車小屋」は、メスキルヒに実在していて、すでに一五世紀初頭から記録が残っているという。「マウホの水車小屋謹製ニシンサラダ」とは、「でたらめなもの」の意か。

〔25〕フリッツ・ハールマン（一八七九―一九二五）は、ハノーファーで二十数人の青少年を殺害した廉で逮捕され、死刑に処せられた。

〔26〕「グロープ（grob）」は、形容詞で「粗野な、がさつ」の意。「グレーバー（gröber）」はその比較級で、「比較的粗野な、かなりがさつな」の意味になる。

〔27〕「血と土」は、元来はナチスの標語である。

〔28〕「人民のなかへ」は、一九世紀ロシアのナロードニキの標語を、パロディとしてもちいている。

〔29〕「シュレーバーガルテン」は、都市住民が郊外に所有する小規模な家庭農園をさす。その名称は、発案した教育学者ダーニエル・モーリッツ・シュレーバーにちなんだものである。

〔30〕ローマ神話のウェヌス（ヴィーナス）にあたる。

〔31〕「パラス」は女神アテネの添え名。

〔32〕物理学用語として「永久運動機関」、音楽用語として「無窮動」を意味する。

〔33〕さきに述べたように、「グレーバー（Gröber）」という名は、形容詞 grob（がさつな、粗野な）の比較級に

あたる。

〔34〕ハイデッガーの用語のひとつで、ドイツ語の不定代名詞manを名詞化したもの。「世人」とも訳されている。

〔35〕「下級テルツィア」は、九年制ギムナジウムの第四学年をさす。

〔36〕「政教条約」とは、ローマ教皇と国家とのあいだに締結される条約をさす。ここでは、カトリック教会と哲学との妥協を意味している。

〔37〕「古人の遺言」と訳した原語はAltes Testament、すなわち「旧約聖書」である。

〔38〕元来のドイツ名ヴィルヘルム・シュテルンの英語読みである。

〔39〕フライブルク大学の正式名称。

〔40〕破壊されたユダヤ人経営の商店のガラスが路上に散乱して、水晶のようにきらめいていたことから、この名がある。

〔41〕この文章は英語で書かれている。

〔42〕『道しるべ』は、このアーレントの文章に先立つこと二年、一九六七年に上梓されたハイデッガーの論集の標題でもある。

〔43〕『森の道』も、一九五〇年刊のハイデッガーの論集の標題である。

〔44〕ドイツ語の俗語で「森の道にはまりこんでいる」とは、「思いちがい、見当ちがいをしている」の意である。

〔45〕直訳すると「雲のなかの郭公の巣」。アリストパネスの喜劇『鳥』にちなむ。

〔46〕「聖名祝日」とは、洗礼名が由来する聖人の祝日をさす。たとえば「マルティン」の「聖名祝日」は、十一月十一日である。

〔47〕「ビューラーヘーエ」は、北部シュヴァルツヴァルトの高地に位置する城館で、ホテルとして利用された。

〔48〕「毛沢（Mao Tse）」と「老子（Lao Tse）」の語呂合わせ。ドイツ語の俗語をもちいて「脚」と訳したのは、原語ではGe-Stellだが、これはハイデッガーの技術論の用語でもあって、「集立」などと訳される。

〔49〕第二次大戦中にイギリス空軍で使用された、木製の双発爆撃機。

〔50〕「国民突撃隊」は、第二次大戦末期、ドイツ本土防衛にそなえて組織された民間の軍事組織。

〔51〕『ゲッツ・フォン・ベルリッヒンゲン』は、一七七三年に発表されたゲーテの戯曲。ここで「人口に膾炙した言葉」とは、第三幕で語られる「あいつにおれの尻を舐めさせてやるさ」をさしている。あえて訳せば、「くそくらえ」といったところか。

〔52〕「人文主義」と訳した原語も、「ヒューマニズム」とおなじHumanismusである。

〔53〕「目地（Fuge）」とは、『平凡社大百科事典』によれば、「石造、煉瓦造、コンクリートブロック造などの組積工事の壁や床、タイル張りなどの張付け工事の壁や床において、個々の材料の間にできる継目をいう」。ハイデッガーは、それを同根の「組み立てる、接合する（*fügen*）」から派生した動詞「定める（*verfügen*）」にかけている。

〔54〕訳語の「果膠」は、元来、中国語で、まだ発酵がすすんでいない果汁をさす。

〔55〕「ビーダーマイアー」は、一九世紀前半のドイツでおこなわれた、簡素を旨とする小市民的な生活様式をさす。美術、文学にも影響をおよぼした。

〔56〕「プロギムナジウム」は、上級の三学年をもたない六年制のギムナジウムで、十歳から十六歳までの生徒が在籍している。第3章には、ハイデッガー兄弟が育った時代の「メスキルヒには、高等小学校があるばかりで、ギムナジウムは設置されていなかった」と書かれている。

〔57〕ハイデッガーが不定形でもちいている動詞innehaltenは、自動詞としては「動きをとめる」の意だが、他動詞としては「守る、保留する」の語義がある。

〔58〕ドイツ語で「退屈」はLangeweile、すなわち「長い時間」、「気晴らし」はKurzweil、すなわち「短い時

間」を意味する。

〔59〕以降、聖書の邦訳は、『舊新約聖書』（日本聖書協会、一九六四）による。旧仮名使いはそのままにしたが、旧漢字は常用漢字に変更した。

〔60〕原文には、「「土地と人々」を、彼は動詞形に変えている」という説明があるが、訳文では省略した。すなわち、Land und Leuteという名詞が、Landen und Leutenという架空の動詞の不定形に変換されているのである。

〔61〕フロイトの用語。

〔62〕トランプ遊びの一種。

〔63〕一八六七年に初版が刊行された、ヴィルヘルム・オンケン編『ルートヴィヒ・ホイサーのフランス革命史——一七八九—一七九九年』をさす。

〔64〕メルクリーン・ツィエ兄弟商会の製品で、子供向けの鉄道模型で知られる。

〔65〕通常は「国際ミルク・デー」とは、六月一日、牛乳の消費を促進することをめざして設定された記念日を意味する。

〔66〕ここではかりに「見当」と訳したGegnetという語は、やはりgegen（たいして）に由来する動詞begegnet（出会う）を思わせる。

〔67〕「否定の道」と訳される。五世紀シリアに生きたとされる神秘家の、偽ディオニシウス・アレオパギタの用語。

〔68〕「飄逸」については、第8章を参照。

〔69〕直訳すれば、「ひとを光のかげに連れこむ」。通常は、「欺く」の意でもちいられる。

〔70〕カール・ラーナー（一九〇四—一九八四）は、ドイツのカトリック司祭で、イエズス会員。第二ヴァチカン公会議において、重要な役割を演じた。

〔71〕「タントゥム・エルゴ」は、トマス・フォン・アクィナスによって作詞された聖歌の最後の一節を意味する。

〔72〕「サルヴェ・レギーナ」は、カトリック教会で、聖母マリアを称える聖歌のひとつ。

〔73〕著者のツィンマーマン教授は、この語が小さな出窓を意味するものと推定している。

〔74〕原語はDulaken。何をさしているのか不詳。著者によれば、動詞としてのdulakenは、方言で「打つ、たたく」を意味するという。ここでは、とりあえず「拍子木」と訳しておいた。

〔75〕「聖週間」は、謝肉祭に先立つ一週間で、キリストの死を悼み、鐘を撞くことは禁じられる。南ドイツやオーストリアでは、かわりに子供たちが木の板を打ち鳴らしながら、町を練り歩く習慣がある。

〔76〕「ブレーツェル」は、8の字の形をした固焼きパン。

〔77〕「ロラーテ」は、カトリックの典礼でもちいられる聖歌の一節。

〔78〕Ausländer（外国人、よそもの）のかわりに、方言のUssländerの語形が使われている。

〔79〕「グラツェーテ」は、どのような飲食物を意味しているか、不詳。著者によれば、「引っ掻く、掻きとる」の語感があるという。

〔80〕トーマス・ゼッテレは、バーデン・ヴュルテンベルク州で、教師、市長を務めた人物で、一八四八年のバーデン革命の折に、自由をもとめて運動を展開した闘士として知られる。

〔81〕PGは、Parteigenosse、すなわち「党の同志」の略称。

〔82〕一九三六年から三八年のあいだに書かれた『哲学への寄与』をさすものと思われる。

〔83〕「レーテブック小路」はフライブルクにある街路の名前。その四十七番地に、マルティン・ハイデッガーの住居があった。

〔84〕ドイツ語でbei der Stange bleibenという慣用句は、直訳すれば「旗竿にしがみつく」といったところか。

〔85〕ジャック・ポール・ミーニュ（一八〇〇―一八七五）は、フランスの司祭で、貴重な神学関係の文献を編

集刊行したことで知られる。

〔86〕リーヒャルト・バウマンは、もともとプロテスタントの聖職者でありながら、のちにカトリックに回心した神学者だが、ただし「教授」ではなかった。あるいは、これは、ゲーアハルト・バウマンの誤りとも考えられる。G・バウマンなら、フライブルク大学のドイツ文学教授で、ツェラーンのハイデッガー訪問に同行しており、著書『パウル・ツェラーンの思い出』(一九八六)のなかに、その経緯を書きとめている。

〔87〕カール・ラーナーについては前掲。フーゴー・ラーナー(一九〇〇―一九六八)も、ドイツの神学者で、イエズス会士。

〔88〕アンリ・ド・リュバック(一八九六―一九九一)は、フランスの神学者。第二ヴァチカン公会議で積極的に発言した。のちに枢機卿を務めた。

〔89〕イヴ・コンガール(一九〇四―一九九五)は、フランスの神学者、ドミニコ会士。やはり第二ヴァチカン公会議で重要な役割をはたした。

〔90〕フランス・コルマールのウンターリンデン美術館所蔵の『イーゼンハイム祭壇画』をさす。マティアス・グリューネヴァルトの作。

〔91〕「フィリパハ通り」も、フライブルクの街路の名前。

訳者あとがき

本書は、Hans Dieter Zimmermann: Martin und Fritz Heidegger. Philosophie und Fastnacht. München (Beck) 2005 の全訳である。この書物は、これまでにスペイン語訳が刊行されており、本書は二番目の訳書ということになる。

著者のハンス・ディーター・ツィンマーマン氏は、一九四〇年、バート・クロイツナーハに生まれ、ベルリン工科大学で学位を取得したのち、放送局、新聞社などでジャーナリストとして働いた。一九六九年から七五年まで、ベルリン芸術アカデミーの文学部門の事務局に勤務したのち、ハノーファー大学で教職に就くかたわら、教授資格を取得している。一九七〇年からたびたびプラハを訪れて、抑圧されたチェコの作家たちの援助に従事するうちに、一九七三年末には、プラハ空港で拘束され、国外追放されて、以後、十年間の入国禁止処分になったが、その間、一九七六年には、チェコ人女性と結婚している。一九七五年から八七年までフランクフルト大学、八七年以降はベルリン工科大学で、教授として近代ドイツ文学を講じ、二〇〇八年に定年退職した。文学と政治の相克、ハインリヒ・フォン・クライストの作品などに関する著書があるなかで、なかでも主要な業績としてあげられるのは、フランツ・カフカを中心とするプラハおよびボヘミアのドイツ語文学、文化史に関する多数の編著書である（これまで日本では、共編著のカール・E・グレーツィンガー、ステファン・モーゼス、ハンス・D・ツィンマーマン編『カフカとユダヤ性』、清水健次他訳、教育開発研究所、一九九二、が刊行されている）。また一九九九年から二〇〇七年にかけて編纂、上梓された、三十三巻におよぶ『チェコ文庫』（チェコ文学のドイツ語訳）も、特筆に価する。こうした功績により、二〇〇〇年十月には、チェコ共和国のヴァーツラフ・ハヴェル大統領より、トマーシュ・ガリグ・マサリック勲章を授与されている。

この著者の経歴に鑑みて、本書はいささか異色に思えるかもしれない。もし接点があるとすれば、かつてのチェコスロヴァキアの反体制作家たちとの交流にもうかがえる、政治と文学ないし哲学との葛藤への関心だろうか。しかし、「日本の読者のための序文」にも記されているように、著者は、他方でマイスター・エックハルトをはじめとするドイツ神秘思想、ひいては日本の禅にも、関心をよせていたとのことである。二〇一〇年一月に、科学研究費補助金の枠内でツィンマーマン氏を日本に招き、講演をお願いした際に、幾人かで京都を案内したことがある。夕刻の南禅寺の境内の静寂に、彼が聴きいっているかにみえたことは、いまにして印象的に記憶に残っている。

この著書は、たとえば、ドイツ南西部のバーデン・ヴュルテンベルク州の小都市メスキルヒ、マルティンとフリッツのハイデッガー家の兄弟が生まれ育ったこの町の社会史、文化史として、読むこともできよう。その際に、その精神的風土をより多く具現しているフリッツを介することによって、マルティン・ハイデッガーの、つねにアンビヴァレントでありながらも潜在している、その地域性があらわになっていく。その「家郷の家郷的なるもの」の基底をなしているのは、兄弟の父親が教会の寺男を務めていたように、前近代的な世界に伝えられたカトリシズムにほかならない。哲学者ハイデッガーの思惟にはおもてむき隠されている、こうした宗教的な内実は、フリッツと、やがて神父に叙品されるその息子のハインリヒをとおして、より明らかになる。しかし、著者は、その隠された前近代性、地域性のゆえに、ハイデッガーの思惟を貶めようとするわけではない。なるほどときとして哲学者としてのハイデッガーにむけられる批判的な眼差しは、およそ隠しようもないが、しかし、それは、巷間、おこなわれているハイデッガー批判とは、まったく位相を異にしている。「謝肉祭口上」の花形であったフリッツ・ハイデッガーが、あくまでも庶民のなかに生きているカトリシズムの伝統に立っていたのに比して、マルティン・ハイデッガーは、そこから逸脱した「知識人」としての危うさをまぬがれてはいなかった。彼の一時的なナチズムへの傾斜も、ややもすればそう解釈されるような、その思想の反動性の所以として断罪されることはない。マルティン・ハイデッガーの晩年の近代技術批判にたいして、著者が共鳴しているのも、それが「家郷」への回帰を意味すると理解しているがゆえである。ナチズムにたいする姿勢において、相反するように思われた兄弟の志向は、かくして本書では、カトリック神秘思想、なかんずくマイスター・エックハルトとの親近性に、収斂していくかのようである。

本文中で認めているように、著者も大学教授であり、「知識人」である。しかし、あえて素朴な庶民の言葉に同一化しようとするその語り口は、ある逆説的な魅力をもっている。それは、自己韜晦というべきだろうか、それとも素朴な共鳴なのだろうか。哲学研究者プロパーではなく、専門を異にするゲルマニストであるからこそ、かえってその哲学についても闊達に語りうる、この自在さを、同様に哲学研究者ではない訳者も、共有しようとこころみた次第である。

本文中には、辞書で検索しようもない、メスキルヒの方言が頻出して、それを訳すのに難渋した。著者のツィンマーマン氏とたびたびメールで連絡をとったばかりか、一度ならずベルリンの自宅を訪れて、教示をもとめたりもした。そのように、この翻訳は、一部は著者との共同作業でもあったのだが、そうして完成した訳文については、もちろん訳者が最終的な責任を負っている。ツィンマーマン氏には、訳者のもとめに応じて、「日本の読者のための序文」を寄せていただいた。最後に、たびかさなる仕事の遅延を許容された平凡社編集部の松井純氏に、あらためて謝意を表する。

二〇一四年十一月

平野嘉彦

Mönchtum. Würzburg 2002. S. 281-294.
Hans Rainer Sepp (Hg.): Edmund Husserl und die phänomenologische Bewegung. Freiburg 1988.
Edith Stein: Briefe an Roman Ingarden. Hg. von M. Amata Neyer. Freiburg 1991.
Bernhard Welte: Gott im Denken Heideggers. In: Zeit und Geheimnis. Freiburg 1975.

メスキルヒ，およびその周辺について

Heiko Haumann und Hans Schadek (Hg.): Geschichte der Stadt Freiburg im Breisgau. Band 3: Von der badischen Herrschaft bis zur Gegenwart. Stuttgart 1992.
Armin Heim (Hg.): Ein Spaziergang durch das alte Meßkirch. Mit Texten von Karl Gommeringer. Meßkirch 1995. Heimatkundliche Schriften, Band 3. (A. Gmeiner).
Landkreis Sigmaringen. Von der Diktatur zur Besatzung. Das Kriegsende 1945 im Gebiet des heutigen Landkreises Sigmaringen. Heimatkundliche Schriftenreihe des Landkreises Sigmaringen, Band 4. Sigmaringen 1995. – Darin: Otto H. Becker: Kriegsende und Besatzungszeit in Sigmaringen 1944/45. – Armin Heim: Das Kriegsende 1945 im ehemaligen Amtsbezirk Meßkirch.
Arnulf Moser: Das französische Befreiungskomitee auf der Insel Mainau und das Ende der deutsch-französischen Collaboration 1944/45. Konstanzer Geschichts- und Rechtsquellen, Band 25. Sigmaringen 1980.
Bruno Schwalbach: Erzbischof Conrad Gröber und die nationalsozialistische Diktatur. Karlsruhe 1986. (Dort die Zitate von und zu Gröber)
Harald Steffahn: Die Weiße Rose mit Selbstzeugnissen und Bilddokumenten. Reinbek 1992.
Helmut Weißhaupt: Die NS-Zeit in Meßkirch. Eine lokalgeschichtliche Untersuchung. Wissenschaftliche Hausarbeit für die erste Staatsprüfung für das Lehramt. Freiburg 1990 (Manuskript).
Helmut Weißhaupt: Die Entwicklung der NSDAP in Meßkirch bis 1934. In: Meßkircher Heimathefte, Nr. 5, 1999, S. 57-80.
Bernhard Welte: Sprüche aus dem alten Meßkirch. Gesammelt und erläutert von B. Welte. In: Hegau. Zeitschrift für Geschichte, Volkskunde und Naturkunde des Gebietes zwischen Rhein, Donau und Bodensee, 26. Jg, H. 38, 1981, S. 7-38.

Köhler. München 1996.〔ロッテ・ケーラー編『アーレント＝ブリュッヒャー往復書簡—— 1936-1968』，大島かおり／初見基訳，みすず書房，2014〕
Hannah Arendt - Martin Heidegger: Briefe 1925-1975 und andere Zeugnisse. Aus dem Nachlaß hg. von Ursula Ludz. Frankfurt a.M. 1999.〔ウルズラ・ルッツ編『アーレント＝ハイデガー往復書簡—— 1925-1975』，大島かおり／木田元訳，みすず書房，2003〕
Hannah Arendt: Vita activa oder Vom tätigen Leben. München 1981.〔ハンナ・アーレント『活動的生』，森一郎訳，みすず書房，2014〕
Jörg Altwegg (Hg.): Die Heidegger-Kontroverse. Frankfurt a.M. 1988.
Walter Biemel: Martin Heidegger mit Selbstzeugnissen und Dokumenten. Reinbek 1973.〔W. ビーメル『ハイデガー』，ロロロ伝記叢書，茅野良男監訳，理想社，1986〕
Walter Biemel / Hans Saner (Hg.): Briefwechsel 1920-1963 Martin Heidegger - Karl Jaspers. Frankfurt a.M. und München 1990.〔ヴァルター・ビーメル／ハンス・ザーナー編『ハイデッガー＝ヤスパース往復書簡—— 1920-1963』，渡邊二郎訳，名古屋大学出版会，1994〕
Meister Eckhart: Deutsche Predigten und Traktate. Hg. und übersetzt von Josef Quint. Zürich 1979.〔マイスター・エックハルト『ドイツ語説教集』，上田閑照訳／香田芳樹訳註，創文社，2006〕
Margret Heitmann: Jonas Cohn (1869-1947). Das Problem der unendlichen Aufgabe in Wissenschaft und Religion. Hildesheim 1999. Wege deutschjüdischer Geschichte und Kultur, Band 1.
Karl Löwith: Mein Leben in Deutschland vor und nach 1933. Ein Bericht. Frankfurt a.M. 1989.〔カール・レーヴィット『ナチズムと私の生活——仙台からの告発』，秋間実訳，法政大学出版局，1990〕
Robert Minder: Heidegger und Hebel oder die Sprache von Meßkirch. In: Dichter in der Gesellschaft. Frankfurt a.M. 1972. S. 234-294.
Otto Pöggeler: Der Denkweg Martin Heideggers. Pfullingen 1983.〔O・ペゲラー『ハイデッガーの根本問題——ハイデッガーの思惟の道』，大橋良介／溝口宏平訳，晃洋書房，1972〕
Otto Pöggeler: Mystische Elemente im Denken Heideggers und im Dichten Celans. In: Mystik ohne Gott? Hg. von Wolfgang Böhme. Herrenalber Texte 39. Bad Herrenalb 1982.
Rüdiger Safranski: Ein Meister aus Deutschland. Heidegger und seine Zeit. Frankfurt a.M. 1997.〔リュディガー・ザフランスキー『ハイデガー——ドイツの生んだ巨匠とその時代』，山本尤訳，法政大学出版局，1996〕
Johannes Schaber OSB: Te lucis ante terminum. Martin Heidegger und das benediktinische Mönchtum. In: Edith Stein Jahrbuch, Band 8: Das

Leben und Denken. Bern 1962. Darin: Aufruf Martin Heideggers zur Volksabstimmung am 12. November 1933 und «Warum bleiben wir m der Provinz?» zur Hütte in Todtnauberg vom 7. März 1934. (Der Aufruf ist auch unter dem Titel «Ansprache am 11. November 1933 in Leipzig» enthalten in der Gesamtausgabe, I. Abteilung, Band 16)〔グイード・シュネーベルガー『ハイデガー拾遺――その生と思想のドキュメント』, 山本尤訳, 未知谷, 2001〕

Heinrich Wiegand Petzet: Auf einen Stern zugehen. Begegnungen und Gespräche mit Martin Heidegger 1929–1976. Frankfurt a.M. 1983.

Hugo Ott: Martin Heidegger. Unterwegs zu seiner Biographie. Frankfurt a.M. 1988 (S. 263ff. über die katholischen Dozenten).〔フーゴー・オット『マルティン・ハイデガー――伝記への途上で』北川東子／藤澤賢一郎／忽那敬三訳, 未來社, 1995〕

フリッツ・ハイデッガー

Fritz Heidegger: Erfülltes Leben. In: Festschrift der Conradin-Kreutzer-Stadt Meßkirch. Hg. vom Kreutzer-Chor Meßkirch 1949.

Fritz Heidegger: Festschrift zum 100jährigcn Jubiläum der Volksbank Meßkirch. Meßkirch am 31. Mai 1964. Hg. von der Volksbank Meßkirch.

Fritz Heidegger: Ein Geburtstagsbrief des Bruders (Zum 80. Geburtstag von Martin Heidegger). In: Martin Heidegger. Zum 80. Geburtstag von seiner Heimatstadt Meßkirch, a.a.O.

Luzia Braun: Da-Da-Da-Sein. Fritz Heidegger: Holzwege zur Sprache. Die Zeit, 22. September 1989, S. 58.

Andreas Müller: Der Scheinwerfer. Anekdoten und Gespräche um Fritz Heidegger. Meßkirch l989.

Heinrich Heidegger: Ruhestand. Impressionen des pensionierten Bankbeamten Fritz Heidegger. In: Curiositas. Festschrift für Franz Hundsschnurscher, erzbischöflichen Archivdirektor. Hg. von Karl-Heinz Braun und Christoph Schmider. Freiburg 1998.

Frank-Rutger Hausmann: Ein Verleger und seine Autoren. Vittorio Klostermann im Gespräch mit Martin Heidegger, Ernst Jünger, Friedrich Georg Jünger. Frankfurt a.M. 1992. (Über Fritz Heidegger S. 20 ff.)

マルティン, およびフリッツ・ハイデッガーについて

Hannah Arendt – Heinrich Blücher. Briefe 1936–1968. Hg. von Lotte

参考文献

マルティン・ハイデッガーの著作は，本書で引用したものに，またなかんずく二次文献は，本文中で言及したものに，それぞれ限定した。

マルティン・ハイデッガー

Martin Heidegger: Über den Humanismus. Frankfurt a.M. 1949ff. (Unter dem Titel «Brief über den Humanismus» in der Gesamtausgabe, I. Abteilung, Band 9)〔マルティン・ハイデッガー『ヒューマニズムについて』，佐々木一義訳，『ハイデッガー選集』第23巻，理想社，1974〕

Martin Heidegger: Gelassenheit. Zur Erörterung der Gelassenheit. Pfullingen 1959 ff. («Gelassenheit» auch in der Gesamtausgabe, I. Abteilung, Band 16, und «Zur Erörterung der Gelassenheit» in Band 13)〔マルティン・ハイデッガー『放下』，辻村公一訳，『ハイデッガー選集』第15巻，理想社，1963〕

Martin Heidegger: Ansprache zum Heimatabend am 22. Juli 1961. In: 700 Jahre Stadt Meßkirch. Hg. von der Stadt Meßkirch. 1961. (Auch in der Gesamtausgabe, I. Abteilung, Band 16)

Martin Heidegger: Tischrede zum 70. Geburtstag des Bruders am 6. Februar 1964. – Ansprache zum 80. Geburtstag des Bruders am 6. Februar 1974. In: Reden und andere Zeugnisse eines Lebensweges 1910–1976. Hg. von Herrmann Heidegger. Gesamtausgabe, I. Abteilung, Band 16. Frankfurt a.M. 1983.

Martin Heidegger: Vom Geheimnis des Glockenturms. – Der Feldweg. – Gelassenheit. In: Martin Heidegger. Zum 80. Geburtstag von seiner Heimatstadt Meßkirch. Frankfurt a.M. 1969. («Vom Geheimnis des Glokkenturms» und «Der Feldweg» auch in der Gesamtausgabe, I. Abteilung, Band 13)〔マルティン・ハイデッガー『野の道・ヘーベル―家の友』，高坂正顕／辻村公一訳，『ハイデッガー選集』第8巻，理想社，1960〕

Martin Heidegger: Antwort. Martin Heidegger im Gespräch. Hg. von G. Neske und E. Kettering. Pfullingen 1988.

Martin Heidegger: Erinnerung an Martin Heidegger. Hg. von G. Neske. Pfullingen 1977. – Darin: Medard Boss: Zollikoner Seminare. – Hans Jonas: Heideggers Entschlossenheit und Entschluß. – Bernhard Welte: Erinnerung an ein spätes Gespräch.〔ハイデッガー『ツォリコーン・ゼミナール』，メダルト・ボス編，木村敏／村本詔司訳，みすず書房，1991〕

Guido Schneeberger (Hg.): Nachlese zu Heidegger. Dokumente zu seinem

著者略歴

Hans Dieter Zimmermann（ハンス・ディーター・ツィンマーマン）
1940年生まれ。ベルリン工科大学で学位を取得したのち，放送局，新聞社などでジャーナリストとして働く。1969–75年にベルリン芸術アカデミー文学部門事務局勤務ののち，ハノーファー大学で教職に就くかたわら，教授資格を取得。1975–87年はフランクフルト大学，1987–2008年はベルリン工科大学で，教授として近代ドイツ文学を講じる。主要業績は，F. カフカを中心とするプラハおよびボヘミアのドイツ語文学，文化史に関する多数の編著書である（邦訳に，共編著『カフカとユダヤ性』清水健次郎他訳，教育開発研究所，1992）。また，1999–2007年に編纂上梓された，33巻におよぶチェコ文学のドイツ語訳『チェコ文庫』も，特筆に価する。こうした功績により，2000年にチェコ共和国大統領より，トマーシュ・ガリグ・マサリック勲章を授与されている。

訳者略歴

平野嘉彦（ひらの・よしひこ）
1944年生まれ。東京大学名誉教授。ドイツ文学。著書に『プラハの世紀末——カフカと言葉のアルチザンたち』（岩波書店，1993），『カフカ——身体のトポス』（講談社，1996），『獣たちの伝説——東欧のドイツ語文学地図』（みすず書房，2001），『ツェラーンもしくは狂気のフローラ——抒情詩のアレゴレーゼ』（未來社，2002），『マゾッホという思想』（青土社，2004），『ホフマンと乱歩——人形と光学器械のエロス』（みすず書房，2007），『死のミメーシス——ベンヤミンとゲオルゲ・クライス』（岩波書店，2010），『ボヘミアの〈儀式殺人〉——フロイト・クラウス・カフカ』（平凡社，2012）など。

マルティンとフリッツ・ハイデッガー
哲学とカーニヴァル

2015年3月20日　初版第1刷発行

著　者　ハンス・ディーター・ツィンマーマン
訳　者　平野嘉彦
発行者　西田裕一
発行所　株式会社 平凡社
〒101-0051　東京都千代田区神田神保町3-29
電話　03-3230-6579（編集）
　　　03-3230-6572（営業）
振替　00180-0-29639

装幀者　間村俊一
印刷・製本　中央精版印刷株式会社

落丁・乱丁本のお取り替えは小社読者サービス係までお送りください（送料小社負担）
平凡社ホームページ　http://www.heibonsha.co.jp/
Printed in Japan
ISBN978-4-582-70338-2 C0010
NDC分類番号134.96　四六判（19.4cm）　総ページ290